FallSkript

BGB AT

2012

Oliver Strauch
Rechtsanwalt und Repetitor in Münster

ALPMANN UND SCHMIDT Juristische Lehrgänge Verlagsges. mbH & Co. KG
48149 Münster, Annette-Allee 35, 48001 Postfach 1169, Telefon (0251) 98109-33
AS-Online: www.alpmann-schmidt.de

Liebe Leserin, lieber Leser,

wir sind stets bemüht, unsere Produkte zu verbessern. Fehler lassen sich aber nie ganz ausschließen. Sie helfen uns, wenn Sie uns über Druckfehler in diesem Skript oder anderen Print-
produkten unseres Hauses informieren.

E-Mail genügt an „druckfehlerteufel@alpmann-schmidt.de"

Danke
Ihr AS-Autorenteam

Strauch, Oliver
FallSkript
BGB AT
4., überarbeitete Auflage 2012
ISBN: 978-3-86752-232-8

Verlag Alpmann und Schmidt Juristische Lehrgänge
Verlagsgesellschaft mbH & Co. KG, Münster

Benutzerhinweise

Die „FallSkripten" sollen den Einstieg bzw. die Wiederholung des jeweiligen Rechtsgebiets anhand von Klausurfällen ermöglichen. Dies resultiert aus der Erkenntnis, dass allein das abstrakte Bearbeiten eines Rechtsgebiets nicht effektiv ist, weil unser Gehirn rein abstraktes Wissen nur unzureichend speichert. Andererseits bestehen Prüfungsaufgaben i.d.R. in dem Lösen von konkreten Fällen. Hier muss dann der Kandidat beweisen, dass er das Erlernte auf den konkreten Fall anwenden kann und die spezifischen Probleme des Falles entdeckt. Ferner muss er zeigen, dass er den Gutachtenstil beherrscht und an den Problemstellen überzeugend argumentieren kann. Während des Studiums besteht die Gefahr, dass man zu abstrakt lernt, sich verzettelt und letztlich gänzlich den Überblick über das wirklich Wichtige verliert.

Nutzen Sie die jahrzehntelange Erfahrung unseres Repetitoriums. Seit 50 Jahren wenden wir konsequent die Fallmethode an. Denn ein **prüfungsorientiertes Lernen** muss „hart am Fall" ansetzen. Schließlich sollen Sie keine Aufsätze oder Dissertationen schreiben, sondern eine überzeugende Lösung des konkret gestellten Falles abgeben. Da wir nicht nur Skripten herausgeben, sondern in mündlichen Kursen Studenten ausbilden, wissen wir aus der täglichen Praxis, „wo der Schuh drückt".

Wir haben seit Jahrzehnten einen Fernklausurenlehrgang. Hier hat die **Analyse von Tausenden abgegebenen Klausurlösungen** gezeigt, welche typischen Fehlerquellen bestehen. Gerade dieser Umstand hat uns bewogen, unsere jahrzehntelange Erfahrung umzusetzen und die vorliegende Skriptenreihe herauszugeben. Wir haben daher insofern eine einzigartige Sammlung von AS-Klausuren zusammengestellt.

Die AS-Klausuren enthalten eine **Fallsammlung von typischen Klausurproblemen**. Die Lösung ist jeweils kompakt und vermeidet – so wie es in einer Klausurlösung auch sein soll – überflüssigen, dogmatischen „Ballast". Die Lösungen sind, wie es gute Klausurlösungen erfordern, komplett durchgegliedert. Sie sind im Gutachtenstil ausformuliert, wobei die unproblematischen Stellen entsprechend kurz ausfallen, aber in jeder Klausurlösung ausformuliert werden müssen!

Sie erhalten jeweils Zusatzhinweise zum Standort des Fallproblems sowie zu Quervernetzungen. Ferner haben Sie zu jedem Rechtsgebiet die wichtigsten Aufbauschemata, welche gewährleisten, dass die Falllösung strukturiert erfolgt und kein Problem des Falles übersehen wird. Die Aufbauschemata dienen auch dem besseren Abspeichern und Übertragen auf andere Fälle.

Das Skript soll Ratgeber und Leitfaden für den Aufbau von Klausurlösungen sein. Mithilfe der Aufbauübersichten kann einerseits der typische Fallaufbau nach Anspruchsgrundlagen eingeübt werden. Andererseits wird das Systemverständnis durch ergänzende Übersichten sowie Randtexte mit Tipps und Warnhinweisen gefördert und vertieft.

Zur **Optimierung des Lernerfolgs** mit diesem Skript empfehlen wir Ihnen, zunächst nur den Falltext der Klausur zu lesen und dann erst selbst eine Lösung zu finden. Wenn Sie dann im Anschluss die Lösung im Skript lesen, adaptieren Sie besser die Problemschwerpunkte des Falles.

Die einprägsamen Aufbauschemata ermöglichen es Ihnen dabei, jeweils die gesamte Materie zu erfassen und auf andere Fälle zu übertragen.

Achten Sie auf die Randbemerkungen, welche Ihnen Klausurtipps nicht nur in juristischer, sondern auch in taktischer Hinsicht geben.

Bitte beachten Sie, dass wir hier Klausuranwendung vermitteln. Die Skriptenreihe zu den AS-Klausuren **ersetzt** daher **nicht die Erarbeitung der gesamten Materie** sowie der Struktur des gesamten Rechtsgebiets. Übergreifende Aufbauschemata für das gesamte Zivilrecht finden Sie in unserer Skriptenreihe „Aufbauschemata Zivilrecht/ZPO".

Klausurtechnik und -taktik

A. Oberste Klausurregel

„Ruhe bewahren – andere kochen auch nur mit Wasser."

B. Technischer Ablauf

Der technische Ablauf einer Klausur stellt prinzipiell einen „Vierakter" dar; optimal mit folgendem Ablauf:

1. Akt:	Vollständiges Erfassen des Sachverhalts
2. Akt:	Erstellen einer vollständigen Lösungsskizze (Gliederung)
3. Akt:	Niederschrift des Gutachtens
4. Akt:	Durchlesen der eigenen Lösung und „feilen" an Lösung

C. Die sieben Regeln für eine erfolgreiche Klausurbearbeitung

I. Sachverhaltsaufbereitung

- Den Sachverhalt sorgfältig mindestens **zwei- bis dreimal vollständig lesen.**
- **Sachverhaltsskizze und/oder Zeitstrahl** erstellen.
- Dabei auf gesondertem Blatt die ersten Ideen („§§ … , konkludente Anfechtung" etc.) notieren.

⇨ **Klausurtipp:** Die ersten Ideen sind häufig die besten!

II. Fragestellung erarbeiten

Die Fragestellung („Fallfrage") muss genau herausarbeitet und bei der Lösung stets beachtet werden; sie gibt den Prüfungskatalog vor; dabei

- Aufgliederung nach Sachverhaltsteilen, Personen u. erfragten Rechtsfolgen;
- Interessengegensätze herausfinden; worum geht es in dem Fall bzw. zwischen den Parteien?
- Dabei W-Fragen beachten: Wer-will-was-von wem-woraus?

III. Rechtliches Durchdringen des Falles

Die rechtliche Durchdringung des Falles und die Erstellung der Lösungsskizze vollzieht sich in zwei Phasen:

1. **Brainstorming (Kreative Phase)**

   - Auffinden und Ordnen der fallverdächtigen Rechtsnormen.
   - Alle Gesetze – auch wenn hinlänglich bekannt – lesen, um nichts zu vergessen.

   ⇨ **Klausurtipp: Auch immer „zwei §§ davor und zwei dahinter prüfen"!!!**

2. **Disziplinierte Prüfung (Arbeitsphase)**

   - Akribische Prüfung der für lösungsrelevant erkannten Rechtsnormen

IV. Der Sachverhalt ist mitteilsam und heilig!!!

1. Eine Klausurlösung muss sich ergeben wie eine „Klickerbahn": Ein Teil muss sich aus dem anderen ergeben; wenn es bei der Lösung nicht richtig weitergeht, darf nicht der Sachverhalt dem gewollten Ergebnis angepasst werden, sondern der eigene Lösungsansatz muss überprüft werden.

2. **Ausnahmen:**

   - Im Sachverhalt **nicht genannte Formalien** dürfen als gegeben angenommen werden (z.B. formgerechte Klageerhebung).
   - Bei Lücken im Sachverhalt immer **lebensnahe Auslegung**; aber nur, wenn sie für die Lösung auch wirklich erforderlich ist.
   - An **Rechtsansichten der Beteiligten** ist man nicht gebunden, vielmehr können sie ein Tipp des Klausurstellers, aber auch eine Falle sein!

V. Schwerpunktbildung

1. Bereits bei der Erstellung der Gliederung problemorientiert prüfen, **Schwerpunkte bilden** und in der Lösungsskizze kennzeichnen (z.B. durch eine andere Farbe oder mit einem „P").

2. Als abwegig Erkanntes aussortieren!

Merke: Immer kritikfähig in Bezug auf die eigene Lösung bleiben!!!

VI. Prüfungsreihenfolge vom Speziellen zum Besonderen

1. **Prüfungsreihenfolge** im Zivilrecht (sofern nicht durch Fragestellung eingeengt)
   - Primäranspruch vor Sekundäranspruch
   - Vertragliche immer vor gesetzlichen Ansprüchen etc.

2. **Spezialnormen vor Generalnormen** (Gewährleistungsrecht ist bei Sach- oder Rechtsmängeln spezieller und verdrängt den Generaltatbestand des § 280 Abs. 1 BGB.)

3. **Logische Vorränge** beachten.
   - Verfahrensrechtliche Vorränge beachten (Zulässigkeit vor Begründetheit einer Klage).
   - §§ 987 ff. BGB schließen §§ 812 ff., 823 ff. BGB aus wegen § 993 Abs. 1, 2. Halbs. BGB!

4. **Konkrete Prüfungsaufhänger** suchen.

Keine abstrakten Erörterungen, sondern Probleme stets konkret am Tatbestandsmerkmal erörtern.

VII. Handwerkliches Können bei der Erstellung der Lösung

1. Bei der **Subsumtion** immer den Pendelblick bewahren zwischen der zu prüfenden Norm, der Fragestellung, dem Sachverhalt und dem Gesetzestext.

2. **Gesetzesnorm genau bezeichnen** (nicht „§ 812 BGB", sondern § 812 Abs. 1 S. 1, 1. Var. BGB) und vollständig prüfen.

3. **Reihenfolge:** Definition, dann Subsumtion, dann (Zwischen-)Ergebnis („Somit besteht der Anspruch aus ...")

Nicht Ergebnis voranstellen, da Urteilsstil („Der Anspruch besteht, denn ...")!

4. **Klare und geraffte Argumentationen** („dafür/dagegen; zu folgen ist")

5. **Meinungsstreite** nur nach vorheriger Herleitung und nur, wenn es für die Falllösung darauf ankommt. Nach der Darstellung der einzelnen Meinung Ergebnis zum konkreten Fall. Bei verschiedenen Ergebnissen: Stellungnahme nicht vergessen!

6. **Tatbestandsmerkmale können offengelassen werden, wenn** ihr Vorliegen problematisch und die Norm wegen eines anderen, gleichrangigen Tatbestandsmerkmals nicht vorliegt.

7. Wichtig: **Gliederungspunkte** verwenden, da nur so dem Prüfer klar wird, dass man die Systematik (z.B. Obervoraussetzung, Untervoraussetzung; Anwendbarkeit – Voraussetzungsseite – Rechtsfolge) beherrscht. Also nicht in „einer Soße" runterschreiben! Hingegen sind Überschriften, z.B. „Tatbestand", „Rechtswidrigkeit" entbehrlich.

8. Bilden Sie **Schwerpunkte.** D.h. ausführliche Argumentation an den „Knackpunkten" des Falles, hingegen Unproblematisches kurz erörtern. (Ausführlich zum Gutachtenstil s. AS-Skript „Methodik der Fallbearbeitung".)

INHALTSVERZEICHNIS

Das Ordnen der Anspruchsgrundlagen

Kommen innerhalb eines Zweipersonenverhältnisses für ein Anspruchsziel mehrere Anspruchsgrundlagen in Betracht, so ist die Einhaltung der nachstehenden Prüfungsreihenfolge aus Gründen der logischen Wechselwirkung und aus Konkurrenzfragen der einzelnen Normen zueinander geboten:

I. Vertragliche Ansprüche

- Setzen Vertragsschluss voraus (§§ 145 ff.*)
- Einteilung in: Primäransprüche = Erfüllungsansprüche, z.B. § 433 Abs. 1 und Abs. 2 und Sekundäransprüche, z.B. Schadensersatzansprüche gemäß §§ 280–283 aufgrund von vertraglichen Pflichtverletzungen
- Können als spezielle Grundlage für Ansprüche Auswirkungen für alle anderen Ansprüche haben
  - Vertrag kann „Auftrag" i.S.d. §§ 677 ff. sein, GoA dann ausgeschlossen
  - Vertrag kann Besitzberechtigung i.S.d. § 986 bilden, dingliche Ansprüche aus EBV dann ausgeschlossen
  - Vertrag kann deliktischen Verschuldensmaßstab ändern
  - Vertrag kann als Rechtsgrund Ansprüche aus ungerechtfertigter Bereicherung ausschließen

II. Vertragsähnliche Ansprüche

- Erfordern keinen Vertrag, wirken aber ähnlich wie vertragliche Ansprüche (z.B. Schadensersatz wegen außervertraglicher Pflichtverletzung §§ 280 Abs. 1, 311 Abs. 2, 241 Abs. 2 [c.i.c.])
- Anspruch aus Geschäftsführung ohne Auftrag (GoA §§ 677 ff.) kann Besitzberechtigung i.S.d. § 986 bilden, die Rechtswidrigkeit im Rahmen der Deliktsprüfung entfallen lassen, den deliktischen Haftungsmaßstab beeinflussen (vgl. § 680) oder kann den Rechtsgrund i.S.d. §§ 812 ff. bilden

III. Dingliche Ansprüche

- Dienen dem Schutz und der Verwirklichung dinglicher Rechte, z.B. Herausgabeanspruch des Eigentümers gemäß § 985, Schadensersatzansprüche aus EBV, z.B. gemäß § 989
- Schadensersatzansprüche des EBV (§§ 989 ff.) entfalten Sperrwirkung gegenüber dem Delikts- und Bereicherungsrecht (vgl. § 993 Abs. 1 letzter Halbs.)

IV. Deliktische Ansprüche (§§ 823 ff.)

- Schutz des Einzelnen vor widerrechtlichen Eingriffen in seinen Rechtskreis, z.B. Schadensersatzanspruch gemäß § 823 Abs. 1

V. Bereicherungsrechtliche Ansprüche (§§ 812 ff.)

- Dienen der Rückgängigmachung ungerechtfertigter Vermögensverschiebungen, z.B. Rückabwicklungsansprüche aus einem nichtigen Kaufvertrag gemäß § 812 Abs. 1 S. 1, 1. Var.

Deliktische und bereicherungsrechtliche Ansprüche beeinflussen sich nicht; sie können auch in umgekehrter Reihenfolge geprüft werden.

* §§ ohne Gesetzesangabe sind solche des BGB.

Der vertragliche Anspruch auf Erfüllung

A. Anspruch entstanden

I. Einigung über die wesentlichen Vertragsbestandteile

1. Einigung unmittelbar zwischen Anspruchsteller und Anspruchsgegner durch Angebot und Annahme

2. Einigung mittelbar unter Einschaltung von Vertretern durch Angebot und Annahme

3. Wirksamwerden von Angebot und Annahme durch Abgabe und Zugang

II. Wirksamkeit der Einigung
⇨ **keine rechtshindernden Einwendungen**

1. Geschäftsfähigkeit, §§ 104 ff.

2. Scheingeschäft, § 117

3. Form, §§ 125 ff.

4. Gesetzliches Verbot, § 134

5. Sittenwidrigkeit und Wucher, § 138

6. Anfechtung, §§ 142 ff.

7. Vertrag über künftiges Vermögen oder Nachlass, § 311 b Abs. 2, Abs. 4

(**8.** Aufschiebende Bedingung, § 158)

B. Anspruch untergegangen
⇨ **keine rechtsvernichtenden Einwendungen**

C. Anspruch durchsetzbar
⇨ **keine rechtshemmenden Einwendungen = Einreden**

I. Einreden, die die Durchsetzung auf Dauer ausschließen (peremptorisch) ⇨ insb. Verjährungseinrede, § 214

II. Einreden, die die Durchsetzbarkeit nur aufschieben (dilatorisch)

1. Stundungseinrede, vgl. § 205

2. Einrede des nicht erfüllten Vertrags, § 320

3. Zurückbehaltungsrecht, § 273

III. Von Amts wegen zu beachtende Durchsetzbarkeitshindernisse
⇨ Einrede der unzulässigen Rechtsausübung, § 242

1. Teil: Tatbestand einer Willenserklärung

Tatbestand einer Willenserklärung	
Äußerer Erklärungstatbestand	**Innerer Erklärungstatbestand**
Der äußere Erklärungstatbestand wird grundsätzlich durch normative Auslegung (§ 157) ermittelt (Ausnahme: natürliche Auslegung (vgl. § 133) bei nicht empfangsbedürftigen Willenserklärungen), d.h., das Verhalten des Erklärenden muss objektiv schließen lassen auf:	Der innere Erklärungstatbestand muss spiegelbildlich dazu enthalten:
▣ **Handlungswille** nicht z.B. bei äußerer Gewalt	▪ **Handlungsbewusstsein** bei Fehlen keine WE (z.B. Fälschung)

▪ Rechtsbindungswille
   ▪ nicht bei invitatio ad offerendum
   ▪ Vorverhandlungen
   ▪ Gefälligkeiten – *Abgrenzung:*
     – Gefälligkeit (unentgeltlich, kein Rechtsbindungswille, kein Schuldverhältnis)
     – Gefälligkeitsverhältnis (unentgeltlich, Rechtsbindungswille, Schuldverhältnis **nur** mit Sorgfaltspflichten)
     – Gefälligkeitsvertrag (unentgeltlich, mit Rechtsbindungswillen, Schuldverhältnis mit Leistungs- u. Sorgfaltspflichten)
   ▪ Hilferuf
   ▪ Scheingeschäft
	▪ **Erklärungsbewusstsein:**
	 Aktuelles Erklärungsbewusstsein (Bewusstsein, rechtsgeschäftlich tätig zu werden)
	 Bei Fehlen:
	   ▪ nach h.M. reicht potenzielles Erklärungsbewusstsein aus (dieses liegt vor, wenn der Erklärende zumindest hätte wissen können, dass sein Verhalten als Willenserklärung aufgefasst wird).
	   ▪ aber WE analog § 119 Abs. 1 anfechtbar
	 ▪ **Bei Fehlen** des potenziellen Erklärungsbewusstseins: WE nichtig

▣ **Geschäftswille**
   ▪ muss die wesentlichen Vertragsbestandteile (bestimmt oder zumindest bestimmbar) enthalten
   ▪ kann weitere Vereinbarungen enthalten
	▪ **Geschäftswille**
	   ▪ bei fehlendem oder abweichendem Geschäftswillen ist zwar der Tatbestand einer WE gegeben, aber sie ist gemäß § 119 Abs. 1 anfechtbar

	▣ **Zurechnung ohne inneren Erklärungstatbestand**
	 Liegt kein innerer Erklärungstatbestand (also mindestens Handlungsbewusstsein und potenzielles Erklärungsbewusstsein) vor, so wird eine WE zugerechnet
	   ▪ bei bewusster Begebung einer Blanketturkunde mit Ausfüllungsermächtigung (analog § 172 Abs. 2)
	   ▪ nach allg. Grundsätzen der Rechtsscheinshaftung

> **Fall 1: Willenserklärung ohne Erklärungsbewusstsein (Trierer Weinversteigerung)**
> (RGZ 26, 322 ff.; vgl. auch BGH, Urt. v. 07.06.1984 – IX ZR 66/83, BGHZ 91, 324 ff.)
>
> S besucht die Mosel und nimmt in Trier an einer Weinversteigerung teil. Als er hinter dem Auktionator seinen alten Freund A stehen sieht, hebt er erfreut die Hand, um auf sich aufmerksam zu machen. Daraufhin erteilt ihm Auktionator W den Zuschlag, da – was S nicht bekannt ist – bei der Trierer Weinversteigerung Gebote durch Handheben abgegeben werden.
>
> Muss S den Wein abnehmen?

W könnte einen Anspruch gegenüber S auf Abnahme des Weines aus § 433 Abs. 2 haben.

A. Anspruch entstanden

Dazu müssten die Parteien sich mit dem Inhalt eines Kaufvertrags geeinigt haben und der Einigung dürften keine Wirksamkeitshindernisse entgegenstehen.

I. Einigung i.S.d. § 433

In Betracht kommt hier eine Einigung zwischen S und W i.S.d. § 433 durch zwei übereinstimmende, empfangsbedürftige Willenserklärungen in Form eines Angebots und einer inhaltlich damit übereinstimmenden Annahme, §§ 145 ff.

1. Angebot des S

Hier könnte S dem W ein Angebot zum Abschluss eines Kaufvertrags nach § 433 unterbreitet haben. Durch ein Angebot wird einem anderen die Schließung eines Vertrags derart angetragen, dass dieser nur noch zustimmen braucht, also der Vertrag mit einem bloßen „Ja" des anderen zustande kommen kann.[1] Ein Angebot setzt sich als Willenserklärung aus einem äußeren (objektiven) und einem inneren (subjektiven) Erklärungstatbestand zusammen.

a) Äußerer Erklärungstatbestand

Zunächst müsste der äußere Erklärungstatbestand gegeben sein. Dies ist der Fall, wenn aus der Sicht eines objektiven Erklärungsempfängers neben einem Handlungswillen des Erklärenden (= willensgesteuertes Tätigwerden) ein Rechtsbindungswille (= Wille, im rechtlich relevanten Bereich zu handeln) sowie ein konkreter Geschäftswille erkennbar ist.

Das Heben der Hand gilt bei einer Versteigerung als Abgabe eines Angebots. Ein verständiger Dritter in der Situation des Erklärungsempfängers W durfte das Handheben daher als willensgesteuertes Tätigwerden verbunden mit dem Willen, im rechtlich relevanten Bereich zu handeln und getragen vom konkreten Geschäftswillen zum Kauf des Weines deuten. Mithin liegt der äußere Erklärungstatbestand vor.

---

1 Brox/Walker, BGB AT, Rdnr. 165.

b) Innerer Erklärungstatbestand

Fraglich ist jedoch, ob auch der innere Erklärungstatbestand vorliegt.

Das ist der Fall, wenn das nach außen als Willenserklärung zu deutende Verhalten des S ihm subjektiv auch als Willenserklärung zugerechnet werden kann. Hierfür muss der Erklärende jedenfalls Handlungswillen (= willensgesteuertes Tätigwerden) und Erklärungsbewusstsein (= Bewusstsein, in irgendeiner Weise rechtserheblich zu handeln) haben.

S war ortsfremd und mit den Versteigerungsgebräuchen nicht vertraut. Das Heben der Hand war von ihm zum Zwecke des Grußes gewollt, erfolgte jedoch nicht in dem Bewusstsein, in irgendeiner Weise rechtserheblich zu handeln. Ihm fehlte daher das Erklärungsbewusstsein.

Die Folgen des Fehlens des Erklärungsbewusstseins sind indes umstritten.

aa) Willenstheorie

Nach einer Ansicht erfordert eine wirksame Willenserklärung Erklärungsbewusstsein, sonst ist sie gemäß § 118 analog nichtig.[2] Dies wird damit begründet, dass eine Anfechtung nach § 119 Abs. 1 nur möglich sei, wenn eine Willenserklärung abgegeben sei. Dies setze aber nach § 119 Abs. 1 voraus, dass der Erklärende wenigstens Erklärungsbewusstsein habe. Hinzu komme, dass nach § 118 letztlich eine Willenserklärung nichtig ist, bei der der Erklärende immerhin die Möglichkeit erkennt, rechtserheblich zu handeln. Dasselbe müsse erst recht für eine Erklärung gelten, bei der der Erklärende noch nicht einmal die Möglichkeit erkennt, rechtserheblich zu handeln. Zudem besage der Grundsatz der Privatautonomie, dass der Einzelne über seine rechtlichen Verhältnisse selbst bestimmt. Dies sei aber gar nicht möglich, falls der Einzelne sich nicht bewusst ist, dass sein Handeln „irgendetwas rechtlich Erhebliches" ist.

Hiernach liegt mangels Erklärungsbewusstseins des S der innere Erklärungstatbestand nicht vor.

bb) Erklärungstheorie

Nach anderer Ansicht liegt bei Fehlen des Erklärungsbewusstseins nur dann eine wirksame Willenserklärung vor, wenn sie als solche dem Erklärenden zugerechnet werden kann.[3] Voraussetzung dafür ist, dass der Erklärende bei pflichtgemäßer Sorgfalt hätte erkennen können, dass sein Verhalten als Willenserklärung zu deuten ist. Dies wird damit begründet, dass zwischen dem, der rechtlich gar nichts will, also kein Erklärungsbewusstsein hat, und dem, der rechtlich etwas ganz anderes will und sich in einem Inhaltsirrtum befindet, kein Unterschied bestehe. Schließlich wären beide „bei der Abgabe einer Willenserklärung über deren Inhalt im Irrtum" (§ 119 Abs. 1, 1. Var.). Das Fehlen des Erklärungsbewusstseins stelle daher einen besonderen Fall des Inhaltsirrtums nach § 119 Abs. 1, 1. Var. dar. Eine Anfechtung müsse umso eher zulässig sein, je größer die Abweichung zwischen Wille und Erklärung sei. Dies gelte nicht nur bei Abweichung von Geschäftswille und Erklärung, sondern erst recht bei Abweichung von Erklä-

Fehlt der Geschäftswille im inneren Erklärungstatbestand, so liegt zwar keine einwandfreie Willenserklärung vor. Aber dennoch existiert die Willenserklärung. Dies ergibt sich aus § 119 Abs. 1: Der Erklärende will zwar in ganz bestimmter Weise rechtserheblich handeln, seine Erklärung deckt sich aber nicht mit seinem Geschäftswillen. Die Willenserklärung besteht also, ist aber anfechtbar.

---

2 RGZ 68, 322, 324 f.; 79, 303, 305; 122, 138, 140 ff.; 157, 228, 233; Staudinger/Singer, Vorbem. zu §§ 116–144 Rdnr. 37 ff.
3 BGHZ 91, 324; 329 f.; 152, 63, 70; Palandt/Ellenberger, Vorbem. zu § 116 Rdnr. 17; Habersack JuS 1996, 585.

rungsbewusstsein und Erklärung und bei Abweichung von Handlungswille und Erklärung.

Bei Beachtung pflichtgemäßer Sorgfalt hätte S sich über die Verhaltensregeln auf einer Auktion informiert und daher leicht erkennen können, dass seine Handbewegung als Abgabe eines Gebots aufgefasst wird. Ihm ist sein Verhalten somit als Willenserklärung zurechenbar, sodass trotz Fehlens des Erklärungsbewusstseins der innere Erklärungstatbestand nach dieser Ansicht gegeben ist.

cc) Stellungnahme

Merke: Sofern die Ansichten zu unterschiedlichen Ergebnissen führen, ist eine Streitentscheidung erforderlich!

Aus Gründen des Verkehrs- und Vertrauensschutzes ist der Erklärungstheorie zu folgen, da schließlich das Fehlverhalten nicht beim berechtigt vertrauenden Empfänger, sondern beim Erklärenden liegt. Er muss die Folgen seines Fehlverhaltens durch Anfechtung beseitigen und ggf. den Vertrauensschaden nach § 122 ersetzen. Auch aus der Privatautonomie folgt nicht nur die Selbstbestimmung des Einzelnen, sondern auch die Verantwortlichkeit für sein Tun. Somit liegt der innere Erklärungstatbestand und damit auch eine Annahme des S vor. Mithin haben W und S einen Kaufvertrag gemäß § 433 geschlossen.

2. Eine Annahme des W ist in dem Zuschlag zugunsten des S zu erblicken.

Somit haben sich S und W i.S.d. § 433 geeinigt und damit einen Kaufvertrag geschlossen.

II. Wirksamkeit der Einigung

Ferner müsste die Einigung zwischen S und W auch wirksam sein.

Als rechtshindernde Einwendung (= Nichtigkeitsgrund) kommt nur die Anfechtung der von S abgegebenen Willenserklärung gemäß § 142 Abs. 1 in Betracht.

Zwar hätte S seine Willenserklärung gemäß § 119 Abs. 1 anfechten können, da sein geäußerter Erklärungstatbestand nicht mit seinem inneren Erklärungstatbestand, also der Äußerung übereinstimmt, die er mit dem Handheben abgeben wollte. Aber S hat die Anfechtung gegenüber W nicht gemäß § 143 Abs. 1 erklärt, sodass die Anfechtung gemäß § 142 Abs. 1 nicht durchgreift.

Mithin ist die Einigung von S und W wirksam.

B. Der Anspruch ist nicht untergegangen.

C. Ferner ist der Anspruch auch durchsetzbar.

Somit hat W gegenüber S einen Anspruch auf Abnahme des Weines aus § 433 Abs. 2.

Fall 2: Invitatio ad offerendum

K vertreibt in seinem kleinen Laden Wohnaccessoires, die er regelmäßig über das Internet bei entsprechenden Fachhändlern für Wohnzubehör bestellt. So entdeckt er auf der Internetseite des V einen neuen „Retro-Kronleuchter" für 750 €, der gerade auf den Markt gekommen ist. Im Online-Shop des V sind alle zum Verkauf stehenden Waren genau beschrieben und mit Preisen versehen. K füllt das zur Verfügung stehende Bestellformular aus und sendet es per Mausklick als E-Mail an V. Nachdem V die E-Mail des K gelesen hat, holt er umgehend einen Leuchter aus seinem Lager und übergibt diesen einem Paketdienst, der den Leuchter prompt zum Laden des K bringt. K hat mittlerweile jedoch einen noch günstigeren Leuchter entdeckt und verweigert die Annahme.

V fragt sich, ob er die Abnahme des Leuchters und Zahlung des Kaufpreises i.H.v. 750 € verlangen kann.

V könnte gegen K einen Anspruch auf Abnahme und Zahlung des Kaufpreises aus § 433 Abs. 2 haben.

A. Anspruch entstanden

Dazu müssten die Parteien sich mit dem Inhalt eines Kaufvertrags geeinigt haben und der Einigung dürften keine Wirksamkeitshindernisse entgegenstehen.

I. Einigung i.S.d. § 433

In Betracht kommt hier eine Einigung zwischen V und K i.S.d. § 433 durch zwei übereinstimmende Willenserklärungen in Form eines Angebots und einer inhaltlich damit übereinstimmenden Annahme, §§ 145 ff.

1. Angebot des V

Ein Angebot des V könnte bereits in der Präsentation des „Retro-Kronleuchters" im Internet liegen.

Durch ein Angebot wird einem anderen der Abschluss eines Vertrags derart angetragen, dass der Vertrag mit einem bloßen „Ja" des Anderen zustande kommen kann. Ein Angebot setzt sich als Willenserklärung aus einem äußeren (objektiven) und einem inneren (subjektiven) Erklärungstatbestand zusammen. Der äußere Erklärungstatbestand liegt vor, wenn aus der Sicht eines objektiven Erklärungsempfängers neben Handlungswillen des Erklärenden (= willensgesteuertes Tätigwerden) ein Rechtsbindungswille (= Wille, im rechtlich relevanten Bereich zu handeln) sowie ein konkreter Geschäftswille erkennbar ist.

Ob das Einstellen der Ware bereits auf einen Rechtsbindungswillen schließen lässt oder bloß als eine Aufforderung zur Angebotsabgabe **(invitatio ad offerendum)** zu verstehen ist, ist im Wege der Auslegung zu ermitteln (§§ 133, 157).

a) Internetseite als invitatio ad offerendum

Nach einer Ansicht besteht bei Warenanpreisungen im Internet kein Unterschied zu Schaufensterauslagen oder einer Zeitungsannonce, also zu den klassischen Fällen der invitatio. Die Rechtsfigur der invitatio solle dem Anbieter ermöglichen, die Bonität des Käufers zu prüfen, bevor er sich vertraglich binde. Wäre die Internetseite ein verbindliches Angebot, läge in der Formularbestellung seitens des Kunden die Annahme. Der Kaufvertrag wäre ohne eine Überprüfungsmöglichkeit durch den Verkäufer hinsichtlich der Zahlungsfähigkeit des Kunden zustande gekommen. Darüber hinaus wäre der Anbieter in diesem Fall verpflichtet, an den Kunden zu liefern, auch wenn sein Warenvorrat bereits erschöpft wäre (Gefahr der Doppelverpflichtung). Bei einer invitatio hingegen bestünde für den Verkäufer die Gelegenheit, die Lagerbestände zu überprüfen.

Demnach sei die Internetseite eines Anbieters als bloße invitatio ad offerendum und nicht als verbindliches Angebot zu verstehen.[4]

b) Internetseite als bindendes Angebot

Eine andere Ansicht wendet sich gegen die pauschale Gleichbehandlung von Schaufensterauslagen bzw. Zeitungsinseraten mit der Warenpräsentation im Internet. Eine invitatio liege nur vor, wenn der Vorbehalt fehlender Verbindlichkeit ausdrücklich kenntlich gemacht werde (z.B. durch entsprechenden Vermerk). Nur so könne der Kunde die fehlende Bindungswirkung der Präsentation erkennen. Andernfalls dürfe er von einem verbindlichen Angebot ausgehen. Da es technisch möglich ist, Bestellungen aus dem Online-Shop direkt mit den Lagerbeständen abzugleichen, sei – im Unterschied zu den klassischen Fällen der invitatio – eine Überprüfung der Verfügbarkeit durchaus möglich und daher werde so auch ein direkter Zugriff auf das Warenlager suggeriert. Darüber hinaus sei eine Bonitätsprüfung des Kunden bei den im Internet in der Regel verwendeten Zahlungsmodalitäten wie Vorkasse, Nachnahme oder Kreditkartenzahlung von vornherein entbehrlich.[5]

Mangels eines entsprechenden Vermerks auf die Unverbindlichkeit des Angebots liegt nach dieser Ansicht aus Sicht eines objektiven Empfängers bereits in der Präsentation ein Verkaufsangebot des V.

c) Stellungnahme

Schon allein aus Gründen der Rechtssicherheit besteht auch im Internet das Bedürfnis für die Rechtsfigur der invitatio ad offerendum. Selbst wenn die Überprüfung der Liefermöglichkeit des Händlers durch Verknüpfung der Internetseite mit der Datenbank seiner Lagerbestände technisch machbar ist, so können jedoch während der Online-Bestellung gleichzeitig anderweitige Kundenbestellungen (z.B. per Post oder Telefon) den Warenvorrat erschöpfen. Die Gefahr der Doppelverpflichtung bleibt also bestehen. Zudem ist die Bonitätsprüfung bei den im Internethandel üblichen Zahlungsweisen keinesfalls entbehrlich, da es jedenfalls der Verifizierung der mitgeteilten Daten (z.B. Kreditkartendaten) bedarf. Danach ergibt sich aus der Sicht eines vernünftigen Erklärungsempfängers, dass V mit der Präsentation noch kein verbindliches Verkaufsangebot abgeben will, sondern den Kunden auffordert, ein Angebot abzugeben.

Vertragschluss bei Bestellungen im Internet:

- Die Präsentation von Artikeln stellt i.d.R. eine invitatio ad offerendum dar.
- Die automatisierte Antwort-E-Mail ist i.d.R. bloß eine (Pflicht-)Mitteilung vom Antragseingang (vgl. § 312 g Abs. 1 S. 1 Nr. 3), kann aber auch Annahmeerklärung oder neues Angebot sein (vgl. § 150 Abs. 2).
- Sofern die Antwort-E-Mail nur eine Mitteilung des Antragseingangs ist, kommt der Vertrag erst mit der Lieferung der bestellten Ware zu den dann maßgeblichen Bedingungen zustande (vgl. BGH NJW 2004, 3699 ff. = RÜ 2005, 71 ff.).

---

4 AG Butzbach NJW-RR 2003, 54; Palandt/Grüneberg § 312 b Rdnr. 4; Staudinger/Bork § 145 Rdnr. 9; Köhler/Arndt, Recht im Internet, S. 65; Woitkewitsch/Pfitzer MDR 2007, 61, 63.
5 Muscheler/Schewe Jura 2000, 565, 568; Kimmelmann/Winter JuS 2003, 532 f.

2. Angebot des K

In der Bestellung des K liegt ein Angebot auf Abschluss eines Kaufvertrags über den Kronleuchter zum Preis von 750 €.

3. Annahme des V

Ferner müsste V dieses Angebot auch angenommen haben.
Die Annahme ist eine empfangsbedürftige Willenserklärung, durch die der Angebotsempfänger gegenüber dem Anbietenden sein Einverständnis mit dem Vertragsschluss erklärt.[6] Die Annahme eines Angebots kann ausdrücklich oder auch konkludent durch schlüssiges Verhalten erklärt werden.[7] V hat das Angebot des K nicht ausdrücklich angenommen, jedoch die Ware dem Paketdienst zum Transport ausgehändigt. Damit bringt er konkludent zum Ausdruck, das Angebot des K zu akzeptieren.
Zwar bedarf die Annahmeerklärung als empfangsbedürftige Willenserklärung grundsätzlich des Zugangs bei K. Jedoch ist hier eine Erklärung der Annahme nach der Verkehrssitte nicht zu erwarten. Schließlich erwartet ein Kunde, der bei einem Versandhandel bestellt, nicht, dass der Verkäufer ihn vor Absendung der Ware noch ausdrücklich über sein Einverständnis mit dem Angebot informiert. Der Zugang ist daher im vorliegenden Fall ausnahmsweise nach § 151 entbehrlich.
Somit liegt eine Einigung zwischen K und V i.S.d. § 433 vor.

II. Wirksamkeit der Einigung

Des Weiteren ist die Einigung mangels rechtshindernder Einwendungen (= Nichtigkeitsgründe) auch wirksam.

B. Ferner ist der Anspruch nicht untergegangen.

C. Der Anspruch ist des Weiteren auch durchsetzbar.

Somit hat V gegen K einen Anspruch auf Abnahme und Zahlung des Kaufpreises aus § 433 Abs. 2.

---

6 Brox/Walker, BGB AT, Rdnr. 176.
7 vgl. BGHZ 111, 97, 101; Giesen, BGB Allgemeiner Teil: Rechtsgeschäftslehre, Rdnr. 61.

> **Fall 3: Misslungenes Scheingeschäft**
> (BGH, Urt. v. 26.05.2000 – V ZR 399/99, BGHZ 144, 331 ff.)
>
> Mit notariellem Vertrag vom 17.03.2011 erwarb K von V eine noch zu vermessende Teilfläche eines Grundstücks von 3.600 m^2 zum Preis von 43.200 €. Das Grundstück verkaufte K mit notariellem Vertrag vom 04.03.2012 an B und lässt es zugleich formwirksam an ihn auf. Als Kaufpreis wurde ein Betrag von 43.200 € beurkundet. B zahlte hierauf 10.000 €. K behauptet, der Vertrag sei nichtig, weil er mit einem Verhandlungsgehilfen des B in Wirklichkeit einen Preis von 385.000 € vereinbart habe. Auf Anraten seines Steuerberaters sei jedoch nur ein Preis von 43.200 € beurkundet worden, um die Folgen eines Weiterverkaufs zu einem höheren Preis innerhalb von zwei Jahren zu umgehen. B widerspricht der Darstellung des K, da er hiervon nichts wusste und stets von einem Kaufpreis von 43.200 € ausgegangen ist.
>
> Enttäuscht verlangt K die Rückabwicklung des Vertrags und Herausgabe des Grundstücks von B.
>
> Zu Recht?

K könnte gegen B einen Anspruch auf Herausgabe des Grundstücks aus § 812 Abs. 1 S. 1, 1. Var. haben.

A. Anspruch entstanden

I. Etwas erlangt

Zunächst müsste B etwas erlangt haben.
Unter „etwas" ist jeder vermögenswerte (rechtliche) Vorteil zu verstehen.
B erlangt Eigentum und Besitz am Grundstück des K und damit einen Vermögensvorteil in diesem Sinne.
Soweit hat B etwas erlangt.

II. Durch Leistung des Anspruchstellers K

Ferner müsste B diesen Vermögensvorteil auch durch Leistung des Anspruchstellers K erlangt haben.
Unter einer „Leistung" ist bei der Kondiktion des § 812 Abs. 1 S. 1, 1. Var. jede bewusste und zweckgerichtete Mehrung fremden Vermögens zur Erfüllung einer, wenn auch nur vermeintlich bestehenden, Verbindlichkeit zu verstehen. Hier mehrt K bewusst und zweckgerichtet das Vermögen des B zur Erfüllung seiner Verpflichtung zur Übergabe und Übereignung aus § 433 Abs. 1 S. 1.
Somit liegt eine Leistung des K vor.

III. Ohne rechtlichen Grund

Ferner müsste die Leistung des K ohne rechtlichen Grund erfolgt sein.
Das ist der Fall, wenn der mit der Leistung bezweckte Erfolg verfehlt worden ist. Dies wiederum ist jedenfalls dann der Fall, wenn das der Leistung zugrunde liegende Vertragsverhältnis nicht besteht.
Zwar haben sich K und B notariell beurkundet über den Verkauf des Grundstücks i.S.d. § 433 zu einem Kaufpreis i.H.v. 43.200 € geeinigt, aber K hat hinsichtlich des Kaufpreises zwei verschiedene Erklärungen abgegeben.

Fraglich ist insofern, ob die Einigung i.S.d. § 433 auch wirksam ist.

1. Unwirksamkeit des notariell beurkundeten Vertrags über 43.200 € gemäß § 117 Abs. 1

Die von K im Rahmen des notariell beurkundeten Kaufvertrags abgegebene Willenserklärung (Angebot oder Annahme) könnte gemäß § 117 Abs. 1 nichtig sein. Im Falle des § 117 Abs. 1 soll lediglich der äußere Schein eines Rechtsgeschäfts hervorgerufen werden, entgegen der Wortfassung von § 117 Abs. 1 liegt aber tatbestandlich schon keine Willenserklärung vor. Insofern ist das Fehlen des Rechtsbindungswillens kennzeichnend für das Scheingeschäft.[8]

Bei § 116 S. 2 fehlt es trotz Kenntnis des anderen Teils an der Einverständlichkeit des Handelns. Bei Wissen und Wollen beider Beteiligten, dass die abgegebene Erklärung nicht gewollt ist, gilt ausschließlich § 117.

Nach § 117 Abs. 1 müssten also beide Parteien eine empfangsbedürftige Willenserklärung einverständlich nur zum Schein abgegeben haben, indem sie sich auf einen Kaufpreis für das Grundstück in Höhe von 43.200 € einigten. B ist jedoch stets von dem beurkundeten Kaufpreis ausgegangen und wusste auch nichts über den Ratschlag des Steuerberaters des K. Insofern ist keine Willensübereinstimmung zum Abschluss eines Scheingeschäfts bei K und B vorhanden. Dieser Wille muss jedoch bei den abschließenden Vertragsparteien vorhanden sein und nur aus ihm ergibt sich wertungsmäßig die von § 117 Abs. 1 festgelegte Nichtigkeitsfolge, weil eine Erklärung keine rechtsgeschäftlichen Folgen haben kann, die die Handelnden übereinstimmend nicht wollen. Insoweit wird § 117 Abs. 1 auch als Konkretisierung der negativen Kehrseite der Privatautonomie bezeichnet. Es handelt sich daher um einen Fall des sog. **misslungenen Scheingeschäfts**, d.h. ein Scheingeschäft, bei dem der Erklärungsempfänger den vom Erklärenden beabsichtigten Scheincharakter des Geschäfts nicht kennt.

Im „Normalfall" des Grundstückskaufvertrags unter Angabe eines geringeren als des vereinbarten Preises ist das beurkundete Geschäft als Scheingeschäft gemäß § 117 Abs. 1 nichtig, das gewollte Geschäft wegen §§ 125 S. 1, 311 b Abs. 1 S. 1 formnichtig (aber Möglichkeit der Heilung durch Auflassung und Eintragung des verdeckten Geschäfts beachten, § 311 b Abs. 1 S. 2).

Mithin ist die von K im Rahmen des notariell beurkundeten Kaufvertrags abgegebene Willenserklärung nicht gemäß § 117 Abs. 1 nichtig.

2. Unwirksamkeit des notariell beurkundeten Vertrags über 43.200 € gemäß § 118

Jedoch könnte die von K im Rahmen des notariell beurkundeten Kaufvertrags abgegebene Willenserklärung gemäß § 118 nichtig sein.

a) Nach § 118 ist eine nicht ernstlich gemeinte Willenserklärung, die in der Erwartung abgegeben wird, der Mangel der Ernstlichkeit werde nicht verkannt werden, **grds.** nichtig.

---

8 BGHZ 36, 84, 87.

aa) Eine nicht ernstlich gemeinte Willenserklärung ist hier durch die Erklärung des K in Bezug auf den Vertrag über 43.200 € gegeben.

bb) Ferner müsste die Willenserklärung in der Erwartung abgegeben worden sein, der Mangel der Ernstlichkeit werde nicht verkannt werden. Dies erfordert eine subjektive Erwartung des Erklärenden und liegt damit auch dann vor, wenn die fehlende Ernstlichkeit objektiv nicht erkennbar ist. Für B, der von den wahren Motiven des K bei Abschluss des notariell beurkundeten Kaufvertrags keine Kenntnis hatte und dies auch aus den Umständen nicht hätte erkennen können, war die fehlende Ernstlichkeit objektiv nicht erkennbar. Somit hat K die Willenserklärung auch in der Erwartung abgegeben, der Mangel der Ernstlichkeit werde nicht verkannt werden.

Also ist die von K abgegebene Willenserklärung grds. gemäß § 118 nichtig.

b) Jedoch könnte die Nichtigkeit einer „Scherzerklärung" mit der Beurkundungsfunktion des § 311 b und dem Gedanken des Verkehrsschutzes unvereinbar sein, sodass **ausnahmsweise** die Willenserklärung wegen Verstoßes gegen Treu und Glauben (§ 242) nicht nichtig ist.[9]

§ 311 b Abs. 1 S. 1 verfolgt den Zweck, den Veräußerer und den Erwerber von Grundstückseigentum vor übereilten Verträgen zu bewahren und ihnen reifliche Überlegungsfreiheit sowie sachkundige und unparteiische Beratung durch den Notar zu gewähren **(Warn-, Belehrungs- und Kontrollfunktion)** sowie den Inhalt der Vereinbarung klar und genau festzustellen und die Beweisführung zu sichern **(Beweisfunktion)**. Diese Funktionen erstrecken sich zwar auch auf die Frage, ob die zu beurkundenden Willenserklärungen ernstlich gemeint sind. Deswegen schreibt auch § 17 Abs. 2 BeurkG dem Notar vor, dass bei Zweifeln, ob das Geschäft dem Gesetz oder dem wahren Willen der Beteiligten entspricht, die Bedenken mit den Beteiligten erörtert werden sollen. Auch soll der Notar gemäß § 17 Abs. 2 a BeurkG das Beurkundungsverfahren so gestalten, dass die Einhaltung der vorgenannten Pflicht gewährleistet ist. Das rechtfertigt aber nicht, die Nichtigkeitsfolge des § 118 zu verneinen. Denn die Beurkundung schützt nicht davor, dass die Erklärungen der Parteien einen anderen Inhalt haben können als sich aus ihrem Wortlaut erschließt. Insbesondere ist es möglich, dass eine nicht ernstlich gemeinte Willenserklärung – ohne einen Belehrungsvermerk des Notars nach § 17 Abs. 2 BeurkG – beurkundet wird, weil § 118 lediglich voraussetzt, dass der Erklärende subjektiv der Ansicht war, die mangelnde Ernstlichkeit werde erkannt werden, nicht dagegen auch, dass die Nichternstlichkeit dem Empfänger oder dem Notar hat auffallen müssen.

Auch die Anwendung der zur sog. *falsa demonstratio* entwickelten Grundsätze auf beurkundungspflichtige Rechtsgeschäfte zeigt, dass es bei notariellen Urkunden keinen Verkehrsschutz davor gibt, dass den beurkundeten Erklärungen ein anderer Inhalt zukommen kann als er sich aus dem Wortlaut erschließt. Deswegen ist es kein Wertungswiderspruch, wenn eine von dem Notar und dem Vertragspartner als solche nicht erkannte, nicht ernstlich gemeinte Willenserklärung nicht gelten soll. Das Vertrauen in die Gültigkeit der Erklärung wird insoweit allein durch § 122 geschützt.

---

9   BGHZ 144, 331, 334.

Mithin ist die von K im Rahmen des notariell beurkundeten Kaufvertrags abgegebene Willenserklärung gemäß § 118 nichtig.

3. Wirksamkeit des nicht notariell beurkundeten Vertrags über 385.000 € (verdecktes Geschäft), § 117 Abs. 2

Jedoch könnte gemäß § 117 Abs. 2 eine nicht notariell beurkundete Einigung i.S.d. § 433 als verdecktes Geschäft wirksam sein.

Dies scheitert jedoch bereits daran, dass keine zwei sich inhaltlich deckenden Willenserklärungen bestehen und damit keine Einigung vorliegt. Die Willenserklärung des B ist auf einen Vertrag zu einem Kaufpreis von 43.200 € gerichtet, während sich die Willenserklärung des K auf einen Vertrag zu einem Kaufpreis von 385.000 € bezieht.

Somit erfolgte die Leistung des K ohne rechtlichen Grund.

IV. Rechtsfolge

Nach § 812 Abs. 1 S. 1, 1. Var. muss B das Grundstück an K Zug um Zug gegen Zahlung von 10.000 € (Gegenanspruch des B gegen K aus § 812 Abs. 1 S. 1, 1. Var.) herausgeben. Der Anspruch ist folglich entstanden.

B. Mangels Eingreifen von rechtsvernichtenden Einwendungen ist der Anspruch nicht untergegangen.

C. Ferner ist der Anspruch auch durchsetzbar.

K hat daher gegen B einen Anspruch auf Herausgabe des Grundstücks Zug um Zug gegen Zahlung von 10.000 € aus § 812 Abs. 1 S. 1, 1. Var.

Beachte: Möglich wäre auch eine condictio ob rem (§ 812 Abs. 1 S. 2, 2. Var.) gewesen, da die Heilung des formnichtigen verdeckten Geschäfts den mit der Leistung bewerkten Erfolg darstellt.

2. Teil: Wirksamwerden von Willenserklärungen

Wirksamwerden einer empfangsbedürftigen Willenserklärung, §§ 130–133

I. Abgabe

Abgabe = „Endgültige willentliche Entäußerung"

- **mündlich:** mit dem Aussprechen

- **schriftlich:** wenn Erklärender alles getan hat, damit das Schriftstück an Empfänger gelangt

  Abhandengekommene Willenserklärung
  (Die Abgabe einer Willenserklärung setzt deren willentliche Entäußerung voraus; fehlt eine solche – Absendung eines vorformulierten Schreibens durch die Putzfrau – kann eine WE mangels Abgabe nicht wirksam werden.)

II. Zugang

- Zugang = „So in den Machtbereich des Empfängers gelangt, dass unter normalen Umständen mit der Kenntnisnahme zu rechnen ist"

  - **mündlich:** nach sog. abgeschwächter Vernehmungstheorie dann, wenn Erklärender damit rechnen kann, dass Empfänger sie richtig vernommen hat

  - **schriftlich:** wenn sie in den Machtbereich des Empfängers gelangt ist und die Möglichkeit der Kenntnisnahme bestand

    Zugangsvereitelung
    (Fiktion des Zugangs bei grundloser Annahmeverweigerung oder arglistiger Zugangsvereitelung; bei sonstigen, vom Empfänger zu vertretenden Zugangshindernissen ist ein erneuter Zustellversuch erforderlich, der auf den Zeitpunkt der erfolglosen Zustellung zurückwirkt)

- Eine Willenserklärung wird nicht wirksam, wenn vorher oder gleichzeitig ein Widerruf zugeht, § 130 Abs. 1 S. 2.

- Geht die Willenserklärung einem **Empfangsvertreter** zu, ist sie zugleich dem Vertretenen zugegangen, § 164 Abs. 3.

- Geht die Willenserklärung einem **Empfangsboten** zu, geht sie dem Erklärungsempfänger erst zu, wenn unter gewöhnlichen Umständen mit Weiterleitung an ihn zu rechnen ist.

  Abgrenzung Empfangsvertreter/Empfangsbote
  (Empfangsvertreter ist mit eigener Empfangszuständigkeit ausgestattet, während Empfangsbote die WE nur an den Empfangszuständigen übermitteln soll, z.B. im Haushalt des Empfängers lebende Personen, Betriebsangehörige.)

  Abgrenzung Empfangsbote/Erklärungsbote
  (Eine Person, die als Empfangsbote nicht geeignet ist – z.B. kleines Kind, Handwerker – wird als Erklärungsbote tätig, da das Zugangsrisiko dann den Erklärenden trifft.)

- Tod oder **Geschäftsunfähigkeit** des Erklärenden **nach Abgabe** hindern das Wirksamwerden des Zugangs nicht, § 130 Abs. 2.

- Gegenüber **Geschäftsunfähigen** geht Erklärung erst mit Zugang an seinen gesetzlichen Vertreter zu, § 131 Abs. 1.

- Gegenüber **beschränkt Geschäftsfähigen** Zugang unmittelbar, wenn Erklärung lediglich rechtlich vorteilhaft oder Einwilligung des gesetzlichen Vertreters vorliegt, § 131 Abs. 2.
  (Beachte: Ein Angebot ist immer lediglich rechtlich vorteilhaft, da – unabhängig vom Inhalt – der Rechtskreis jedenfalls erweitert wird!)

Fall 4: Abhandengekommene Willenserklärung

V möchte eine Einliegerwohnung in seinem Haus vermieten. Nach einigen Besichtigungsterminen mit verschiedenen potentiellen Mietern ist er sich so gut wie sicher, dass er an M vermieten möchte. Er besorgt sich ein Mietvertragsformular, trägt alle erforderlichen Daten ein und unterschreibt. Dann steckt er das Formular in einen unfrankierten Briefumschlag, den er an M adressiert. Da er seinen Entschluss nochmals überdenken will, lässt er den Briefumschlag vorerst unfrankiert auf seinem Schreibtisch liegen. Noch am gleichen Tag entdeckt seine Haushälterin H den Brief auf dem Schreibtisch. Sie denkt, V habe den Brief in der ganzen Hektik vergessen, frankiert den Brief und wirft ihn in den Postkasten. Der Brief kommt kurze Zeit später bei M an, der hocherfreut das Mietvertragsformular unterzeichnet und an V zurückschickt. In der Zwischenzeit hat V es sich jedoch anders überlegt.

Muss V die Wohnung an M vermieten?

Welche Rechte hat M, falls V nicht an ihn vermieten muss?

1. Teil: M könnte gegen V einen Anspruch auf Überlassung der Mietwohnung aus §§ 535 Abs. 1 S. 1, 549 haben.

A. Anspruch entstanden

I. Einigung i.S.d. § 535

1. Ein **Angebot des V** liegt mit dem Mietvertragsformular über die Wohnung vor.

2. Wirksamwerden des Angebots des V

Das Angebot des V müsste als empfangsbedürftige Willenserklärung im Rechtsverkehr auch wirksam geworden sein. Eine empfangsbedürftige Willenserklärung wird durch **Abgabe und Zugang** wirksam.

Zunächst müsste V das Angebot (= empfangsbedürftige Willenserklärung) abgegeben haben. Abgegeben ist eine empfangsbedürftige Willenserklärung, wenn sie als ein an den Empfänger gerichteter, verbindlicher Regelungsakt bewusst verlautbart ist und der Erklärende alles getan hat, was bei normalem Verlauf der Dinge geeignet ist, den Zugang der Erklärung zu bewirken.

V hat bewusst und willentlich das Mietvertragsformular mit allen erforderlichen Daten ausgefüllt und an M adressiert. Er hat sein Angebot insofern willentlich entäußert und als verbindlichen Regelungsakt bewusst verlautbart.

Es ist jedoch umstritten, ob er auch alles getan hat, damit seine Willenserklärung M auch zugehen kann.

a) Nach einer Ansicht[10] erfolgt die Abgabe einer schriftlichen Willenserklärung erst mit deren Begebung durch ihren Ersteller **in Richtung auf den Erklärungsempfänger** (arg. ex § 130 Abs. 2). Bis dahin gelte sie als noch nicht existent, es liege nur der Schein einer Willenserklärung vor. Schon

Wirksamwerden und Wirksamkeit sind zu unterscheiden. Eine empfangsbedürftige Willenserklärung wird durch Abgabe und Zugang wirksam; eine Einigung ist wirksam, wenn keine Nichtigkeitsgründe (z.B. §§ 134, 138, 142 Abs. 1, etc.) entgegenstehen.

10 BGHZ 65, 13 f.; BGH NJW 1979, 2032 f.

mangels Abgabe, jedenfalls aber wegen Fehlens des notwendigen Abgabewillens (Handlungswille hinsichtlich der Abgabe) könne die sog. abhandengekommene Willenserklärung nicht wirksam werden.

Vorliegend hat V den Brief weder frankiert noch zur Post bzw. zum Postkasten gebracht. Dies geschah eigenmächtig durch H. Die gegen den Willen des V von H in den Verkehr gebrachte Willenserklärung ist daher dieser Ansicht nach von V nicht abgegeben worden.

b) Nach anderer Ansicht[11] ist die nicht vom Erklärungsverfasser in den Verkehr gebrachte verkörperte Willenserklärung als von diesem abgegeben anzusehen, wenn der Verfasser das Inverkehrbringen aus Gründen, die in seinem Herrschafts- und Organisationsbereich liegen, zu vertreten hat.

V hätte die Versendung des Briefes durch deutlichen Hinweis an H, sich nicht um seine geschäftlichen Angelegenheiten zu kümmern, vermeiden können. Zudem beschäftigt ein verantwortungsbewusster Vermieter kein Personal, das ohne seine Einwilligung in Briefen enthaltene Angebote versendet bzw. hätte er solche Briefe nicht einfach auf seinem Schreibtisch liegen lassen dürfen. Folglich hat V nach dieser Ansicht das Angebot abgegeben.

c) Nach einer weiteren Ansicht[12] fehlt es bei der sog. abhandengekommenen Willenserklärung zwar an der Abgabe der Willenserklärung. Die abgabefertig gemachte und von einer anderen Person als dem Erklärenden abgesandte Erklärung solle jedoch ungeachtet des Fehlens der Abgabe in diesem Falle gelten. Dies folge daraus, dass der Fall der abhandengekommenen Willenserklärung dem der ohne Erklärungsbewusstsein abgegebenen Willenserklärung gleichstehe.

Auch nach dieser Ansicht hätte V die Willenserklärung abgegeben.

d) Die Ansichten kommen zu unterschiedlichen Ergebnissen, sodass eine Streitentscheidung erforderlich ist. Gegen die letzte Ansicht spricht, dass das fehlende Erklärungsbewusstsein bezüglich des Erklärungsinhalts eben nicht dem Fehlen des Abgabewillens entspricht. Bei der verkörperten Willenserklärung fallen Entstehung des Erklärungszeichens und seine Geltung nicht in eins. Die Folge der letzten Ansicht ist also, dass man die verkörperte Willenserklärung als bereits im Zeitpunkt ihrer Verkörperung abgegeben fingiert. Eine Fiktion widerspricht jedoch der Funktion der Willenserklärung als autonomem Akt des rechtsgeschäftlichen Handelns. Gegen die zweite Ansicht spricht, dass die Geltung einer rechtsgeschäftlichen Regelung auf die Verletzung pflichtgemäßer Sorgfalt gestützt wird. Dies begründet, sofern das Gesetz nicht ein anderes bestimmt, aber letztlich nur eine Haftung auf Schadensersatz. Außerdem würde eine Zurechnung des versehentlichen Inverkehrbringens gegen die gesetzliche Wertung des § 172 Abs. 1 verstoßen. So muss sich nach § 172 Abs. 1 der Aussteller einer Urkunde deren Inhalt nur dann zurechnen lassen, wenn er sie einem anderen ausgehändigt hat, also wenn er sie willentlich in den Rechtsverkehr entäußert hat.

---

11 Larenz/Wolf, BGB AT, § 26 Rdnr. 5.
12 Flume, AT II, § 14 Ziff. 2, § 23 Ziff. 1; Medicus, BGB AT, Rdnr. 266.

Mithin ist der erstgenannten Ansicht zu folgen, sodass V seine Willenserklärung nicht abgegeben hat.

II. Somit ist das Angebot des V mangels Abgabe nicht wirksam geworden, sodass auch eine Einigung zwischen V und M i.S.d. § 535 nicht vorliegt.

Eine nicht abgegebene Willenserklärung kann auch nicht zugehen.

B. Ergebnis

Mangels Mietvertrags zwischen V und M besteht kein Anspruch des M gegenüber V auf Überlassung der Mietwohnung aus §§ 535 Abs. 1 S. 1, 549.

2. Teil: M könnte gegen V jedoch einen Anspruch auf Schadensersatz aus § 122 analog haben.

A. Anspruch entstanden

Dazu müssten zunächst die Analogievoraussetzungen gegeben sein.

I. Planwidrige Regelungslücke

1. Eine **Regelungslücke** liegt vor. Schließlich gibt es keine Regelung von Ansprüchen zugunsten des „vermeintlichen" Vertragspartners, der auf die Gültigkeit der Erklärung vertraut.

2. Auch die **Planwidrigkeit der Regelungslücke** ist gegeben. Vorliegend sind keine Gründe ersichtlich, warum der Erklärungsempfänger, der mangels Abgabe nicht Vertragspartner wird, gegenüber dem Erklärungsempfänger, der wegen Anfechtung (§§ 119, 120) nicht Vertragspartner wird, anders behandelt werden sollte.

II. Zudem besteht auch eine **vergleichbare Interessenlage**. Schließlich soll § 122 den auf die Gültigkeit der Willenserklärung vertrauenden Geschäftsgegner schützen und beruht daher auf dem Gedanken der Veranlassungshaftung;[13] die Veranlassung geht bei sorgfaltspflichtwidrig nicht überwachten und deshalb in Verkehr gebrachten Willenserklärungen gleichermaßen wie bei Anfechtung nach §§ 119, 120 vom Erklärenden aus.

Somit liegen die Analogievoraussetzungen vor.

III. Rechtsfolge

Dass bedeutet, dass M von V den Schaden ersetzt verlangen kann, den er dadurch erlitten hat, dass er auf die rechtliche Verbindlichkeit der Erklärung vertraute (negatives Interesse). Der Anspruch umfasst neben den aufgewandten Kosten (z.B. Portokosten, Transportkosten, etc.) die im Vertrauen auf die Gültigkeit des Geschäfts erbrachten Leistungen, aber auch die Nachteile durch das Nichtzustandekommen eines möglichen anderen Geschäfts.[14]

B. Der Anspruch ist nicht untergegangen.

C. Ferner ist der Anspruch auch durchsetzbar.

Somit hat M gegen V einen Anspruch auf Schadensersatz aus § 122 analog.[15]

---

13 BGH NJW 1969, 1380.
14 BGH NJW 1984, 1950.
15 Daneben kommt u.U. ein Anspruch auf Schadensersatz neben der Leistung aus §§ 280 Abs. 1, 311 Abs. 2, 241 Abs. 2 wegen unsorgfältiger Aufbewahrung in Betracht, vgl. Bork, Allgemeiner Teil des Bürgerlichen Gesetzbuchs, Rdnr. 615.

> **Fall 5:   Falschübermittlung**
>
> K aus Münster ist schlecht zu Fuß und bittet daher seinen Nachbarn N, für ihn zwei Briefe in den Postkasten zu werfen. Der eine Brief enthält eine Glückwunschkarte für seinen Neffen in Bonn, der andere eine Warenbestellung bei V in Hamburg. Als N sich auf den Weg macht, fällt K plötzlich ein, dass er momentan gar nicht so recht liquide ist und mit der Bestellung besser noch ein wenig warten sollte. Vom Fenster ruft er N nach, dass er nur den Brief nach Bonn einwerfen solle, den Brief nach Hamburg aber zurückbringen solle. Aufgrund des einsetzenden Regens verhört sich N und wirft nur den Brief nach Hamburg ein, den anderen Brief nimmt er wieder mit und gibt ihn zurück. Tage später entdeckt K das Malheur und widerruft per Telefax seine Warenbestellung in Hamburg. V hatte jedoch bereits vor Ankunft des Fax die schriftliche Annahme der Bestellung an K abgesandt, die kurz darauf auch bei K eintrifft.
>
> V fragt sich, ob er von K die Abnahme der Ware und die Zahlung des Kaufpreises verlangen kann.

V könnte gegen K einen Anspruch auf Abnahme und Zahlung des Kaufpreises aus § 433 Abs. 2 haben.

A. Anspruch entstanden

I. Einigung i.S.d. § 433

Dazu müssten sich V und K zunächst i.S.d. § 433 geeinigt, also einen Kaufvertrag abgeschlossen haben.

1. Ein **Angebot des K** liegt mit seiner Warenbestellung vor.

2. Wirksamwerden des Angebots des K

Das Angebot des K müsste als empfangsbedürftige Willenserklärung aber auch im Rechtsverkehr wirksam geworden sein.

a) Abgabe der Willenserklärung des K

Dazu müsste K das Angebot abgegeben haben.

Abgegeben ist eine empfangsbedürftige Willenserklärung, wenn sie als ein an den Empfänger gerichteter, verbindlicher Regelungsakt bewusst verlautbart ist und der Erklärende alles getan hat, was bei normalem Verlauf der Dinge geeignet ist, den Zugang der Erklärung zu bewirken.

K hat sein Angebot bewusst niedergeschrieben und insofern auch willentlich entäußert. Ferner hat er durch die Übergabe an N, verbunden mit der Weisung, sie in den Postkasten zu werfen, damit die Post sie übermitteln kann, alles Erforderliche getan, um den Zugang der Willenserklärung bei V zu bewirken. Folglich hat K die Willenserklärung auch abgegeben. Zwar hat K nach der Abgabe seinen Willen geändert und versucht, die Willenserklärung zurückzuerhalten, was jedoch an der bereits erfolgten Abgabe nichts ändert. Dies folgt nicht zuletzt aus § 130 Abs. 1, wonach das Wirksamwerden einer abgegebenen Willenserklärung nur dadurch abgewendet werden kann, dass der Erklärende entweder den Zugang beim Erklärungsempfänger tatsächlich verhindert (§ 130 Abs. 1 S. 1) oder aber dem Erklärungsempfänger gegenüber vor oder gleichzeitig mit dem Zugang die Willenserklärung widerruft (§ 130 Abs. 1 S. 2).

Somit hat K das Angebot abgegeben.

b) Übermittlung der Willenserklärung durch einen Boten mit Botenmacht

Fraglich ist jedoch, ob K sich das von N fälschlicherweise übermittelte Vertragsangebot überhaupt zurechnen lassen muss.

aa) Erteilung der Botenmacht

Bei Übermittlung einer Willenserklärung durch einen Boten ist dies nur dann der Fall, wenn dem Boten entsprechende Botenmacht erteilt worden ist. Wenn der Bote ohne Botenmacht die Willenserklärung des Geschäftsherrn übermittelt, liegt eine Scheinübermittlung vor, die dem Geschäftsherrn dann nicht zuzurechnen ist.

Indem K den N bittet, die Briefe in den Postkasten einzuwerfen, ermächtigt er ihn zur Übermittlung und räumt ihm daher Botenmacht ein, sodass K sich grds. das von N fälschlicherweise übermittelte Vertragsangebot zurechnen lassen muss.

bb) Widerruf der Botenmacht

Etwas anderes könnte jedoch dann gelten, wenn die Botenmacht des N, die mit der Vertretungsmacht vergleichbar und daher widerruflich bzw. nachträglich abänderbar ist (vgl. § 168), von K widerrufen wurde.

Indem K dem N vom Fenster aus zurief, dass er nur den Brief nach Bonn einwerfen, den Brief nach Hamburg aber zurückbringen solle, könnte K die vorherige Erteilung der Botenmacht gegenüber N widerrufen haben. Als mündliche empfangsbedürftige Willenserklärung wird dieser Widerruf jedoch nur wirksam, wenn der Erklärungsempfänger sie wahrnimmt (**Vernehmungstheorie**).[16] Eine nicht oder falsch verstandene Erklärung muss aber im Interesse des Verkehrsschutzes wirksam sein, wenn der Erklärende nach den für ihn erkennbaren Umständen davon ausgehen durfte, dass der Empfänger sie richtig und vollständig verstanden habe (**abgeschwächte Vernehmungstheorie**).[17]

Der einsetzende Regen führte dazu, dass N sich verhört hat. K hat den Regen bemerkt und auch selbst akustisch vernommen. Folglich wusste er um die Hörschwierigkeiten des N, sodass er vorliegend das Vernehmungsrisiko trägt. Mithin ist der Widerruf N nicht zugegangen, sodass der Widerruf des K nicht wirksam ist und die Botenmacht des N fortbesteht. Folglich muss sich K das von N fälschlicherweise übermittelte Vertragsangebot zurechnen lassen.

c) Zugang der Willenserklärung des K

Darüber hinaus müsste das Angebot V auch i.S.d. § 130 Abs. 1 S. 1 zugegangen sein.

Zugegangen ist eine empfangsbedürftige Willenserklärung unter Abwesenden, wenn sie so in den Machtbereich des Empfängers gelangt ist, dass dieser unter normalen Verhältnissen die Möglichkeit hat, vom Inhalt der Er-

---

16 BGH WM 1989, 652 ff.; BAG ZIP 1982, 1467 ff.
17 Palandt/Ellenberger § 130 Rdnr. 14; Larenz/Wolf, BGB AT, § 32 Rdnr. 32; a.A. Neuner NJW 2000, 1825 ff.

klärung Kenntnis zu nehmen. Der Brief mit dem Angebot des K ging bei V in Hamburg ein, sodass das Angebot auch zugegangen ist.

d) Ferner liegt **kein rechtzeitiger Widerruf der Willenserklärung** des K gemäß §130 Abs. 1 S. 2 vor. Schließlich geht das Widerrufstelefax erst **nach** Zugang des Angebots zu, sodass nur ein verspäteter und damit rechtlich wirkungsloser Widerruf vorliegt.

e) Zwischenergebnis

Somit ist das Angebot des K im Rechtsverkehr auch wirksam geworden.

3. Eine ausdrückliche Annahme des V liegt vor.

4. Die Annahme des V ist im Rechtsverkehr auch wirksam geworden.

II. Wirksamkeit der Einigung

Fraglich ist jedoch, ob die Einigung auch wirksam ist. K könnte sein Angebot gemäß § 142 Abs. 1 wirksam angefochten haben, sodass sein Angebot und damit die ganze Einigung i.S.d. § 433 von Anfang an (ex tunc) nichtig ist.

1. Eine **Anfechtungserklärung i.S.d. § 143 Abs. 1** liegt im Widerruf der Warenbestellung durch K per Telefax (Auslegung nach §§ 133, 157).

2. Anfechtungsgrund

a) Ferner müsste auch ein Anfechtungsgrund vorliegen. Mangels unrichtiger Übermittlung durch N liegt keine Falschübermittlung durch einen Boten gemäß § 120 vor.

b) Auch ein **Inhaltsirrtum gemäß § 119 Abs. 1** liegt mangels Irrtum des K im Zeitpunkt der Abgabe nicht vor.

3. Zwischenergebnis

Somit ist die Einigung wirksam und damit ist der Anspruch aus § 433 Abs. 2 entstanden.

B. Mangels Eingreifen von rechtsvernichtenden Einwendungen ist der Anspruch nicht untergegangen.

C. Ferner greifen zugunsten des K keine rechtshemmenden Einwendungen (= Einreden) ein, sodass der Anspruch auch durchsetzbar ist.

Somit hat V gegen K einen Anspruch auf Abnahme und Zahlung des Kaufpreises aus § 433 Abs. 2.

Fall 6: Fahrlässige Zugangsverhinderung

Architekt A hat sich auf die Planung und den Bau von Einfamilienhäusern spezialisiert. Zu diesem Zweck kauft er immer wieder günstig Fliesen ein, um sie gewinnbringend an seine Kunden weiterzuverkaufen. Auch Bauherr B lässt sein Haus von A errichten und will die Fliesen bei ihm kaufen. Am 10.01.2012 hinterlässt A dem B auf dem Anrufbeantworter folgende Nachricht: „Sehr geehrter B, sie müssen schleunigst die Fliesen auswählen, damit wir mit der Bauphase zügig vorankommen. Informieren Sie mich schriftlich bis spätestens zum 15.01.2012, ob Sie die günstigen weißen Fliesen, die ich Ihnen neulich gezeigt habe, verlegen lassen möchten. Gruß A." B ist begeistert und formuliert umgehend schriftlich, dass er die weißen Fliesen unbedingt haben möchte. Er legt das Schreiben am 11.01.2012 in sein Faxgerät, um es an A zu senden. Obwohl er das Gerät ordnungsgemäß bedient und auch der Sendebericht „O.K." vermerkt, erhält A das Telefax nicht. Denn A hatte vergessen, Papier in sein Faxgerät einzulegen und über einen Nachrichtenspeicher verfügt das Gerät nicht. Als A den B am 20.01.2012 telefonisch darüber informiert, dass er die weißen Fliesen nun jemand anderem verkauft hat, weil er bis zum 15.01.2012 nichts gehört habe, ist B, der die Fliesen ja immer noch haben möchte, schockiert. Er klärt ihn über sein Telefax auf, woraufhin A entgegnet, dass so etwas schon mal passieren könne und B besser einen Brief hätte schicken sollen.

Kann B von A Lieferung der weißen Fliesen verlangen?

B könnte gegen A einen Anspruch auf Lieferung der weißen Fliesen aus § 433 Abs. 1 S. 1 haben.

A. Anspruch entstanden

I. Einigung i.S.d. § 433

Dazu müssten sich V und K zunächst i.S.d. § 433 geeinigt, also einen Kaufvertrag abgeschlossen haben.

1. Angebot des A

Mit Nachricht vom 10.01.2012 auf dem Anrufbeantworter des B hat A dem B ein Angebot zum Abschluss eines Kaufvertrags über weiße Fliesen unterbreitet.

B hat die Nachricht des A auch abgehört, sodass das Angebot des A durch Abgabe und Zugang im Rechtsverkehr wirksam geworden ist.

2. Annahme des B

B hat mit Schreiben vom 11.01.2012 zum Ausdruck gebracht, dass er unbedingt die von A angebotenen Fliesen haben will. Somit hat B das Angebot des A auch angenommen.

3. Wirksamwerden der Annahme des B

Die Annahme des B müsste als empfangsbedürftige Willenserklärung im Rechtsverkehr auch wirksam geworden sein.

a) Abgabe der Willenserklärung des B

Dazu müsste B die Annahme abgegeben haben.

Abgegeben ist eine empfangsbedürftige Willenserklärung, wenn sie als ein an den Empfänger gerichteter, verbindlicher Regelungsakt bewusst verlautbart ist und der Erklärende alles getan hat, was bei normalem Verlauf der Dinge geeignet ist, den Zugang der Erklärung zu bewirken.

Bei schriftlichen Erklärungen ist die Erklärung nicht schon mit Abschluss der Niederschrift, sondern erst dann abgegeben, wenn der Erklärende alles getan hat, damit das Schriftstück an den Empfänger gelangt. Dabei braucht der Annehmende die Erklärung nicht persönlich zu überbringen. Er kann, um den Zugang zu bewirken, Hilfspersonen oder Hilfsmittel einschalten.

B wollte die Annahme unter Verwendung seines Faxgeräts gegenüber A erklären. Er hat das Gerät ordnungsgemäß bedient und durfte daher davon ausgehen, dass ein Ausdruck der Erklärung auf dem Gerät des A erfolgt. Insofern hat er das seinerseits Erforderliche getan, um den Zugang bei A zu bewirken und folglich die Annahme auch abgegeben.

b) Zugang bei A

Ferner müsste die Annahme dem A auch zugegangen sein.

Das ist der Fall, wenn sie derart in seinen Machtbereich gelangt ist, dass er unter gewöhnlichen Umständen davon Kenntnis nehmen kann. Auf die tatsächliche Kenntnisnahme kommt es dabei nicht an. Der Zugang einer schriftlichen Erklärung kann auch dadurch bewirkt werden, dass der Erklärungsempfänger eine Empfangsvorrichtung wie Briefkasten, (E-Mail-)Postfach oder Telefax bereithält.

aa) Kein Zugang am 11.01.2012

Beachte:
1. Sobald sich eine **(prozessuale)** Erklärung abrufbar im Speicher eines Telefaxgeräts befindet, gilt sie als zugegangen (BGHZ 167, 214, 219 ff.).

Zur Empfangnahme von schriftlichen Willenserklärungen hält A vorliegend ein Faxgerät bereit, sodass die gefaxte Annahme des B vom 11.01.2012 eigentlich auch zugehen müsste. Jedoch ist die Erklärung bei A nie ausgedruckt worden, sodass sie auch nicht in dessen Herrschaftsbereich gelangt ist und ihm daher am 11.01.2012 nicht zugegangen ist.

bb) Zugang am 20.01.2012

2. Sobald sich eine E-Mail abrufbar im elektronischen Empfängerbriefkasten befindet, gilt sie als zugegangen (LG Nürnberg-Fürth CR 2003, 293 ff.).

Die telefonische Erklärung des B vom 20.01.2012, die A richtig verstanden und auch bewusst wahrgenommen **(Vernehmungstheorie)** hat, geht ihm als mündliche empfangsbedürftige Willenserklärung unter Anwesenden zu.

Fraglich ist jedoch, ob die Annahme A gegenüber auch rechtzeitig i.S.d. § 146 erfolgt ist.

Gemäß § 148 kann der Antragende eine Frist bestimmen, innerhalb derer die Annahme des Angebots erfolgen muss. A hatte B gebeten, sich bei ihm schriftlich bis zum 15.01.2012 zu melden, ob er die weißen Fliesen haben möchte. Darin liegt die Bestimmung einer Annahmefrist, wobei A für die Fristwahrung den Zugang der Annahme als maßgebend bestimmt hat. Soweit die Annahme A erst am 20.01.2012 telefonisch erklärt wird, ist die Annahmeerklärung des B verspätet. Das bedeutet, dass mit Ablauf der Annahmefrist das Angebot gemäß §§ 146, 148 grundsätzlich erlischt. Die verspätete Annahme gilt nach § 150 Abs. 1 als neuer Antrag.

Nach h.M. ist ein erneuter Zustellungsversuch nur entbehrlich bei einer grundlosen Annahmeverweigerung oder arglistigen Zugangsverhinderung (BGHZ 137, 205, 209).

cc) Rechtzeitigkeitsfiktion gemäß § 242

Die Annahme des B könnte nach den Grundsätzen von Treu und Glauben (§ 242) gleichwohl als rechtzeitig zugegangen gelten, wenn A im Zusammenhang mit dem Zugang der Annahmeerklärung des B eine Obliegenheitsverletzung trifft und B seinerseits alles Erforderliche für den Zugang getan hat.

Zwar besteht grundsätzlich keine Pflicht des Empfängers, den Zugang von Willenserklärungen an sich zu ermöglichen. Jedoch muss im Rahmen bestehender oder angebahnter vertraglicher Beziehungen derjenige, der mit dem Zugang rechtserheblicher Erklärungen zu rechnen hat, geeignete Vorkehrungen treffen, dass ihn derartige Erklärungen erreichen können.[18] Bei Hinweis auf einen Telefaxanschluss ist sogar erforderlich, dass man sicherstellt, dass das Gerät auch einsatzbereit ist. Als A ein befristetes Angebot gegenüber B abgegeben hatte, musste er mit dem Zugang einer Annahmeerklärung rechnen und dafür Sorge tragen, dass sein Faxgerät auch empfangsbereit ist. A hat vergessen, Papier im Faxgerät nachzulegen, und damit eine Obliegenheit verletzt. B hingegen hat alles Erforderliche und ihm Zumutbare getan, damit seine Erklärung den Adressaten erreichen kann. Dazu gehört auch, dass er nach Kenntnis von dem nicht erfolgten Zugang unverzüglich einen erneuten Zustellungsversuch unternimmt. Die erneute Zustellung wirkt dann auf den Zeitpunkt des ersten Zustellungsversuchs zurück. B hat A hier umgehend über sein Schreiben aufgeklärt, als dieser ihn am 20.01.2012 unterrichtete, dass er es nie bekommen hat.

Dem Empfänger A ist daher nach Treu und Glauben (§ 242) der Einwand abgeschnitten, das Schreiben des B sei nicht rechtzeitig zugegangen.

Mithin gilt die Annahme des B als rechtzeitig zugegangen und ist somit im Rechtsverkehr auch wirksam geworden.

c) Kein Widerruf, § 130 Abs. 1 S. 2

Ferner ist auch nicht vorher oder gleichzeitig ein Widerruf gemäß § 130 Abs. 1 S. 2 erfolgt.

d) Zwischenergebnis

Somit liegt eine Einigung von A und B gemäß § 433 vor, d.h. sie haben einen Kaufvertrag geschlossen.

II. Wirksamkeit der Einigung

Mangels Eingreifen von Nichtigkeitsgründen ist die Einigung von A und B auch wirksam.

Somit ist der Anspruch aus § 433 Abs. 1 S. 1 entstanden.

B. Mangels Eingreifen von rechtsvernichtenden Einwendungen ist der Anspruch nicht untergegangen.

C. Zudem greifen zugunsten des A keine rechtshemmenden Einwendungen (= Einreden) ein, sodass der Anspruch auch durchsetzbar ist.

Folglich hat B gegen A einen Anspruch auf Lieferung der weißen Fliesen aus § 433 Abs. 1 S. 1.

---

18 BGHZ 67, 271, 278.

Fall 7: Zugang bei minderjährigem Empfänger

Der 16-jährige S hatte auf einen Werbeanruf hin ein schriftliches Angebot des G über eine kaum gebrauchte Telefonanlage zum Sonderpreis von 100 € in seinem Briefkasten vorgefunden. Da S seit Beginn seiner Lehre nicht mehr zu Hause wohnte, bat er seine Eltern um schriftliche Zustimmung und finanzielle Unterstützung beim Erwerb. Tags darauf bekam S ein Schreiben des G, in dem dieser sein Angebot zurückzog. Die Eltern stimmten dem Erwerb zu und legten ihrem Schreiben einen Verrechnungsscheck bei. Mit diesem Schreiben und dem Scheck ging S, der die Telefonanlage immer noch gerne haben wollte, zu G und erklärte die Annahme des Angebots. Nun verlangt S die Lieferung der Telefonanlage.

Zu Recht?

S könnte gegen G einen Anspruch auf Lieferung der Telefonanlage aus § 433 Abs. 1 S. 1 haben.

A. Anspruch entstanden

I. Einigung i.S.d. § 433

Dazu müssten sich S und G zunächst gemäß § 433 geeinigt, also einen Kaufvertrag abgeschlossen haben.

1. Angebot des G

G hat S ein schriftliches Angebot über die Telefonanlage zum Sonderpreis von 100 € unterbreitet.

2. Wirksamwerden des Angebots des G

Darüber hinaus müsste das Angebot des G als empfangsbedürftige Willenserklärung im Rechtsverkehr auch wirksam geworden sein.

a) Abgabe der Willenserklärung des G

Zunächst müsste G das Angebot abgegeben haben.

Abgegeben ist eine empfangsbedürftige Willenserklärung, wenn sie als ein an den Empfänger gerichteter, verbindlicher Regelungsakt bewusst verlautbart ist und der Erklärende alles getan hat, was bei normalem Verlauf der Dinge geeignet ist, den Zugang der Erklärung zu bewirken. Bei schriftlichen Erklärungen ist die Erklärung nicht schon mit Abschluss der Niederschrift, sondern erst dann abgegeben, wenn der Erklärende alles getan hat, damit das Schriftstück an den Empfänger gelangt.

Indem G ein schriftliches Angebot in Richtung auf den Empfänger S auf den Weg gebracht hat, hat er alles Erforderliche getan, um den Zugang des Schreibens bei S zu bewirken und demnach hat G sein Angebot abgegeben.

b) Zugang der Willenserklärung des G

Ferner müsste das Angebot S auch zugegangen sein.

Das ist der Fall, wenn es so in seinen Machtbereich gelangt ist, dass er unter gewöhnlichen Umständen davon Kenntnis nehmen kann. Auf die tatsächliche Kenntnisnahme kommt es dabei nicht an. Demgemäß gehen Briefe mit Aushändigung an den Empfänger zu; nach der Verkehrsanschauung ist jedoch bereits durch den Einwurf des Briefes in den Briefkasten des Empfängers der Zugang bewirkt, sobald mit der nächsten Entnahme zu rechnen ist. Ist ein beschränkt Geschäftsfähiger Adressat einer Willenserklärung, so wird gemäß § 131 Abs. 2 S. 1, Abs. 1 die Willenserklärung erst wirksam, wenn sie dem gesetzlichen Vertreter zugeht. Jedoch genügt der Zugang an den beschränkt Geschäftsfähigen gemäß § 131 Abs. 2 S. 2, wenn die Erklärung ihm lediglich einen rechtlichen Vorteil bringt oder der gesetzliche Vertreter seine Einwilligung erteilt hat.

Als S das Schreiben des G dem Briefkasten entnimmt und kurz darauf dessen Inhalt zur Kenntnis nimmt, ist er gemäß § 106 beschränkt geschäftsfähig und eine Einwilligung seiner Eltern liegt nicht vor. Insofern müsste das Angebot einen lediglich rechtlichen Vorteil (vgl. § 107) beinhalten, um ihm gegenüber wirksam geworden zu sein. Auch wenn die Annahme des S wegen der damit verbundenen unmittelbar nachteiligen rechtlichen Folgen (Rechtspflichten aus dem Vertrag) nicht lediglich rechtlich vorteilhaft ist, bringt jedoch das Vertragsangebot stets einen lediglich rechtlichen Vorteil. Der Empfänger ist schließlich nicht verpflichtet, es anzunehmen. Insofern bringt das Angebot S einen lediglich rechtlichen Vorteil, sodass bereits durch den Einwurf in den Briefkasten und die spätere Ent- sowie Kenntnisnahme seitens S das Angebot des G dem S zugegangen ist.

c) Kein Widerruf der Willenserklärung des G

Ferner dürfte G seine Willenserklärung nicht wirksam gemäß § 130 Abs. 1 S. 2 widerrufen haben. Zwar hat G sein Angebot gegenüber S schriftlich zurückgezogen und damit widerrufen, jedoch geschah dies erst nach Zugang seines Angebots bei S und damit zu spät. Folglich hat G seine Willenserklärung nicht wirksam widerrufen, sodass sein Angebot im Rechtsverkehr wirksam geworden ist.

> Gemäß § 130 Abs. 1 S. 2 wird eine empfangsbedürftige Willenserklärung dann nicht wirksam, wenn dem Empfänger vor oder gleichzeitig mit dem Zugang ein Widerruf zugeht. Maßgeblich ist also, wann das Angebot und wann der Widerruf zugegangen ist.

3. Annahme des S

Eine Annahmeerklärung des S gegenüber G ist mündlich erfolgt.

4. Wirksamwerden der Annahme des S

Die Annahme des S ist auch im Rechtsverkehr wirksam geworden.

5. Zwischenergebnis

Somit haben sich G und S i.S.d. § 433 geeinigt.

II. Wirksamkeit der Einigung

Darüber hinaus müsste die Einigung auch wirksam sein.
Die Minderjährigkeit des S (§ 106) steht als Nichtigkeitsgrund der Wirksamkeit der Einigung nicht entgegen. Schließlich hat S seine Annahme mit Einwilligung seiner Eltern, die gemäß §§ 1626, 1629 seine gesetzlichen Vertreter sind, nach § 107 erklärt.
Somit ist die Einigung wirksam und mithin der Anspruch entstanden.

B. Mangels Eingreifen von rechtsvernichtenden Einwendungen ist der Anspruch nicht untergegangen.

C. Zudem greifen zugunsten des G keine rechtshemmenden Einwendungen (= Einreden) ein, sodass der Anspruch auch durchsetzbar ist.

Somit hat S gegen G einen Anspruch auf Lieferung der Telefonanlage aus § 433 Abs. 1 S. 1.

3. Teil: Der Vertragsschluss

Der Vertragsabschluss

Einigung, §§ 145, 147

I. Angebot	**II. Annahme**
1. Willenserklärung	**1.** Willenserklärung
a) äußerer Erklärungstatbestand	**a)** äußerer Erklärungstatbestand
b) innerer Erklärungstatbestand	**b)** innerer Erklärungstatbestand
2. Wirksamwerden	**2.** Wirksamwerden
a) Abgabe	**a)** Abgabe
b) Zugang	**b)** Zugang
	▪ entbehrlich gemäß § 151 S. 1, 1. Var., wenn eine Erklärung der Annahme nach der Verkehrssitte nicht zu erwarten ist
	▪ entbehrlich gemäß § 151 S. 1, 2. Var., wenn der Antragende auf den Zugang der Annahmeerklärung verzichtet hat
	▪ entbehrlich gemäß § 152, bei notarieller Beurkundung der Annahmeerklärung
	c) Frist
	▪ wenn ausdrücklich bestimmt, § 148
	▪ unter Anwesenden sofort, § 147 Abs. 1
	▪ unter Abwesenden in üblicher Zeit, § 147 Abs. 2
	▪ Verspätung unter den Voraussetzungen des § 149 unbeachtlich (Beförderungshindernis)
	▪ Verspätung nach § 242 unbeachtlich, wenn Ablehnung zu erwarten war
	▪ **Verspätete** Annahme ist neues Angebot und **abändernde** Annahme ist Ablehnung verbunden mit neuem Angebot, § 150

26

Fall 8: Rechtzeitigkeit der Annahme

Buchhändler B annonciert am 03.07.2011 in der Zeitung seines Wohnorts, dass er Geschichtsbücher aus seinem Antiquariat gegen Meistgebot abgebe. Bereits am 05.07.2011 schreibt A an B, dass er ihm 270 € für die Bücher biete. Der Brief trifft am 07.07.2011 bei B ein. Da B in der Folgezeit leider keine lukrativeren Angebote mehr erhält, schreibt er A am 21.07.2011, dass er mit dem Gebot des A einverstanden sei. Als A den Brief am 23.07.2011 erhält, staunt er doch sehr. Er hatte gar nicht mehr damit gerechnet, der Höchstbietende zu sein, und sich schon nach anderen alten Geschichtsbüchern umgesehen. An den Büchern von B ist er daher nicht mehr interessiert.

Kann B die Bücher an A für 270 € verkaufen?

B könnte gegen A einen Anspruch auf Abnahme und Zahlung des Kaufpreises aus § 433 Abs. 2 haben.

A. Anspruch entstanden

I. Einigung i.S.d. § 433

Dazu müssten sich A und B zunächst i.S.d. § 433 geeinigt haben.

Eine Einigung besteht aus zwei übereinstimmenden, empfangsbedürftigen Willenserklärungen in Form eines Angebots und einer inhaltlich damit übereinstimmenden Annahme, §§ 145 ff.

1. Angebot des B

Die Zeitungsannonce des B vom 03.07.2011 ist lediglich eine Aufforderung, ein Angebot abzugeben (invitatio ad offerendum) und stellt somit selbst kein Angebot dar.

2. Angebot des A

Indem A dem B mit Schreiben von 05.07.2011 die Bücher für 270 € anbietet, hat A gegenüber B ein Angebot zum Abschluss eines Kaufvertrags abgegeben.

3. Annahme des B

Mit Schreiben vom 21.07.2011 hat B sich mit dem Angebot des A einverstanden erklärt und somit seine Annahme erklärt.

4. Wirksamwerden der Annahme des B

Fraglich ist jedoch, ob die Annahme des B im Rechtsverkehr auch wirksam geworden ist.

a) Abgabe der Willenserklärung des B

Dazu müsste die Willenserklärung des B zunächst abgegeben worden sein. Indem B die Annahme schriftlich auf den Weg gebracht hat, hat er sie endgültig willentlich entäußert und mithin abgegeben.

b) Zugang der Willenserklärung des B

Ferner müsste die Annahme A auch zugegangen sein.
Das ist der Fall, wenn sie so in seinen Machtbereich gelangt ist, dass er unter gewöhnlichen Umständen davon Kenntnis nehmen kann. A hat die An-

nahme vom 21.07.2011 am 23.07.2011 bewusst und willentlich zur Kenntnis genommen, sodass sie ihm auch zugegangen ist.

Der Wortlaut des § 145 spricht von „Antrag". Antrag ist ein Synonym für Angebot bzw. Offerte.

c) Rechtzeitigkeit der Annahme

Fraglich ist jedoch, ob die Annahme A gegenüber auch fristgerecht i.S.d. § 146 erfolgt ist. Der Anbietende ist gemäß § 145 grundsätzlich an sein Angebot gebunden, aber nicht für unbegrenzte Zeit. Zwar hat A hier sein Angebot nicht nach § 148 befristet (vgl. Fall 6), aber immerhin ein Angebot unter Abwesenden abgegeben. Dies kann nach § 147 Abs. 2 nur bis zu dem Zeitpunkt angenommen werden, in welchem der Anbietende den Eingang der Antwort unter regelmäßigen Umständen erwarten darf. Die gesetzliche Annahmefrist setzt sich zusammen aus der Zeit für die Übermittlung des Antrags an den Empfänger, dessen Bearbeitungs- und Überlegungszeit sowie aus der Zeit für die Übermittlung an den Anbietenden.[19] Der Anbietende muss hierfür die Zeit für die Übermittlung seines Angebots, eine angemessene Überlegungsfrist und die Zeit für die Übermittlung der Annahme einkalkulieren.

Für die Beförderungsdauer von Angebot und Annahme durfte A, der mittels Brief anbot und daher auch eine Annahme per Brief erwarten durfte, maximal je drei Tage ansetzen (übliche Brieflaufzeit). Bei der Berechnung einer angemessenen Überlegungszeit sind die Natur des abzuschließenden Vertrags und die dem Gegner erkennbaren Umstände zu berücksichtigen. B war grundsätzlich zum Vertragsschluss bereit, brauchte also keine größeren Überlegungen anzustellen oder gar Dispositionen zu treffen. Er brauchte sich nur für das Höchstgebot zu entscheiden. Außerdem ist bei Zeitungsannoncen zu erwarten, dass sich Interessenten recht schnell melden. Insofern erscheint aus Gründen des Verkehrsschutzes eine Überlegungszeit von einer Woche angemessen. Das bedeutet hier, dass nach Ablauf von dreizehn Tagen seit Absendung das Angebot des A als erloschen anzusehen ist. Eine wirksame Annahme war danach nicht mehr möglich.

Folglich ist die Annahme A gegenüber nicht fristgerecht i.S.d. § 146 erfolgt.

II. Zwischenergebnis

Somit haben sich B und A nicht über den Abschluss eines Kaufvertrags i.S.d. § 433 geeinigt.

B. Ergebnis

Somit hat B gegen A keinen Anspruch auf Abnahme und Zahlung des Kaufpreises aus § 433 Abs. 2.

---

19   BGH NJW 1996, 921.

Fall 9: Tod des Anbietenden

Leasingnehmer L hat beim Leasinggeber G einen neuen Jaguar C-X16 nach dem Besuch der IAA 2011 geleast. Beide vereinbarten im schriftlichen Leasingvertrag, dass G, der den Wagen zuvor vom Hersteller H gekauft hatte, seine Rechte aus dem Kaufvertrag an L abtritt. Im Zuge dessen obliegt nun L die Pflicht, den Wagen regelmäßig zur Inspektion zu bringen. Als die erste Inspektion ansteht, schickt daher L dem U, der Inhaber einer Jaguar-Vertragswerkstatt ist, eine E-Mail und bittet ihn, den Wagen in der nächsten Woche zur Wartung abzuholen. Noch bevor die E-Mail des L im E-Mail Postfach des U abrufbar gespeichert worden ist, verstirbt L, der von seiner Frau F beerbt wird. Als U der F auf die nunmehr gelesene E-Mail hin vorschlägt, den Wagen in der nächsten Woche abzuholen, reagiert F gereizt. Sie hat nie viel von den schnellen Autos Ihres Mannes gehalten, will von der Inspektion nichts mehr wissen und am liebsten den Wagen schnell loswerden.

U fragt sich, ob F zur Entrichtung der vereinbarten Vergütung für die Inspektion verpflichtet ist.

U könnte gegen F einen Anspruch auf die Entrichtung der vereinbarten Vergütung (Werklohn) aus §§ 631 Abs. 1, (632) i.V.m. §§ 1922, 1967 haben.

A. Anspruch entstanden

Der Anspruch müsste zunächst entstanden sein.

Ein Anspruch des U aus §§ 631 Abs. 1, (632) gegen F, die als Erbin des L im Wege der Universalsukzession gemäß § 1922 die Rechtsnachfolge des L antritt, setzt voraus, dass U und L sich mit dem Inhalt eines Werkvertrags geeinigt haben und der Einigung keine Wirksamkeitshindernisse entgegenstehen.

I. Einigung i.S.d. § 631 zwischen U und L

In Betracht kommt hier eine Einigung zwischen U und L i.S.d. § 631 durch zwei übereinstimmende Willenserklärungen in Form eines Angebots und einer inhaltlich damit übereinstimmenden Annahme, §§ 145 ff.

1. Angebot des L

In der E-Mail des L könnte das Angebot zu erblicken sein.

Durch ein Angebot wird einem anderen die Schließung eines Vertrags derart angetragen, dass der Vertrag mit einem bloßen „Ja" des Anderen zustande kommen kann.

Durch die E-Mail trägt L dem U die Inspektion bzw. Wartung seines Wagens an. U schuldet insofern den von ihm herbeizuführenden Erfolg einer ordnungsgemäßen Werkleistung. Mithin trägt L dem U den Abschluss eines Werkvertrags an, sodass ein Angebot i.S.d. § 631 vorliegt.

2. Wirksamwerden des Angebots des L

Ferner müsste das Angebot des L im Rechtsverkehr auch wirksam geworden sein.

a) Abgabe der Willenserklärung des L

Dazu müsste L sein Angebot abgegeben haben.

Abgegeben ist eine empfangsbedürftige Willenserklärung, wenn sie als ein an den Empfänger gerichteter, verbindlicher Regelungsakt bewusst verlautbart ist und der Erklärende alles getan hat, was bei normalem Verlauf der Dinge geeignet ist, den Zugang der Erklärung zu bewirken.

L hat die E-Mail an U bewusst und willentlich abgesandt und insofern in den Rechtsverkehr, in Richtung des Empfängers entäußert.

b) Zugang der Willenserklärung des L

Ferner müsste das Angebot U auch zugegangen sein.

Das ist der Fall, wenn es so in seinen Machtbereich gelangt ist, dass er unter gewöhnlichen Umständen davon Kenntnis nehmen kann. Willenserklärungen an einen Empfänger, der im Rechtsverkehr mit seiner E-Mail-Adresse auftritt, gehen zu, wenn sie in seinem E-Mail Postfach oder dem seines Providers abrufbar gespeichert sind.[20]

Die Regelung des § 130 Abs. 2 wird für das Vertragsangebot durch § 153 noch erweitert. Das Angebot bleibt annahmefähig.

U hat die E-Mail des L zwar tatsächlich zur Kenntnis genommen, sodass sie ihm auch zugegangen ist. Aber L ist, bevor die E-Mail im E-Mail Postfach des U abrufbar gespeichert war, verstorben. Das bedeutet, dass zum Zeitpunkt des Todes des L die E-Mail noch nicht zugegangen war. Nach § 130 Abs. 2 ist es für das Wirksamwerden einer Willenserklärung jedoch ohne Einfluss, wenn der Erklärende zwischen Abgabe und Zugang stirbt.

Folglich ist das Angebot des L dem U auch wirksam zugegangen.

c) Kein Widerruf der Willenserklärung des L

Ein Widerruf der F, der in der Erklärung „von der Inspektion nichts mehr wissen zu wollen" liegt (a.A. vertretbar), ist gemäß § 130 Abs. 1 S. 2 verspätet.

3. Annahme des U

Ferner müsste U das Angebot des L auch angenommen haben.

Indem U gegenüber F, der Rechtsnachfolgerin des L gemäß § 1922, erklärt, den Wagen in der nächsten Woche abzuholen, hat er das Angebot des L auf Abschluss eines Werkvertrags angenommen.

Fraglich ist jedoch, ob U zu diesem Zeitpunkt noch ein annahmefähiges Angebot vorlag.

Handelt es sich um ein Vertragsangebot, so bleibt dieses gemäß § 153 weiter annahmefähig; gleichgültig, ob Tod oder Geschäftsunfähigkeit vor oder nach dem Zugang des Antrags eingetreten sind.[21] Die Annahme muss in diesem Fall gegenüber dem Erben oder gesetzlichen Vertreter erklärt werden. Jedoch ist § 153 nicht anwendbar, wenn ein anderer Wille des Anbietenden vorliegt. Dies bedarf der Auslegung gemäß §§ 133, 157 und ist in der Regel anzunehmen, wenn Gegenstände oder Leistungen für den persönlichen Gebrauch bestellt werden. Als Indiz kann insoweit gelten, ob andere Personen die Bestellungen verwerten bzw. verwenden können.

Wie aus den Umständen zu entnehmen ist, war der Jaguar C-X16 in erster Linie für L gedacht. Jedoch schließt dies die Verwendung durch F bzw. die Verwertung zum Verkehrswert nicht aus, sodass ein anderer Wille des Anbietenden nicht erkennbar ist.

---

20 Palandt/Ellenberger § 130 Rdnr. 7 a; Ultsch NJW 1997, 3007 f.
21 OLG Hamm NJW-RR 1987, 342.

Mithin liegt zum Zeitpunkt der Annahme durch U auch noch ein annahmefähiges Angebot vor.

4. Wirksamwerden der Annahme des U

Die Annahme des U ist durch Abgabe und Zugang im Rechtsverkehr wirksam geworden.

II. Wirksamkeit der Einigung

Mangels entgegenstehender Anhaltspunkte ist die Einigung auch wirksam. Nichtigkeitsgründe sind nicht ersichtlich.

Mithin ist der Werklohnanspruch des U entstanden.

B. Anspruch nicht untergegangen

Des Weiteren sind Erlöschensgründe (= rechtsvernichtende Einwendungen) nicht ersichtlich, sodass der Anspruch auch nicht untergegangen ist.

C. Anspruch durchsetzbar

Ferner müsste der Werklohnanspruch auch durchsetzbar sein.

F, die nicht vorleistungspflichtig ist und von der Inspektion nichts mehr wissen will, steht gemäß §§ 320, 322 (Einrede des nicht erfüllten Vertrags) ein Leistungsverweigerungsrecht zu, solange U die ihm aus dem Werkvertrag obliegende Pflicht zur Wartung des Wagens nicht erfüllt hat.

Die Einrede aus § 320 wird trotz der gegenseitigen Verknüpfung von Leistung und Gegenleistung nicht von Amts wegen berücksichtigt, sondern muss vom Schuldner geltend gemacht werden.

D. Ergebnis

Somit hat U gegen F keinen durchsetzbaren Anspruch auf die Entrichtung des Werklohns aus §§ 631 Abs. 1, (632) i.V.m. §§ 1922, 1967.

> ### Fall 10: Zusendung unbestellter Waren und Bedeutung von Schweigen im Rechtsverkehr
>
> Der bekannte Buchkritiker R bekommt von dem ihm fremden Verlag V ein Buch über „Flugunfähige Seevögel der Südhalbkugel" zugesandt. Im beigefügten Schreiben heißt es: „Sollten Sie das Buch nicht innerhalb von zwei Wochen zurückschicken, so gehen wir davon aus, dass Sie es zum Suskriptionspreis von 19,95 € kaufen." R weiß mit dem Buch nichts anzufangen und will auch nicht für das Rückporto aufkommen. Er legt das Buch einfach beiseite und wartet ab. Als er nach drei Wochen eine Rechnung erhält, teilt R dem Verlag mit, dass er nicht zahlen werde. Er habe das Buch aber zur Abholung bereit gelegt.
>
> Kann V von R Zahlung verlangen?

V könnte gegen R einen Anspruch auf Zahlung des Kaufpreises i.H.v. 19,95 € aus § 433 Abs. 2 haben.

A. Anspruch entstanden

Dazu müssten die Parteien sich mit dem Inhalt eines Kaufvertrags geeinigt haben und der Einigung dürften keine Wirksamkeitshindernisse entgegenstehen.

I. Einigung i.S.d. § 433

In Betracht kommt hier zunächst eine Einigung zwischen V und R i.S.d. § 433 durch zwei übereinstimmende Willenserklärungen in Form eines Angebots und einer inhaltlich damit übereinstimmenden Annahme, §§ 145 ff.

1. Angebot des V

V könnte mit der Zusendung des Buches ein Angebot gemacht haben. Dann müsste die Zusendung eine Willenserklärung darstellen. Die Zusendung des Buches und das Begleitschreiben des V enthalten aus Sicht eines objektiven Erklärungsempfängers die Erklärung, dass V das Buch zum Preis von 19,95 € verkaufen will. Dieser objektive Erklärungsinhalt entspricht auch dem tatsächlichen Willen des V.

2. Wirksamwerden des Angebots des V

Ferner müsste das Angebot des V als empfangsbedürftige Willenserklärung durch Abgabe und Zugang im Rechtsverkehr wirksam geworden sein. V hat seine Willenserklärung mit der Versendung des Buches als einen an den Empfänger gerichteten, verbindlichen Regelungsakt bewusst verlautbart und alles getan, um den Zugang der Erklärung zu bewirken (Abgabe). Der Zugang i.S.d. § 130 Abs. 1 S. 1 erfolgte dann spätestens mit der Kenntnisnahme des Buches nebst des Begleitschreibens durch R.
Somit ist das Angebot des V wirksam geworden.

3. Annahme des R durch schlüssiges Verhalten

Fraglich ist jedoch, ob R dieses Angebot auch angenommen hat.

R hat das Angebot **nicht ausdrücklich** angenommen; es fehlt insoweit an einer Annahmeerklärung.

Er könnte es jedoch **durch schlüssiges Verhalten (konkludent)** angenommen haben.

Gegen die Möglichkeit einer konkludenten Annahme könnte von vornherein § 241 a Abs. 1 sprechen. Dann müssten die Voraussetzungen des § 241 a vorliegen. V hat das Buch R unaufgefordert zugesandt und somit eine unbestellte Sache geliefert. V ist gemäß § 14 Unternehmer und R, der nicht in seiner Eigenschaft als Buchkritiker und damit nicht gewerblich tätig wird, ist gemäß § 13 Verbraucher. Auch liegt keine der in § 241 a Abs. 2 und Abs. 3 genannten Ausnahmen vor, sodass die Voraussetzungen von § 241 a gegeben sind.

Ihrem Wortlaut nach will die Vorschrift des § 241 a jedoch nur verhindern, dass „durch die Lieferung unbestellter Sachen" Ansprüche entstehen. Bei einem konkludenten Vertragsschluss werden die vertraglichen Ansprüche aber gerade nicht „durch die Lieferung" begründet, sondern aufgrund des in einem bestimmten Verhalten zum Ausdruck kommenden Willens der einen oder anderen Partei. § 241 a schließt daher die Möglichkeit nicht aus, ein durch Zusendung einer Ware gemachtes Angebot konkludent anzunehmen.

Der Verbraucher ist jedoch unabhängig von einem Vertragsschluss grds. berechtigt, die Sache zu benutzen und zu verbrauchen, sodass auch Zueignungs- und Gebrauchshandlungen, abweichend von § 151, keine Annahmeerklärung darstellen.[22] Eine Annahme nach § 151 S. 1 setzt eine nach außen erkennbare Betätigung eines tatsächlich vorhandenen Annahmewillens voraus. Dabei ist mangels Erklärungsbedürftigkeit der Willensbetätigung nicht auf den Empfängerhorizont (§ 157) abzustellen. Vielmehr kommt es darauf an, ob vom Standpunkt eines unbeteiligten objektiven Dritten aus das Verhalten des Angebotsempfängers aufgrund aller äußeren Indizien auf einen „wirklichen Annahmewillen" (§ 133) schließen lässt. Erforderlich ist weiterhin, dass der Angebotsempfänger bei Vornahme der nach objektiven Gesichtspunkten als Annahme anzusehenden Handlung das sog. Erklärungsbewusstsein hatte, ihm also bewusst war, dass sein Verhalten als Ausdruck eines Annahmewillens gedeutet werden könnte.[23]

Vorliegend hat R das Buch bloß beiseite gelegt. Hiervon kann und darf ein objektiver Beobachter nicht auf den Willen des R zum Vertragsschluss schließen.

Somit ist das Verhalten des R nicht als Annahme zu werten. Davon abgesehen, wäre eine Annahme als solche auch nicht im Rechtsverkehr wirksam geworden.

Selbst bei Ingebrauchnahme oder Verbrauch der Sache wird ein zusätzliches Erklärungsverhalten für die Annahme gefordert.

4. Annahme des R durch Schweigen

R könnte das Angebot durch Schweigen angenommen haben, sofern dieses im vorliegenden Fall rechtserheblich wäre.

---

22 Palandt/Grüneberg § 241 a Rdnr. 6.
23 BGH NJW-RR 1986, 415 ff.

Beredtes Schweigen
(z.B. Schweigen bei Abstimmungen; Vereinbarung, dass Schweigen zu sich wiederholenden Vertragsangeboten von Parteien als Zustimmungserklärung behandelt wird.)

Normiertes Schweigen
(z.B. §§ 108 Abs. 2 S. 2, 177 Abs. 2 S. 2, § 362 Abs. 1 S. 1 HGB oder kraft richterlicher Rechtsfortbildung, wie beim Schweigen auf ein sog. kaufmännisches Bestätigungsschreiben)

Bloßes Schweigen hat im Rechtsverkehr jedoch grundsätzlich keine Erklärungsbedeutung. Für das Vorliegen des objektiven Tatbestands einer Willenserklärung ist zunächst das Vorliegen einer Verlautbarung des Willens nach außen erforderlich. Gerade dies fehlt jedoch beim Schweigen.

Dies gilt ausnahmsweise nicht, wenn die Beteiligten vereinbaren, dass dem Schweigen die Bedeutung eines Erklärungszeichens zukommen soll oder das Gesetz das Schweigen als rechtlich relevantes Verhalten wertet. Schweigen stellt auch dann zwar keine Willenserklärung dar, es wird ihm aber die Wirkung einer solchen zugerechnet.

V hat dem Schweigen des R auf ein Angebot des V gerade nicht einvernehmlich den Erklärungswert einer Annahme zugeschrieben. Die einseitige Bestimmung des Schweigens durch V als Annahmeerklärung des R kann also keinen Vertragsschluss bewirken. Auch liegt kein Tatbestand des Schweigens als rechtlich relevantes Verhalten vor. Zudem wird eine derartige Qualifikation des Verhaltens des R von § 241 a Abs. 1 S. 1 ausdrücklich ausgeschlossen.

II. Zwischenergebnis

Mithin hat R das Angebot des V nicht angenommen, sodass sich V und R nicht über den Abschluss eines Kaufvertrags i.S.d. § 433 geeinigt haben.

B. Ergebnis

Somit hat V gegen R keinen Anspruch auf Zahlung des Kaufpreises i.H.v. 19,95 € aus § 433 Abs. 2.

Fall 11: Schweigen auf ein kaufmännisches Bestätigungsschreiben/ Auftragsbestätigung

Die H-GmbH ist Herstellerin von Gartengeräten und hat sich neben der Herstellung auch auf Lieferung und Aufbau dieser Geräte spezialisiert. Geschäftsführer G führt die wichtigen Kundengespräche selbst. Anlässlich einer Unterredung mit dem Unternehmer B, einem Großkunden der H, bespricht man die Herstellung und Lieferung neuer Geräte. Kurze Zeit später geht bei B ein Schreiben des G ein, in dem er die von H zu erbringenden Leistungen entsprechend dem Inhalt der Verhandlungen aufführt und bestätigt. Nach Lieferung und Aufbau der Gartengeräte verlangt die H-GmbH von B Zahlung in Höhe von 10.000 €. B ist der Ansicht, dass gar kein Vertrag zustande gekommen ist.

Verlangt die H-GmbH die Zahlung von B zu Recht?

Die H-GmbH könnte gegenüber B einen Anspruch auf Zahlung i.H.v. 10.000 € aus §§ 651 S. 1, 433 Abs. 2 haben.

A. Anspruch entstanden

Dazu müssten die Parteien sich mit dem Inhalt eines Werklieferungsvertrags i.S.d. § 651 geeinigt haben und der Einigung dürften keine Wirksamkeitshindernisse entgegenstehen.

I. Einigung i.S.d. § 651

Eine Einigung besteht aus zwei übereinstimmenden, empfangsbedürftigen Willenserklärungen in Form eines Angebots und einer inhaltlich damit übereinstimmenden Annahme, §§ 145 ff.

1. Angebot der H-GmbH

Ein direktes Angebot der H-GmbH liegt zwar nicht vor, aber ihr Geschäftsführer G hat durch sein Schreiben eine eigene Willenserklärung im Namen der H-GmbH mit Vertretungsmacht nach § 35 Abs. 1 S. 1 GmbHG abgegeben. Somit hat G die H-GmbH gemäß § 164 Abs. 1 S. 2 wirksam vertreten, sodass ein Angebot der H-GmbH (vertreten durch G) vorliegt.

2. Annahme des B

Ferner müsste B das Angebot der H-GmbH angenommen haben.

Zunächst haben die Parteien nur Vertragsverhandlungen geführt. Anhaltspunkte dafür, dass während ihrer Unterredung oder später eine Willenseinigung über die wesentlichen Vertragsbestandteile eines Werklieferungsvertrags durch Angebot und Annahme zustande gekommen ist, liegen nicht vor.

Der Werklieferungsvertrag könnte jedoch durch Schweigen des B auf das **kaufmännische Bestätigungsschreiben** zustande gekommen sein.

a) Voraussetzungen des kaufmännischen Bestätigungsschreibens

aa) Die Parteien müssten Kaufleute sein oder in größerem Umfang wie Kaufleute am Wirtschaftsleben teilnehmen.

Die H-GmbH ist als solche gemäß §§ 6 Abs. 2 HGB, 13 Abs. 3 GmbHG Formkaufmann und damit kraft Gesetzes Kaufmann. B ist Unternehmer und Großkunde der H-GmbH und nimmt insofern auch in größerem Umfang am Wirtschaftsleben teil.

bb) Zwischen den Parteien müssen mündliche oder fernmündliche Vertragsverhandlungen stattgefunden haben – bei rein schriftlichen Verhandlungen, z.B. per E-Mail oder Telefax ist kein Raum für das kaufmännische Bestätigungsschreiben.

Die Parteien haben vorliegend mündliche Vertragsverhandlungen geführt.

Exkurs zu cc):
Ein als **Auftragsbestätigung** bezeichnetes Schreiben kann sowohl ein Vertragsangebot als auch eine Vertragsannahme enthalten, aber auch ein kaufmännisches Bestätigungsschreiben sein. Dies ist im Wege der Auslegung zu ermitteln.

cc) Dem Inhalt nach muss es sich um ein echtes Bestätigungsschreiben handeln, d.h., es muss ein Vertragsschluss bestätigt worden sein.

Das Schreiben muss also dem Inhalt nach davon ausgehen, dass der Vertrag bereits geschlossen worden ist. Indem hier von „zu erbringenden" Leistungen ausgegangen wird, wird letztlich ein Vertragsschluss bestätigt. Die H-GmbH hält sich für verpflichtet, die Leistungen zu erbringen.

Ferner muss das Schreiben den wesentlichen Inhalt der Vertragsverhandlungen wiedergeben. Abweichungen von den Verhandlungen sind nur zulässig, soweit der Absender mit der Billigung rechnen kann.[24] Keine Wirkung entfaltet das kaufmännische Bestätigungsschreiben, wenn der Versender bewusst unrichtig – also arglistig – vom Verhandlungsergebnis abweicht oder wenn der Inhalt so stark vom Ergebnis abweicht, dass mit einem Einverständnis vernünftigerweise nicht gerechnet werden konnte. Hier stehen sämtliche Vertragsbestandteile eines Werklieferungsvertrags i.S.d. § 651 fest, sodass dem Inhalt nach auch ein echtes Bestätigungsschreiben vorliegt.

dd) Weiterhin müsste das Schreiben auch alsbald zugegangen sein. Der Beweis obliegt dem Versender eines kaufmännischen Bestätigungsschreibens. Der enge zeitliche Zusammenhang dürfte im Allgemeinen mit einer Zeitspanne von etwa drei Tagen zwischen den Verhandlungen und dem kaufmännischen Bestätigungsschreiben gegeben sein. Der Zugang ist hier nur kurze Zeit später erfolgt, sodass das Schreiben auch alsbald zugegangen ist.

ee) Schließlich dürfte B auch nicht unverzüglich widersprochen haben. Mit Blick darauf, dass er auf das Schreiben der H-GmbH gar nicht reagierte, ist auch diese Voraussetzung erfüllt.

b) Zwischenergebnis

Folglich liegen die Voraussetzungen eines kaufmännischen Bestätigungsschreibens vor. Mithin kommt der Werklieferungsvertrag durch Schweigen des B auf das kaufmännische Bestätigungsschreiben der H-GmbH zustande.

II. Wirksamkeit der Einigung

Ferner war die Einigung wirksam.

Folglich ist der Anspruch aus §§ 651 S. 1, 433 Abs. 2 entstanden.

B. Ferner ist der Anspruch nicht untergegangen.

C. Zudem greifen zugunsten des B keine rechtshemmenden Einwendungen (= Einreden) ein, sodass der Anspruch auch durchsetzbar ist.

Folglich hat die H-GmbH gegenüber B einen Anspruch auf Zahlung i.H.v. 10.000 € aus §§ 651 S. 1, 433 Abs. 2.

---

24 BGH NJW 1994, 1288 ff.

Die Auslegung von Willenserklärungen und Verträgen

	Willenserklärung	**Vertrag**	

Zweck:

- Ermittlung des **äußeren** Erklärungstatbestands einer Willenserklärung.
- Schutz des Erklärungsempfängers

Ermittlung der Rechtsfolgen aus einem zustande gekommenen Vertrag = was haben die Parteien im Vertrag hinsichtlich Art und Umfangs der Vertragspflichten geregelt?

Schließung einer planwidrigen Lücke im Vertrag = die Parteien haben einen bestimmten Punkt unbewusst tatsächlich nicht geregelt, man hätte aber bei Zugrundelegung der Vertragskonzeption eine Regelung erwartet.

Auslegungsblickwinkel:

Aus welcher Sicht wird ausgelegt (Auslegungsmaßstab)?

Grundsatz:
Empfängerhorizont

Ausnahme:
Wille des Erklärenden maßgeblich, § 133:

- Kein zu schützender Erklärungsempfänger vorhanden (z.B. Testament)
- Empfänger nicht schutzbedürftig/nicht schutzwürdig
- Falsa demonstratio non nocet

Da Vertrag geschlossen, Interessen sämtlicher Vertragspartner zu berücksichtigen, §§ 157, 242

Auslegungsmethode:

Wie gehe ich vor?

- **Grundsatz: Normative Auslegung** = wie musste ein objektiver Dritter in der Person des Erklärungsempfängers das Geäußerte verstehen?
- **Ausnahme: Natürliche Auslegung, § 133** = was hat der Erklärende mit seiner Erklärung gemeint? ☞Testament, gemeinsame Formulierung einer Erklärung

Erläuternde Auslegung

Ermittlung des Gewollten anhand:

- Interessenlage der Parteien;
- Vertragszweck;
- Treu und Glauben, § 242;
- Verkehrssitte

im Zeitpunkt des Vertragsschlusses

Ergänzende Auslegung

- Bestehen dispositive gesetzliche Regelungen, die die Lücke im konkreten Fall schließen können und der Interessenlage der Parteien, dem Vertragszweck, Treu und Glauben und der Verkehrssitte gerecht werden?
- Wenn nein: Was hätten die Vertragspartner unter den damaligen Umständen vernünftigerweise vereinbart (= ex ante Sicht, verobjektiviert durch die genannten Kriterien)?

Form:

Nur relevant bei **formbedürftigen Willenserklärungen**, §§ 311b, 518, 766 BGB

Andeutungstheorie:
Es reicht nach h.M. aus, dass das Auslegungsergebnis wenigstens „zwischen den Zeilen" Anklang gefunden hat.

> **Fall 12: Auslegung von Willenserklärungen (Haakjöringsköd-Fall)**
> (RGZ 99, 147 ff.)
>
> V bot dem K eine Schiffsladung mit 214 Fass „Haakjöringsköd" (Haifisch-fleisch), verladen auf den Dampfer Jessica in Hamburg, zum Kauf an. K nahm dieses Angebot an. Beide gingen jedoch davon aus, dass es sich dabei um Walfischfleisch handelte. Als K im Hafen die Fässer öffnete und bemerkte, dass die Fässer Haifischfleisch enthielten, verlangte er von V Lieferung von 214 Fass Walfischfleisch. V fand inzwischen heraus, dass das norwegische Wort Haakjöringsköd in Wirklichkeit Haifischfleisch bedeutet und machte daher geltend, dass K doch genau das bekommen habe, was er ihm dem Kaufvertrag nach schuldete.
>
> Zu Recht?

K könnte gegen V einen Anspruch auf Lieferung von 214 Fass Walfisch-fleisch aus § 433 Abs. 1 S. 1 haben.

A. Anspruch entstanden

Dazu müssten die Parteien sich über den Kauf von Walfischfleisch geeinigt haben und der Einigung dürften keine Wirksamkeitshindernisse entgegen-stehen.

I. Einigung i.S.d. § 433

In Betracht kommt hier eine Einigung zwischen V und K i.S.d. § 433 durch zwei übereinstimmende Willenserklärungen in Form eines Angebots und einer inhaltlich damit übereinstimmenden Annahme, §§ 145 ff.

1. Angebot des V

V hat K 214 Fass „Haakjöringsköd" angeboten.

Fraglich ist jedoch, welchen Inhalt diese Erklärung hat.

Der Inhalt der Erklärung ist im Wege der Auslegung zu ermitteln.

In die Auslegung nach § 133 sind die Grundsätze des § 157 zu integrieren. Das bedeutet: § 133 gilt nicht nur für Willenserklärungen, son-dern auch für Verträge.

Die Auslegung einer Willenserklärung soll den **wirklichen Willen** des Er-klärenden feststellen, ohne an dem buchstäblichen Sinn des Ausdrucks zu haften (sog. **natürliche Auslegung, § 133**). Auch wenn also bei der Ausle-gung einer Erklärung grundsätzlich vom Willen des Erklärenden auszuge-hen ist, bleibt das Verkehrsschutzinteresse des Erklärungsempfängers zu berücksichtigen. Wer rechtsgeschäftlich handelt, hat sich im Rechtsverkehr verständlicher Erklärungszeichen zu bedienen. Der Erklärende trägt das Ri-siko eines Missverständnisses im Rechtsverkehr aufgrund einer Mehrdeu-tigkeit seiner Erklärung. Das bedeutet, dass der **objektive Erklärungssinn** einer Willenserklärung zu ermitteln ist (sog. **normative Auslegung, § 157**). Bei der Auslegung einer Willenserklärung ist also nach dem objektiven Empfängerhorizont darauf abzustellen, wie der Erklärungsempfänger die Erklärung nach Treu und Glauben und mit Rücksicht auf die Verkehrssitte verstehen musste.

Einer solchen Auslegung nach dem objektiven Empfängerhorizont geht je-doch immer das tatsächliche Verständnis vor, wenn es sich mit dem wirkli-chen Willen deckt. Maßgeblich ist dann das von den Parteien tatsächlich

Gewollte. Erst wenn dies nicht feststellbar ist, ist nach dem objektiven Empfängerhorizont zu entscheiden.

Nach dem Wortlaut des Vertragsangebots hat V dem K die Lieferung von „Haakjöringsköd", also von Haifischfleisch, angeboten. Ein objektiver Erklärungsempfänger in der Situation des K hätte diese Erklärung nach Treu und Glauben und mit Rücksicht auf die Verkehrssitte im Handelsverkehr dahingehend verstehen dürfen, dass V an ihn Haifischfleisch verkaufen wollte. Nach dem objektiven Empfängerhorizont (§ 157) läge demnach ein Angebot des V zum Verkauf von Haifischfleisch vor. Jedoch sind V und K übereinstimmend davon ausgegangen, dass hier von V Walfischfleisch angeboten werden sollte. Die Erforschung des wahren Willens nach § 133 ergibt also, dass von V Walfischfleisch angeboten werden sollte.

Mithin liegt hier ein Angebot des V über 214 Fass Walfischfleisch vor.

2. Wirksamwerden des Angebots des V

Das Angebot ist im Rechtsverkehr auch durch Abgabe und Zugang wirksam geworden.

3. Annahme des K

Ferner müsste K dieses Angebot auch angenommen haben.

Mit Blick auf obige Erwägungen existierte hier eine tatsächliche Übereinstimmung zwischen V und K hinsichtlich des Abschlusses eines Kaufvertrags über Walfischfleisch. Der objektive Erklärungsgehalt ist daher unmaßgeblich und die übereinstimmende Falschbezeichnung der Parteien unschädlich **(falsa demonstratio non nocet)**.

4. Wirksamwerden der Annahme des K

Die Annahme ist im Rechtsverkehr auch durch Abgabe und Zugang wirksam geworden.

Mithin liegt eine Einigung i.S.d. § 433 über Walfischfleisch vor.

II. Wirksamkeit der Einigung

Die Einigung ist mangels Eingreifen von Nichtigkeitsgründen auch wirksam.

Somit ist der Anspruch des K entstanden.

B. Ferner ist der Anspruch nicht untergegangen.

C. Zudem greifen zugunsten des V keine rechtshemmenden Einwendungen (= Einreden) ein, sodass der Anspruch auch durchsetzbar ist.

Somit hat K gegen V einen Anspruch auf Lieferung von 214 Fass Walfischfleisch aus § 433 Abs. 1 S. 1.

Fall 13: Versteckter Dissens (Weinsteinsäure-Fall)
(RGZ 104, 265 ff.)

A und B sind in der Chemie-Branche als Großhandelsunternehmer tätig. A telegrafierte an B: „100 kg Weinsteinsäure Gries bleifrei zu 68,50 € je kg." B antwortet: „Einverstanden." Beide Parteien gingen dabei davon aus, sich über den Verkauf 100 kg Weinsteinsäure Gries geeinigt zu haben. Jedoch hatte jeder die Ware verkaufen wollen und demgemäß die Gegenseite als Käufer angesehen.

Kann A von B Zahlung des Kaufpreises Zug um Zug gegen Lieferung von 100 kg Weinsteinsäure Gries verlangen?

A könnte gegenüber B einen Anspruch auf Zahlung des Kaufpreises Zug um Zug gegen Lieferung von 100 kg Weinsteinsäure Gries aus § 433 Abs. 2 haben.

A. Anspruch entstanden

Dazu müssten sich A und B mit dem Inhalt eines Kaufvertrags geeinigt haben und der Einigung dürften keine Wirksamkeitshindernisse entgegenstehen.

I. Einigung i.S.d. § 433

In Betracht kommt hier zunächst eine Einigung zwischen A und B i.S.d. § 433 durch zwei übereinstimmende Willenserklärungen in Form eines Angebots und einer inhaltlich damit übereinstimmenden Annahme, §§ 145 ff.

A und B haben sich über die Übereignung von 100 kg Weinsteinsäure Gries bleifrei zu 68,50 € je kg geeinigt. Es könnte insoweit jedoch hinsichtlich der Verkäufer- und Käuferstellung an übereinstimmenden Willenserklärungen fehlen.

Ob dies der Fall ist, ist im Wege der Auslegung zu ermitteln.

Die Auslegungsgrundsätze der „falsa demonstratio non nocet" *(vgl. Fall 12)* sind hier nicht anzuwenden, da keine übereinstimmende Falschbezeichnung der Parteien vorliegt.

Bei der Auslegung einer Willenserklärung ist nach dem objektiven Empfängerhorizont darauf abzustellen, wie der Erklärungsempfänger die Erklärung nach Treu und Glauben und mit Rücksicht auf die Verkehrssitte verstehen musste. Es ist also zu ermitteln, wie B die Willenserklärung des A „100 kg Weinsteinsäure Gries bleifrei zu 68,50 € je kg", verstehen durfte. Dabei ist nicht auf die subjektive Vorstellung des B, sondern die objektiven Umstände abzustellen. Jedoch gibt die Willenserklärung des A keinen Aufschluss darüber, ob er die Ware an B verkaufen wollte oder zu dem genannten Preis von B kaufen wollte.

Es liegt also auch nach Auslegung eine objektiv mehrdeutige Willenserklärung des A vor.

Fraglich ist, ob es sich im vorliegenden Fall um eine **unbewusst unvollständige Einigung i.S.d. § 155** und damit um einen versteckten Einigungsmangel handelt.

Nach § 155 gilt das Vereinbarte, sofern anzunehmen ist, dass der Vertrag auch ohne eine Bestimmung über diesen Punkt geschlossen sein würde. Es kommt also darauf an, ob der Vertrag an diesem Punkt scheitern sollte oder nicht.

Dies hängt stets von den Umständen des Falles ab. Beide Teile haben hier Worte gebraucht, die scheinbar zueinander passten, haben aber mit diesen Worten einen Sinn verbunden, der eine Einigung verhinderte. Das bedeutet, dass der Vertrag bei Kenntnis der wahren Sachlage nicht geschlossen worden wäre.[25] Haben sich die Parteien jedoch über wesentliche Elemente des Vertrags (essentialia negotii) nicht geeinigt, so ist § 155 unanwendbar und der Vertrag keinesfalls zustande gekommen.[26]

Hier wollen beide Parteien verkaufen, sodass man sich über die Vertragsparteien und damit über wesentliche Elemente des Vertrags (essentialia negotii) nicht geeinigt hat.

Mithin liegt **kein versteckter Dissens gemäß § 155** vor.

II. Zwischenergebnis

Somit haben sich A und B nicht i.S.d. § 433 geeinigt und daher keinen Kaufvertrag geschlossen.

B. Ergebnis

Somit hat A gegenüber B keinen Anspruch auf Zahlung des Kaufpreises Zug um Zug gegen Lieferung von 100 kg Weinsteinsäure aus § 433 Abs. 2.

Fälle des § 155:
- Vergessen oder Übersehen eines regelungsbedürftigen Punktes
- Erklärungsdissens durch Abgabe von äußerlich voneinander abweichenden Erklärungen, die auch dem Sinn nach auseinandergehen
- Verwendung mehrdeutiger Begriffe

25　I.E. ebenso: RGZ 104, 265 f.
26　Sog. Totaldissens; RGZ 104, 265, 266; Palandt/Ellenberger § 155 Rdnr. 1.

4. Teil: Stellvertretung und Vollmacht, §§ 164 ff.

Voraussetzungen der Stellvertretung gemäß §§ 164 ff.

1. **Zulässigkeit der Stellvertretung**

   (–) z.B. bei Realakten (Verbindung, Vermischung, Verarbeitung), höchstpersönlichen Geschäften aufgrund Gesetzes (Testament, Eheschließung, Vaterschaftsanfechtung) oder Vereinbarung (gewillkürte Höchstpersönlichkeit)

2. **Eigene Willenserklärung**

   (+) wenn „Erklärender" eigenen Entscheidungs- bzw. Formulierungsspielraum hat

   (–) wenn Erklärender fremde Willenserklärung überbringt (Bote)

   - Bedeutsam für: Form (§ 165), Kenntnis (§ 166), Zugangszeitpunkt
   - Abgrenzung: Äußeres Auftreten des Handelnden

3. **In fremdem Namen (Offenkundigkeit)**

   Die Person des Vertretenen muss bestimmt oder bestimmbar sein.

   Keine Namensnennung erforderlich bei unternehmensbezogenen Geschäften.

   Ausnahmen zum Offenkundigkeitsprinzip:

   - Geschäft für den, den es angeht (str.)
   - Handeln unter fremdem Namen: Identitätstäuschung (str.); bei Namensänderung (–)

4. **Mit Vertretungsmacht**

   a) **Rechtsgeschäftlich (Vollmacht, § 166 Abs. 2 S. 1)**

      - **Wirksame Erteilung** (empfangsbedürftige Willenserklärung; möglich gegenüber Bevollmächtigtem oder Drittem, § 167 Abs. 1)
      - Kein **Erlöschen** (Widerruf/Anfechtung), § 168
      - Grundsätzlich **formfrei**, § 167 Abs. 2
      - Ggf. **Fortbestand** trotz Erlöschens (§ 170, bei Bevollmächtigung gegenüber Drittem; § 171, bei Kundgabe oder § 172 bei Vollmachtsurkunde)
      - Kein **Ausschluss/Beschränkung** (§ 181 Selbstkontrahieren oder Mehrfachvertretung sowie bei Umgehung des § 181/§ 138 Abs. 1 Kollusion/§ 242 evidente Überschreitung der Innenbefugnisse)
      - Ggf. gesetzlich vorgegebener **Umfang:** Prokurist (§ 49 HGB), Handlungsbevollmächtigter (§ 54 HGB), Ladenangestellter (§ 56 HGB)

   b) **Gesetzlich**

      Organe juristischer Personen: § 35 GmbHG, § 78 Abs. 1 AktG

      Gesetzlicher Vertreter eines beschränkt Geschäftsfähigen oder Geschäftsunfähigen, § 1629 (Vertretung des Kindes)

      aber: §§ 1629 Abs. 2, 1795: Ausschluss der Vertretung und Zustimmung des Ergänzungspflegers (§ 1909) erforderlich

      und: §§ 1643, 1821, 1822 Nr. 1, 3, 5, 8–11: Genehmigung des Familiengerichts erforderlich

      § 1793 (Vormund)

      aber: § 1795: Ausschluss der Vertretung und Zustimmung des Ergänzungspflegers (§ 1909) erforderlich; § 1804 (Schenkungen)

      und: §§ 1821 ff.: Genehmigung des Familiengerichts erforderlich

   c) **Rechtsschein**

      - Anscheinsvollmacht
      - Duldungsvollmacht
      - Abgrenzung konkludente Vollmachterteilung/Duldungsvollmacht (Wer das Auftreten eines anderen als Vertreter kannte und duldete, hat nach h.M. keine konkludente Vollmacht erteilt, sondern muss nach allg. Rechtsscheinsgrundsätzen haften)

1. Abschnitt: Eigene Willenserklärung

Fall 14: Abgrenzung Stellvertreter/Bote

K schickt seinen 6-jährigen Sohn S zum Kiosk des V, um dort für einen gemütlichen Abend eine Packung Chips, eine gemischte Tüte mit Weingummi und Lakritz und ein Flasche Limonade zu kaufen. Im Kiosk des V hat S nach langem Suchen, einigen Weingummiproben und vielen Ratschlägen des V endlich alles zusammen. Während S an der Kasse erklärt, er kaufe alles für K, packt V die Ware in eine Tüte.

Kann V von K Zahlung des Kaufpreises verlangen?

V könnte gegen K einen Anspruch auf Zahlung des Kaufpreises aus § 433 Abs. 2 haben.

A. Anspruch entstanden

Dazu müsste der Anspruch zunächst entstanden sein.
Das ist der Fall, wenn V und K sich mit dem Inhalt eines Kaufvertrags geeinigt haben und dieser Einigung keine Wirksamkeitshindernisse entgegenstehen.

I. Einigung i.S.d. § 433

In Betracht kommt eine Einigung zwischen K und V i.S.d. § 433 durch zwei übereinstimmende Willenserklärungen in Form eines Angebots und einer inhaltlich damit übereinstimmenden Annahme, §§ 145 ff.

1. Angebot des V

Zunächst kommt ein Angebot des V durch seine Warenpräsentation im Kiosk in Betracht.
Die Warenauslagen im Kiosk des V stellen jedoch lediglich eine invitatio ad offerendum dar, sodass V der Rechtsbindungswille für ein Angebot fehlt. Mithin liegt kein Angebot des V vor.

2. Angebot des K

Das Angebot könnte jedoch K gegenüber V abgegeben haben.
K hatte selbst keinen Kontakt zu V und hat ihm gegenüber daher auch direkt keine Willenserklärung abgegeben. Jedoch hat S gegenüber V erklärt, dass er die verschiedenen Waren für K kaufen will. Also hat S ein Angebot zum Abschluss eines Kaufvertrags gegenüber V abgegeben. Ein solches Angebot wirkt gemäß § 164 Abs. 1 S. 1 nur dann für und gegen K, wenn S ihn wirksam vertreten hat.
Dazu müssten die **Voraussetzungen einer wirksamen Stellvertretung** nach § 164 Abs. 1 S. 1 vorliegen.
Nach § 164 Abs. 1 S. 1 ist dafür zunächst eine **eigene, wirksame Willenserklärung** des S erforderlich.

a) Eine eigene Willenserklärung des Vertreters liegt vor, wenn der Erklärende selbst der rechtsgeschäftlich Handelnde ist. Der Bote übermittelt nur eine Willenserklärung seines Geschäftsherrn, sein Tun ist tatsächlicher, nicht rechtsgeschäftlicher Natur. Der **Bote** überbringt also eine fremde Willenserklärung, auf deren Inhalt er keinen Einfluss hat. Der **Vertreter** hingegen hat Handlungs- und Formulierungsspielraum; er entscheidet selbst über die Abgabe und den Inhalt der Willenserklärung, die daher seine eigene ist. Für die Abgrenzung, ob eine eigene Willenserklärung vorliegt, ist das Auftreten nach außen hin entscheidend.[27]

Es ist daher durch Auslegung vom Empfängerhorizont zu bestimmen, ob der Erklärende eine eigene oder eine fremde Willenserklärung übermitteln wollte.[28]

Erst wenn der Erklärende eine eigene Entscheidung hinsichtlich des Erklärungsinhalts treffen kann, die über die bloße Art und Weise oder Stilistik der Erklärung hinausgeht, ist er als Vertreter anzusehen.[29]

S hat im Kiosk des V die verschiedenen Artikel erst nach langem Suchen, einigen Proben und vielen Ratschlägen des V ausgesucht und mit zur Kasse genommen. Insofern ließ er aus Sicht eines objektiven Dritten eigenen Handlungsspielraum erkennen und gab daher eine eigene Willenserklärung ab.

Merke: „Und ist das Kindlein noch so klein, so kann es doch schon Bote sein!"

b) Fraglich ist jedoch, ob diese eigene Willenserklärung des S auch wirksam war. Die Wirksamkeit der Vertretererklärung des S richtet sich nach den §§ 105 ff., 164 ff. Das bedeutet, dass in der Person des S die Wirksamkeitsvoraussetzungen der Willenserklärung vorliegen müssen. Der Bote, der nur tatsächlich, aber eben nicht rechtsgeschäftlich handelt, braucht nicht geschäftsfähig zu sein. Der Vertreter hingegen muss nach § 165 zumindest beschränkt geschäftsfähig sein. Der 6-jährige S ist gemäß § 104 Nr. 1 geschäftsunfähig und damit seine Willenserklärung nach § 105 nichtig. Folglich war die Willenserklärung des S nicht wirksam.

II. Zwischenergebnis

Somit fehlt es an einer eigenen, wirksamen Willenserklärung des S, sodass S den K nicht gemäß § 164 Abs. 1 S. 1 wirksam vertreten hat und daher kein Angebot des K vorliegt. Mithin fehlt es an einer Einigung von V und K i.S.d. § 433.

B. Ergebnis

Folglich ist der Anspruch nicht entstanden, sodass V gegenüber K keinen Anspruch auf Zahlung des Kaufpreises aus § 433 Abs. 2 hat.

---

27 BGHZ 12, 327, 334; Staudinger/Schilken, Vorbem. zu § 164 Rdnr. 76.
28 Larenz/Wolf, BGB AT, § 46 Rdnr. 71; Mock JuS 2008, 309.
29 Staudinger/Schilken Vorbem. zu § 164 Rdnr. 75; Mock JuS 2008, 309, 310.

2. Abschnitt: In fremdem Namen

Fall 15: Geschäft für den, den es angeht

Die 17-jährige Tochter T ist mit ihrem Vater V auf der Ostsee-Insel Rügen im Urlaub. Gleich am ersten Ferientag bittet V die T, mit seinem Geld für das Frühstück die Brötchen zu besorgen. T macht sich sogleich auf den Weg zur örtlichen Bäckerei des B. Nachdem T bei B verschiedenste Brötchen ausgesucht hat, bezahlt sie diese mit dem Geld des V ohne das gegenüber B gesondert zu erwähnen. B übergibt T die Brötchen.

Wer ist Eigentümer der Brötchen geworden?

V könnte das Eigentum an den Brötchen rechtsgeschäftlich von B gem. § 929 S. 1 erlangt haben.

I. Einigung i.S.d. § 929 S. 1

Dann müssten sich beide zunächst über den Eigentumsübergang an den Brötchen gemäß § 929 S. 1 durch Angebot und Annahme (dinglicher Vertrag) geeinigt haben.

1. V selbst hat keinerlei Kontakt zu B gehabt und diesem gegenüber daher direkt keine Willenserklärung (Angebot oder Annahme) abgegeben.

2. Aber T hat bei B verschiedenste Brötchen ausgesucht und sich diese gegen Bezahlung aushändigen lassen. Das bedeutet, dass T sich mit B – durch schlüssiges Verhalten (konkludent) – über den Eigentumsübergang an den Brötchen gemäß § 929 S. 1 geeinigt hat. Die im Rahmen der Einigung von ihr abgegebene Willenserklärung (Angebot oder Annahme) wirkt jedoch gemäß § 164 Abs. 1 S. 1 für und gegen V, wenn T ihn wirksam vertreten hat.

Dazu müssten die **Voraussetzungen einer wirksamen Stellvertretung** nach § 164 Abs. 1 S. 1 vorliegen.

a) Eigene Willenserklärung

Nach § 164 Abs. 1 S. 1 ist dafür zunächst eine eigene, wirksame Willenserklärung der T erforderlich.
Indem T die Brötchen bei B aussuchte, ließ sie aus Sicht eines objektiven Dritten eigenen Handlungsspielraum erkennen und gab daher eine eigene Willenserklärung ab. Zwar ist T als 17-jährige gemäß § 106 nur beschränkt geschäftsfähig, wodurch die Wirksamkeit ihrer Willenserklärung gemäß § 165 aber nicht beeinträchtigt wird. Eine eigene, wirksame Willenserklärung der T liegt damit vor.

b) In fremdem Namen

Ferner müsste T die von ihr im Rahmen der Einigung abgegebene Willenserklärung im Namen des Vertretenen abgegeben haben. Der Wille, **in fremdem Namen** zu handeln, kann sich gemäß § 164 Abs. 1 S. 2 aus einer ausdrücklichen Erklärung oder aus den Umständen ergeben (sog. **Offenkundigkeitsprinzip**).

Die Erklärung der T erfolgte hier weder ausdrücklich im Namen des V noch ergab sich dies aus den Umständen. Somit ist das Offenkundigkeitsprinzip von T nicht gewahrt worden. Wenn der Wille, in fremdem Namen zu handeln, nicht erkennbar hervortritt, so hat dies nach § 164 Abs. 2 zur Folge, dass der Mangel des Willens, im eigenen Namen zu handeln, nicht in Betracht kommt. Es liegt nach § 164 Abs. 2 also eigentlich ein Eigengeschäft der T und kein Fall der Stellvertretung vor.

Allerdings hat T – ohne es dem Erklärungsempfänger B offenkundig zu machen – für V die Brötchen erwerben wollen und damit eine Einigung nach § 929 S. 1 für den bewirken wollen, den sie angeht. Mithin hat T gegenüber B nur ein **„Geschäft für den, den es angeht"** vorgenommen.

Umstritten ist, ob das „Geschäft für den, den es angeht" mit dem Offenkundigkeitsprinzip des Stellvertretungsrechts vereinbar ist.

aa) Bejahende Auffassung

Das „Geschäft für den, den es angeht" ist nach einer Ansicht[30] mit dem Offenkundigkeitsprinzip des Stellvertretungsrechts bei allen Erfüllungsgeschäften vereinbar, bei denen dem Erklärungsempfänger sein Vertragspartner gleichgültig ist. Dies wird damit begründet, dass § 164 Abs. 1 S. 2 das Offenkundigkeitsprinzip nicht abschließend regele, wie man an der Ausnahme des § 135 Abs. 5 S. 2 AktG sehe. Dort habe der Gesetzgeber das Handeln für den, den es angeht, auch anerkannt. Außerdem verfolge das Offenkundigkeitsprinzip den Sinn und Zweck, den Erklärungsempfänger zu schützen, der seinen Vertragspartner selbst bestimmen darf. Dies sei aber dann nicht erforderlich, wenn ihm der Vertragspartner gleichgültig ist.

bb) Vermittelnde Auffassung

Nach einer anderen Ansicht[31] ist das „Geschäft für den, den es angeht" mit dem Offenkundigkeitsprinzip des Stellvertretungsrechts nur bei Bargeschäften des täglichen Lebens und nur ausnahmsweise bei anderen Zug-um-Zug-Geschäften vereinbar. Dies wird – unter Bezug und Übernahme der Argumente der bejahenden Auffassung – damit begründet, dass in der Regel nur bei Bargeschäften des täglichen Lebens der Vertragspartner dem Erklärungsempfänger gleichgültig sein dürfte.

Der Eigentumserwerb an den Brötchen stellt (genauso wie der schuldrechtliche Kaufvertrag über die Brötchen) ein Bargeschäft des täglichen Lebens dar. Im vorliegenden Fall ist daher das „Geschäft für den, den es angeht" mit dem Offenkundigkeitsprinzip des Stellvertretungsrechts vereinbar.

cc) Verneinende Auffassung

Nach einer dritten Ansicht[32] ist das „Geschäft für den, den es angeht" mit dem Offenkundigkeitsprinzip des Stellvertretungsrechts nicht vereinbar. Dies wird darauf gestützt, dass man mit dem Verweis auf § 135 Abs. 5 S. 2 AktG die Ausnahme ansonsten zur Regel mache und darüber hinaus vor Vertragsschluss nie feststellbar sei, ob dem Vertragspartner die Person des Geschäftsherrn gleichgültig sei.

dd) Stellungnahme

Auch wenn man der letzten Ansicht zugutehalten mag, dass jedenfalls beim Eigentumserwerb kein rechtes Bedürfnis für das „Geschäft für den, den es angeht" besteht, da die Übertragung der entsprechenden Sache

---

Eine anerkannte Ausnahme vom Offenkundigkeitsprinzip stellt das sog. **unternehmensbezogene Geschäft** dar, wonach im Zweifel der Betriebsinhaber Vertragspartner werden soll (BGHZ 91, 148, 152).

---

30 RGZ 100, 190, 192 f.; 109, 167, 169 f.; 140, 223, 229; Staudinger/Wiegand § 929 Rdnr. 39; Medicus, BGB AT, Rdnr. 920; Einsele JZ 1990, 1005, 1008 f.

31 BGHZ 129, 136, 149; 154, 276, 279; Palandt/Ellenberger § 164 Rdnr. 8; Larenz/Wolf, BGB AT, § 46 Rdnr. 42 ff.; Mock JuS 2008, 309, 312.

32 Flume, AT II, § 44 II Ziff. 2; Schellhammer, Schuldrecht, Rdnr. 2179.

vom Handelnden auf den Hintermann auch durch ein antizipiertes (vor-weggenommenes) Besitzkonstitut zwischen beiden nach § 930 erreicht werden kann, so bleibt jedoch festzuhalten, dass die Schutzfunktion des Offenkundigkeitsprinzips bei Bargeschäften des täglichen Lebens entfällt, da dem Erklärungsempfänger der Vertragspartner stets gleichgültig ist. Daher besteht auch kein Bedürfnis, den Zwang des § 164 Abs. 2 zum Eigengeschäft aufrechtzuerhalten. Folglich ist der vermittelnden Auffassung zu folgen und damit ist im vorliegenden Fall das „Geschäft für den, den es angeht" mit dem Offenkundigkeitsprinzip vereinbar. Somit hat T die im Rahmen der Einigung von ihr abgegebene Willenserklärung auch im Namen des Vertretenen V abgegeben.

c) Mit Vertretungsmacht

Ferner müsste T auch mit Vertretungsmacht gehandelt haben.
Indem V die T gebeten hat, mit seinem Geld für das Frühstück die Brötchen zu besorgen, hat er ihr dazu gemäß § 167 Abs. 1, 1. Var. Vollmacht, also rechtsgeschäftliche Vertretungsmacht (§ 166 Abs. 2), erteilt. Folglich handelte T auch mit Vertretungsmacht.

Somit hat T den V gemäß § 164 Abs. 1 S. 1 wirksam vertreten, sodass die von ihr im Rahmen der Einigung abgegebene Willenserklärung für und gegen V wirkt. Mithin hat V sich mit B gemäß § 929 S. 1 über den Eigentumsübergang an den Brötchen geeinigt.

II. Übergabe

Ferner müsste B dem V die Brötchen gemäß § 929 S. 1 übergeben haben.
Übergabe ist die Übertragung des unmittelbaren Besitzes an einer Sache, der gemäß § 854 durch die Erlangung der tatsächlichen Gewalt über die Sache erworben wird. B hat hier T die Brötchen übergeben. Das heißt, dass grundsätzlich nur sie und eben nicht der V den unmittelbaren Besitz an den Brötchen erlangt hat. Allerdings steht T als Tochter des V zu diesem in einem sozialen Abhängigkeitsverhältnis, vermöge dessen sie in gewissem Umfang weisungsabhängig ist. Konkret bedeutet dies hier, dass sie den sich auf die Brötchen beziehenden Weisungen des V Folge zu leisten hat und damit gemäß § 855 Besitzdienerin des V ist. Nach § 855 ist jedoch nur der andere, also nur V, Besitzer. Mithin hat durch die Übergabe der Brötchen an T, V den (alleinigen) Besitz daran erlangt. Folglich hat B dem V die Brötchen gemäß § 929 S. 1 übergeben.

III. Einigsein

Zudem müssten sich B und V zum Zeitpunkt der Übergabe an T einig darüber gewesen sein, dass das Eigentum an den Brötchen von B auf V übergehen soll. Das ist hier mangels entgegenstehender Anhaltspunkte der Fall.

IV. Berechtigung des B

Darüber hinaus müsste B gemäß § 929 S. 1 zur Übertragung des Eigentums an den Brötchen auch berechtigt gewesen sein.
B war verfügungsbefugter Eigentümer der Brötchen und daher zur Übertragung des Eigentums nach § 929 S. 1 auch berechtigt.

Somit hat V, vertreten gemäß § 164 Abs. 1 S. 1 durch T, das Eigentum an den Brötchen von B gemäß § 929 S. 1 erlangt.

Fall 16: Handeln unter fremdem Namen
(BGH, Urt. v. 11.05.2011 – VIII ZR 289/09, NJW 2011, 2421 ff. = RÜ 2011, 409 ff.)

B unterhielt beim Internetauktionshaus eBay ein passwortgeschütztes Konto unter dem Mitgliedsnamen „B". Am 03.03.2008 wurde unter Nutzung dieses Zugangskontos eine komplette „VIP-Lounge/Bar/Bistro/Gastronomieeinrichtung", die aus zahlreichen gebrauchten Einzelgegenständen bestand, mit einem Eingangsgebot von 1,00 € zum Verkauf angeboten. Das Angebot hatte der damalige Verlobte und jetzige Ehemann der B eingestellt. Neun Tage vor Ablauf der Auktion gab M am 04.03.2008 unter dem Mitgliedsnamen „M." ein Maximalgebot von 1.000 € zum Kauf der Einrichtungsgegenstände ab. Einen Tag später wurde die Auktion vorzeitig durch Rücknahme des Angebots beendet. M war zu diesem Zeitpunkt der Höchstbietende. In den Allgemeinen Geschäftsbedingungen von eBay, denen jedes reguläre Mitglied zustimmen muss, heißt es in § 2 Ziff. 9:

„Mitglieder haften grundsätzlich für sämtliche Aktivitäten, die unter Verwendung ihres Mitgliedskontos vorgenommen werden."

B verweigert die Lieferung der Gastronomieeinrichtung.

M verlangt Schadensersatz statt der Leistung i.H.v. 32.820 €, wobei er den Zeitwert der nicht gelieferten Gegenstände auf 33.820 € beziffert und hiervon den von ihm gebotenen Kaufpreis von 1.000 € in Abzug bringt. Er ist der Ansicht, die B müsse sich das Auftreten ihres Ehemannes schon deswegen zurechnen lassen, weil sie die Zugangsdaten für ihr Mitgliedskonto unsorgfältig aufbewahrt habe.

Zu Recht?

I. Ein Anspruch von M gegenüber B auf Schadensersatz statt der Leistung könnte sich zunächst aus **§§ 280 Abs. 1 u. 3, 281 Abs. 1 S. 1, 1. Var. BGB** ergeben. Dann müsste zwischen den Parteien ein Schuldverhältnis bestehen, das die B zur Leistung der Einrichtung verpflichtet. M kann mit der B einen Kaufvertrag abgeschlossen haben.

1. Ein Vertrag könnte gemäß **§ 156 BGB** zustande gekommen sein. Im vorliegenden Fall ist aber kein Zuschlag erteilt worden, sondern die Auktion wurde durch Rücknahme des Angebots beendet. Überdies sind Internetversteigerungen keine Versteigerungen i.S.d. § 156 BGB.[33]

2. Zwischen den Beteiligten könnte jedoch ein Vertrag durch **Angebot und Annahme** geschlossen worden sein. Mit der Einstellung der Gastronomieeinrichtung könnte hier ein der B zurechenbares Angebot abgegeben worden sein.

Bei einer Internetauktion stellt der Internettext ein verbindliches Angebot des Erklärenden dar. Das Angebot richtet sich an den, der innerhalb des festgelegten Gebotszeitraums das Höchstgebot abgibt *(vgl. Fall 2)*.

---

33 BGH NJW 2005, 53, 54; LG Bonn RÜ 2005, 113, 114; Palandt/Ellenberger § 156 Rdnr. 3; Brox/Walker, BGB AT, Rdnr. 217.

B selbst hat das Angebot nicht in das Internet eingestellt. Jedoch könnte die Erklärung des Ehemannes der B gemäß § 164 Abs. 1 S. 1 für und gegen B wirken, wenn ihr Ehemann sie wirksam vertreten hat. Dazu müssten die Voraussetzungen einer wirksamen Stellvertretung nach § 164 Abs. 1 S. 1 vorliegen.

a) Eigene Willenserklärung

Hierfür müsste zunächst eine eigene, wirksame Willenserklärung des Ehemannes vorliegen. Indem er aus freien Stücken und ohne jegliche Bestimmung durch andere die Gastronomieeinrichtung in das Internet einstellte, ließ er eigenen Handlungsspielraum erkennen und gab daher eine eigene Willenserklärung ab.

b) In fremdem Namen

Ferner müsste er das Angebot auch **im Namen der Vertretenen** abgegeben haben. Der Wille, im fremden Namen zu handeln, kann sich gemäß § 164 Abs. 1 S. 2 aus einer ausdrücklichen Erklärung oder aus den Umständen ergeben (sog. **Offenkundigkeitsprinzip**).
Der Ehemann der B wollte jedoch kein Rechtsgeschäft für B abschließen, sondern über seine eigene Identität täuschen. Bei der Nutzung des Mitgliedskontos der B handelte ihr Ehemann daher nicht im fremden Namen, sondern unter fremdem Namen (Identitätstäuschung).

Es ist umstritten, ob das **Handeln unter fremdem Namen** im Fall der **Identitätstäuschung** mit dem Offenkundigkeitsprinzip vereinbar ist.

Nach **einer Ansicht**[34] ist das Handeln unter fremdem Namen mit dem Offenkundigkeitsprinzip des Stellvertretungsrechts vereinbar, sodass die §§ 164 ff. anwendbar sind.
Dies wird u.a. mit einem Umkehrschluss aus § 164 Abs. 2 begründet. Wenn der Wille, in fremdem Namen zu handeln, nicht erkennbar hervortritt, so hat dies nach § 164 Abs. 2 zur Folge, dass der Mangel des Willens, im eigenen Namen zu handeln, nicht in Betracht kommt. Demnach verzichte § 164 Abs. 2 nur auf die Offenkundigkeit des Willens, im fremden Namen zu handeln, nicht aber generell auf den Willen, im fremden Namen zu handeln. Beim Handeln unter fremdem Namen fehle aber der Wille, im fremden Namen zu handeln, sodass § 164 Abs. 2 gar nicht anwendbar sei. Daher liege gar kein Eigengeschäft, sondern ein von §§ 164 ff. erfasstes Fremdgeschäft vor.
Zudem verlange das Interesse desjenigen, dem gegenüber unter fremdem Namen gehandelt worden ist, dass das Rechtsgeschäft mit dem wirklichen Namensträger zustande komme und daher dem Handeln in fremdem Namen gleichstehe. Dieser Ansicht nach ist das Handeln unter fremdem Namen mit dem Offenkundigkeitsprinzip des Stellvertretungsrechts vereinbar.

Nach **anderer Ansicht**[35] ist das Handeln unter fremdem Namen nur dann mit dem Offenkundigkeitsprinzip des Stellvertretungsrechts vereinbar,

Beim **Handeln unter fremdem Namen** im Fall der **Namenstäuschung** will der Handelnde ein Rechtsgeschäft für sich selbst abschließen, benutzt aber den Namen eines anderen, auf den es dem Vertragspartner nicht ankommt. In diesem Fall liegt gemäß § 164 Abs. 2 ein Eigengeschäft vor (Bsp. Hotelzimmerbuchung unter falschem Namen zwecks Treffen mit der Geliebten).

---

34 Löwisch/Neumann, BGB AT, Rdnr. 197; Medicus, BGB AT, Rdnr. 908 (nach dem die §§ 164 ff. „wenigstens analog" anwendbar sind); Schwab, Einführung in das Zivilrecht, Rdnr. 738 f.
35 BGHZ 45, 193, 195 f.; 62, 216, 220 f.; 111, 334, 338; Flume, AT II, § 44 IV; Weber JA 1996, 426, 430 f.; Mock JuS 2008, 309, 312 f.

wenn eine Auslegung der Willenserklärung desjenigen, der unter fremdem Namen handelt, nach dem objektiven Empfängerhorizont ergibt, dass es dem Vertragspartner nicht egal ist, mit wem er den Vertrag abschließen will. Bei Rechtsgeschäften unter Abwesenden sei es dem Vertragspartner in der Regel nicht egal, mit wem er den Vertrag schließe. Er wolle vielmehr mit dem Namensträger abschließen. Schließlich sei in solchen Fällen der Name ausschlaggebend. Bei Rechtsgeschäften unter Anwesenden, bei denen es eher auf die Person ankomme, sei es dem Vertragspartner demgegenüber eher egal, mit wem er den Vertrag schließe. Dies wird vor allem damit begründet, dass die Auslegung stets der Interessenlage des schutzwürdigen Vertragspartners gerecht werde.

Eine an den §§ 133, 157 orientierte Auslegung nach dem objektiven Empfängerhorizont ergibt, dass der Name nicht bedeutungslos ist. Wer im Internet eine Sache ersteigert, will mit dem Inhaber des Mitgliedskontos einen Vertrag abschließen, weil von diesem auch ein Profil über die Abwicklung bisheriger Geschäfte und die Kundenzufriedenheit eingestellt ist.

Anders als B meint, ist eine Zurechnung des von ihrem Ehemann auf der Internetplattform eBay eingestellten Verkaufsangebots allerdings nicht bereits deswegen ausgeschlossen, weil dieser erkennbar selbst als Verkäufer aufgetreten wäre. Zwar kann auch bei einem Handeln unter dem Namen einer anderen – existierenden – Person der Handelnde selbst berechtigt und verpflichtet sein, wenn sich das getätigte Geschäft aus der insoweit maßgeblichen Sicht der anderen Vertragspartei als Eigengeschäft des Handelnden darstellt, bei diesem also keine Fehlvorstellung über die Identität des Handelnden hervorgerufen wird. So liegen die Dinge hier jedoch nicht. Denn der Ehemann der B hat den Willen, die Gastronomieeinrichtung im eigenen Namen zum Verkauf anzubieten, nicht hinreichend zum Ausdruck gebracht. Er hat das Verkaufsangebot unter Nutzung des für die B eingerichteten passwortgeschützten Nutzerkontos und unter Verwendung ihres Mitgliedsnamens auf der Internetplattform eBay platziert. Aus Sicht der potentiellen Käufer war die B Urheberin des Verkaufsangebots. Hiernach ist daher das Handeln des Ehemannes der B unter fremden Namen nicht mit dem Offenkundigkeitsprinzip des Stellvertretungsrechts vereinbar.

Mit Blick auf die rechtlichen Konsequenzen der ersten Ansicht ist **der zweiten Ansicht zu folgen**. Wenn das unter fremdem Namen vorgenommene Rechtsgeschäft stets ein Fremdgeschäft wäre, hätte der Vertragspartner im Falle der Genehmigung (§ 184) durch den wahren Namensträger keinerlei Einflussmöglichkeit auf das Rechtsgeschäft, obwohl es ihm – jedenfalls bei einem Rechtsgeschäft unter Anwesenden – gerade auf die Person des Erklärenden ankommt. Zudem ist nach der Systematik des Gesetzes im Zweifel ein Eigengeschäft und eben kein Fremdgeschäft anzunehmen, § 164 Abs. 2. Für eine generelle Abweichung von der gesetzlichen Regelung besteht kein Bedürfnis.

Demnach ist das Handeln des Ehemannes der B unter fremdem Namen hier nicht mit dem Offenkundigkeitsprinzip des Stellvertretungsrechts vereinbar, sodass er das Angebot nicht im Namen der Vertretenen erklärt hat.

c) Mit Vertretungsmacht

Fraglich ist, welche Rechtsfolge dieser Verstoß gegen das Offenkundigkeitsprinzip nach sich zieht.

Schließt jemand ohne Vertretungsmacht im Namen eines anderen einen Vertrag, so hängt gemäß § 177 Abs. 1 die Wirksamkeit des Vertrags für und gegen den Vertretenen von dessen Genehmigung nach § 184 ab. Eine **analoge Anwendung des § 177 Abs. 1** ist gerechtfertigt, wenn jemand unter fremdem Namen gehandelt hat und das Geschäft als ein solches des Namensträgers anzusehen ist. Die Auslegung hat hier ergeben, dass es M darauf ankam, den Kaufvertrag mit B abzuschließen, also mit der Namensträgerin zu kontrahieren. Mithin liegt hier ein Geschäft der Namensträgerin vor, sodass die Regeln des Stellvertretungsrechts entsprechend anzuwenden sind.

Handelt ein Minderjähriger unter fremdem Namen, gilt § 165 BGB entsprechend.

aa) Auch der unter fremdem Namen Handelnde muss eine **eigene wirksame Willenserklärung** abgeben. Dies ist hier der Fall.

bb) Der Ehemann der B gab das Verkaufsangebot ferner **unter dem Namen der B** ab.

cc) Die Erklärung wirkt für und gegen die B, wenn ihr Ehemann **Vertretungsmacht** hatte. Mangels Vollmachterteilung durch B kommt hier nur eine Duldungs- oder eine Anscheinsvollmacht in Betracht.

(1) Eine **Duldungsvollmacht** liegt vor, wenn der Vertretene es willentlich geschehen lässt, dass ein anderer für ihn wie ein Vertreter auftritt, und der Geschäftspartner dieses Dulden nach Treu und Glauben dahin versteht und auch verstehen darf, dass der als Vertreter Handelnde zu den vorgenommenen Erklärungen bevollmächtigt ist. Bei einem unter Verwendung einer fremden Identität getätigten Geschäft des Namensträgers finden diese Grundsätze mit der Maßgabe entsprechende Anwendung, dass hierbei auf dessen Verhalten abzustellen ist. Einen solchen Duldungstatbestand hat B jedoch nicht geschaffen. Schließlich hat B ihrem Ehemann die Zugangsdaten für ihr Mitgliedskonto bei eBay nicht offen gelegt und von dessen Vorgehen auch keine Kenntnis. Vielmehr hat dieser das von ihr eingerichtete Mitgliedskonto unter Verwendung der ihm zufällig bekannt gewordenen Zugangsdaten zum Verkauf des Gaststätteninventars genutzt.

(2) Eine **Anscheinsvollmacht** ist dagegen gegeben, wenn der Vertretene das Handeln des Scheinvertreters nicht kennt, er es aber bei pflichtgemäßer Sorgfalt hätte erkennen und verhindern können, und wenn der Geschäftspartner annehmen durfte, der Vertretene kenne und billige das Handeln des Vertreters. Allerdings greifen die Rechtsgrundsätze der Anscheinsvollmacht in der Regel nur dann ein, wenn das Verhalten des einen Teils, aus dem der Geschäftsgegner auf die Bevollmächtigung des Dritten glaubt schließen zu können, von einer gewissen Dauer und Häufigkeit ist. Bei einem mit einer Identitätstäuschung verbundenen Handeln unter fremdem Namen ist bei Anwendung dieser Grundsätze auf das Verhalten des Namensträgers abzustellen.

Der Ehemann der B hat im vorliegenden Fall deren Zugangsdaten bei eBay zum ersten Mal genutzt.

Es fehlt daher an einem von der Beklagten geschaffenen Vertrauenstatbestand, auf den sich der Kläger hätte stützen können. Auf das Erfordernis einer gewissen Häufigkeit oder Dauer der unbefugten Verwendung ihres Mitgliedskontos kann nicht schon deswegen verzichtet werden, weil dieses im Internetverkehr aufgrund der bei eBay erfolgten Registrierung allein der Beklagten zugeordnet wird. Denn auch wenn den Zugangsdaten für die Internetplattform eBay eine Identifikationsfunktion zukommt, weil das Mitgliedskonto nicht übertragbar und das ihm zugeordnete Passwort geheim zu halten ist, kann hieraus nicht zuverlässig geschlossen werden, dass unter einem registrierten Mitgliedsnamen ausschließlich dessen tatsächlicher Inhaber auftritt.

Somit scheidet eine Anscheinsvollmacht aus.

Mithin handelt der Ehemann der B ohne Vertretungsmacht.

dd) Rechtsfolge

Mangels Genehmigung durch B i.S.v. § 177 Abs. 1 i.V.m. § 184 Abs. 1 analog wirkt das Verkaufsangebot nicht nach den Vorschriften über die Stellvertretung für und gegen B.

II. Somit besteht kein Schuldverhältnis, das B zur Leistung der Einrichtung verpflichtet.

Daher hat M gegen B keinen Anspruch aus §§ 280 Abs. 1 u. 3, 281 Abs. 1 S. 1, 1. Var.

3. Abschnitt: Mit Vertretungsmacht

Fall 17: Grundfall zum Handeln mit Vertretungsmacht

E ist Anfang Januar 2012 als Einkäufer für Edelmetalle in der Gold-schmiede des G eingestellt worden. Seine Aufgabe besteht darin, in den umliegenden Minen Metalle einzukaufen, die dann in der Schmiede des G zu Schmuckstücken verarbeitet werden. Zu diesem Zweck schrieb er mit Einverständnis und unter Gegenzeichnung des G alle Minen in der Umgebung an und erkundigte sich nach Angeboten und Konditionen. Dabei verwies er stolz auf seine Anstellung als Einkäufer für G.

Bereits im März 2012 kündigte E das Arbeitsverhältnis bei G jedoch wie-der, da er einen besseren Job in Aussicht hatte. Letztlich wurde daraus aber nichts, sodass er kleinlaut wieder bei G vorsprach. G wollte von dem aus seiner Sicht unzuverlässigen E jedoch nichts mehr wissen und schickte ihn fort. Aus purer Boshaftigkeit kaufte E daraufhin beim Mi-nenbetreiber M insgesamt 500 kg der von M angebotenen Edelmetalle im Namen des G ein. Offenbar hatte es G versäumt, die umliegenden Mi-nenbetreiber über das Ausscheiden des E zu informieren.

Als M wenige Wochen später bei G die Metalle abliefern will, verweigert dieser die Abnahme und verweist auf das freiwillige Ausscheiden des E. M verlangt die Abnahme der Metalle und die Zahlung des Kaufpreises von G.

Zu Recht?

M könnte gegen G einen Anspruch auf Abnahme und Zahlung des Kauf-preises aus § 433 Abs. 2 haben.

A. Anspruch entstanden

I. Einigung i.S.d. § 433

Dazu müssten die Parteien sich mit dem Inhalt eines Kaufvertrags geeinigt haben und der Einigung dürften keine Wirksamkeitshindernisse entgegen-stehen.

1. Ein ausdrückliches **Angebot des M** liegt vor.

2. Annahme des G

Ferner müsste G das Angebot des M angenommen haben.
Eine Annahme ist die uneingeschränkte Zustimmung zu dem Angebot.
Zwar hat G das Angebot des M selbst nicht angenommen, aber E hat das Angebot des M ausdrücklich angenommen. Die Annahme des E könnte ge-mäß § 164 Abs. 1 S. 1 für und gegen G wirken, wenn E den G wirksam ver-treten hat.
Dazu müssten die Voraussetzungen einer wirksamen Stellvertretung nach § 164 Abs. 1 S. 1 vorliegen.

a) Eigene Willenserklärung

E hat bei M insgesamt 500 kg Edelmetalle ausgesucht und so eigenen Handlungsspielraum erkennen lassen. Damit hat E eine eigene, wirksame Willenserklärung abgegeben.

b) In fremdem Namen

E hat ausdrücklich im Namen des G gehandelt.

c) Mit Vertretungsmacht

Ferner müsste E auch mit Vertretungsmacht gehandelt haben.

Eine Vertretungsmacht kraft Gesetzes ergibt sich z.B. aus § 1629 BGB, § 35 Abs. 1 GmbHG, § 78 AktG, etc.

aa) Eine **gesetzliche angeordnete Vertretungsmacht** des E kommt hier nicht in Betracht.

bb) Rechtsgeschäftliche Vertretungsmacht (Vollmacht)

Jedoch könnte E mit rechtsgeschäftlicher Vertretungsmacht (Vollmacht, § 166 Abs. 2) gehandelt haben.

Erteilung der Vollmacht, § 167

Hier könnte G den E gemäß § 167 Abs. 1 bevollmächtigt haben, für ihn die Edelmetalle zu erwerben. Nach § 167 Abs. 1 kann die Bevollmächtigung gegenüber dem Vertreter **(Innenvollmacht)** oder gegenüber dem Geschäftsgegner **(Außenvollmacht)** erfolgen. In beiden Fällen erfolgt die Erteilung der Vollmacht durch eine empfangsbedürftige Willenserklärung des Vertretenen, die ausdrücklich oder konkludent erfolgen kann.[36] Zwischen E und G bestand ein wirksamer Arbeitsvertrag, kraft dessen G den E gemäß § 167 Abs. 1, 1. Var. bevollmächtigte, für ihn Edelmetalle einzukaufen.

Erlöschen der Vollmacht, § 168

Allerdings könnte die Vollmacht gemäß § 168 wieder erloschen sein. Danach bestimmt sich das Erlöschen der Vollmacht nach dem ihrer Erteilung zugrunde liegenden Rechtsgeschäft. Dies gilt aber nur, wenn die Bevollmächtigung selbst keine Regelung über ihr Erlöschen enthält. Hier enthielt die Bevollmächtigung selbst keine Regelung über ihr Erlöschen. Es kommt hinsichtlich des Erlöschens also auf das Grundverhältnis, den Arbeitsvertrag an. Nach der Kündigung des E im März 2012 endete auch das Arbeitsverhältnis des E mit G und damit erlosch gemäß § 168 S. 1 auch die Vollmacht.

Wirksamkeit der Vollmacht trotz Erlöschens, §§ 170–173

Jedoch könnte die Vollmacht nach §§ 170–173 trotz Erlöschens fortbestehen. Hier hat E durch Schreiben an die umliegenden Minenbesitzer stolz seine Stellung als Einkäufer mit Einverständnis unter Gegenzeichnung des Schreibens durch G kundgetan. Damit hat E letztlich seine Bevollmächtigung durch „besondere Mitteilung" i.S.d. § 171 Abs. 1 kundgetan. Das bedeutet, dass in diesem Falle die Vertretungsmacht gemäß § 171 Abs. 2 so lange bestehen bleibt, bis die Kundgebung nicht in derselben Art und Weise widerrufen wurde, wie sie bekannt gemacht wurde. Dies ist – ebenso wie auch die §§ 170, 172 – Ausdruck des Rechtsscheinsgedankens, dass der Geschäftsgegner in seinem Vertrauen auf den Fortbestand der Vollmacht geschützt werden soll. Begrenzt wird dieser Schutz durch § 173, der bestimmt, dass der Geschäftsgegner sich nicht auf die Vorschriften der §§ 170, 171 Abs. 2, 172 Abs. 2 berufen kann, wenn er das Erlöschen der Vertretungsmacht kennt oder kennen muss.

Hier hat es G versäumt, die umliegenden Minenbesitzer über das Ausscheiden des E aus dem Arbeitsverhältnis und damit über das Erlöschen seiner Vollmacht zu informieren. Die Minenbesitzer wussten daher vom Erlöschen der Vollmacht nichts, noch hätten sie es wissen können. Mithin ist § 173 nicht einschlägig, sodass es bei der Regelung des § 171 Abs. 2 bleibt. Folg-

---

36   Bork, Allgemeiner Teil des Bürgerlichen Gesetzbuches, Rdnr. 1460; Mock JuS 2008, 391, 392.

lich bleibt die Vollmacht des E trotz ihres Erlöschens nach § 171 Abs. 2 wirksam.

Somit hat E mit rechtsgeschäftlicher Vertretungsmacht gehandelt.

d) Zwischenergebnis

E hat G wirksam vertreten, sodass die Annahme des E gemäß § 164 Abs. 1 S. 1 für und gegen G wirkt. Folglich hat G das Angebot des M angenommen, sodass zwischen beiden ein Kaufvertrag gemäß § 433 zustande gekommen ist.

II. Wirksamkeit der Einigung

Mangels Eingreifen von Nichtigkeitsgründen ist die Einigung zwischen M und G auch wirksam.

Somit ist der Anspruch des M auf Kaufpreiszahlung gemäß § 433 Abs. 2 entstanden.

B. Mangels Eingreifen von rechtsvernichtenden Einwendungen ist der Anspruch nicht untergegangen.

C. Anspruch durchsetzbar

Des Weiteren müsste der Anspruch des M auch durchsetzbar sein.

Das ist nicht der Fall, wenn G gegenüber M ein Leistungsverweigerungsrecht zusteht. Zwar stünde G beim synallagmatischen Kaufvertrag grundsätzlich die Einrede des nicht erfüllten Vertrags aus §§ 320, 322 zu. Hier bietet M dem G jedoch die Lieferung der Metalle an und damit die Zug-um-Zug-Leistung aus dem synallagmatischen Vertrag. Mithin steht G die Einrede des nicht erfüllten Vertrags nicht zu, sodass der Anspruch des M auch durchsetzbar ist.

D. Ergebnis

M hat also gegen G einen Anspruch auf Abnahme und Zahlung des Kaufpreises aus § 433 Abs. 2.

Fall 18: Anscheins- und Duldungsvollmacht

Rechtsanwalt R betreibt seit langem eine erfolgreiche Kanzlei. Dies liegt nicht zuletzt an der unermüdlich arbeitenden Sekretärin S, die schon seit Jahren viele Aufgaben eigenverantwortlich erledigt und sogar manche Geschäfte des R selbst abschließt ohne ihn davon zu informieren. R wusste zwar von diesen Geschäftsabschlüssen, beabsichtigte aber vorerst nicht dagegen einzuschreiten, um das Betriebsklima nicht unnötig zu stören.

Eines Tages bestellt S aus dem Prospekt des Versandhandels des V, bei dem R schon seit Jahren guter Kunde ist, im Namen des R riesige Mengen an Büromaterial. Nach Lieferung der Ware schickt V dem R eine Rechnung über 3.756,75 €. R ist zur Zahlung nicht bereit, da er S schließlich nicht bevollmächtigt habe.

Kann V von R Zahlung der 3.756,75 € verlangen?

V könnte gegenüber R einen Anspruch auf Zahlung des Kaufpreises i.H.v. 3.756,75 € aus § 433 Abs. 2 haben.

A. Anspruch entstanden

Dazu müsste der Anspruch zunächst entstanden sein.

Das ist der Fall, wenn V und R sich mit dem Inhalt eines Kaufvertrags geeinigt haben und dieser Einigung keine Wirksamkeitshindernisse entgegenstehen.

I. Einigung i.S.d. § 433

In Betracht kommt eine Einigung zwischen V und R i.S.d. § 433 durch zwei übereinstimmende Willenserklärungen in Form eines Angebots und einer inhaltlich damit übereinstimmenden Annahme, §§ 145 ff.

I. Einigung i.S.d. § 433

1. Angebot des V

In Betracht kommt zunächst ein Angebot des V auf der Grundlage seines Prospektes. Mit dem Prospekt wollte V nur für seine Produkte werben; er kann nicht garantieren, dass seine beworbenen Produkte bei Bestellung noch verfügbar sind. Insofern fehlt V der Rechtsbindungswille, sodass der Prospekt lediglich eine invitatio ad offerendum darstellt.

Ein Angebot des V liegt somit nicht vor.

2. Angebot des R

Jedoch könnte R dem V ein Angebot zum Abschluss eines Kaufvertrags über das Büromaterial gemacht haben.

Durch ein Angebot wird einem Anderen die Schließung eines Vertrags derart angetragen, dass der Vertrag mit einem bloßen „Ja" des Anderen zustande kommen kann. Zwar hat R selbst keine Bestellung bei V aufgegeben, aber S hat dies getan und damit V ein Angebot zum Abschluss eines Kaufvertrags über das Büromaterial unterbreitet. Dieses Angebot könnte gemäß § 164 Abs. 1 S. 1 für und gegen R wirken, wenn S den R wirksam vertreten hat.

Dazu müssten die Voraussetzungen einer wirksamen Stellvertretung nach § 164 Abs. 1 S. 1 vorliegen.

a) Eigene Willenserklärung

S hat aus dem Prospekt des V das Büromaterial ausgesucht und so eigenen Handlungsspielraum erkennen lassen. Also hat S eine eigene, wirksame Willenserklärung abgegeben.

b) In fremdem Namen

S hat das Büromaterial bei V auch im Namen des R bestellt und so in fremdem Namen gehandelt.

c) Mit Vertretungsmacht

Fraglich ist jedoch, ob S auch mit Vertretungsmacht handelte.

aa) Eine **gesetzlich angeordnete Vertretungsmacht** der S liegt nicht vor.

bb) Rechtsgeschäftliche Vertretungsmacht (Vollmacht)

S könnte aber mit rechtsgeschäftlicher Vertretungsmacht (Vollmacht, § 166 Abs. 2) gehandelt haben.

Ausdrücklich hat R die S zum Abschluss von Verträgen in seinem Namen nicht gemäß § 167 Abs. 1 bevollmächtigt. Eine **konkludente** Vollmachterteilung durch R käme dann in Betracht, wenn er durch sein Dulden nicht nur stillschweigend die bereits getätigten Geschäfte nach § 177 Abs. 1 genehmigen will, sondern darüber hinaus den Vertreter auch für die Zukunft für sich handeln lassen möchte. Dieser Wille muss aber erkennbar hervortreten; das bloße „Gewährenlassen" allein genügt für eine konkludente Vollmachterteilung nicht. Hier wusste R von den Geschäftsabschlüssen der S, aber beabsichtigte, vorerst nicht dagegen einzuschreiten. Er ließ sie gewähren, wollte ihr aber dadurch nicht für die Zukunft Vertretungsmacht einräumen. Somit liegt auch keine konkludente Vollmachterteilung vor.

> Vor der Prüfung der Rechtsscheinsvollmacht muss eingehend geprüft werden, ob nicht eine **konkludent erteilte Vollmacht** vorliegt.

Somit hat S nicht mit Vollmacht des R gehandelt.

cc) Vertretungsmacht kraft Rechtsscheins

Jedoch könnte S mit Vertretungsmacht kraft Rechtsscheins gehandelt haben. Über die gesetzlich geregelten Tatbestände der Vollmacht hinaus (§§ 164–173) besteht nach allgemeiner Ansicht unter bestimmten Voraussetzungen eine **Rechtsscheinsvollmacht**.

Zunächst einmal muss durch das Handeln des Vertretenen ein **Rechtsschein einer Bevollmächtigung gesetzt** worden sein. Das ist insbesondere dann der Fall, wenn der Handelnde mehrmalig den Eindruck erweckt, dass er seinen Geschäftsherrn vertritt.
R, der selber bei V Büromaterial bestellte, ließ S seit Jahren Geschäfte in seinem Namen, u.a. auch bei V, abschließen. Insofern hat R für Außenstehende, insbesondere auch für V, den Rechtsschein einer Bevollmächtigung der S gesetzt.

Ferner muss die Setzung des Rechtsscheins dem Vertretenen **zurechenbar sein.** Dies ist jedenfalls dann der Fall, wenn der geschäftsfähige[37] Vertrete-

> Die Voraussetzungen der Anscheins- und Duldungsvollmacht sind mit Ausnahme der Zurechenbarkeit des Rechtsscheins gleich. Bei der **Anscheinsvollmacht** weiß der Geschäftsherr nur nichts von den Handlungen seines vermeintlichen Vertreters, hätte diese aber bei pflichtgemäßer Sorgfalt erkennen und verhindern können.

---

37 BGH NJW 1970, 806; Palandt/Ellenberger § 173 Rdnr. 12.

ne es wissentlich geschehen lässt, dass ein anderer für ihn wie ein Vertreter auftritt, obwohl er die Möglichkeit zum Einschreiten hat (sog. **Duldungsvollmacht**).[38]

R ist mangels entgegenstehender Angaben geschäftsfähig, kannte das Handeln der S und schritt trotz vielfältiger Möglichkeiten nicht gegen das Handeln der S ein.

Mithin ist ihm die Setzung des Rechtsscheins auch zuzurechnen.

Des Weiteren muss der **Gegner in schutzwürdiger Weise** auf das Vorliegen einer Vollmacht **vertraut** haben. Das Vertrauen setzt Kenntnis von den rechtsscheinbegründenden Tatsachen voraus, die bei Vertragsschluss vorliegen müssen.[39] Die Schutzbedürftigkeit des Vertrauens wird zugunsten des Gegners vermutet und entfällt gemäß **§ 173 analog** nur bei Kenntnis oder grob fahrlässiger Unkenntnis von der fehlenden Vollmacht.

V kannte R als Vertragspartner aus früheren Geschäften und er kannte S, die stets im Namen des R bei ihm Büromaterial bestellte. V vertraute insofern auf die vermeintliche Bevollmächtigung der S. Er hatte keine positive Kenntnis oder grob fahrlässige Unkenntnis vom Fehlen der Vollmacht, sodass sein Vertrauen insgesamt auch schutzwürdig ist.

Somit handelte S mit Vertretungsmacht kraft Rechtsscheins (Rechtsscheinsvollmacht) und hat daher R wirksam vertreten, sodass ihr Angebot gemäß § 164 Abs. 1 S. 1 auch für und gegen R wirkt.

3. Annahme des V

Zwar hat V das Angebot nicht ausdrücklich angenommen, jedoch die Ware geliefert und damit konkludent zum Ausdruck gebracht, das Angebot des R zu akzeptieren. Der Zugang der Annahmeerklärung ist beim Versandhandel nach der Verkehrssitte nicht zu erwarten und daher nach § 151 entbehrlich.

4. Zwischenergebnis

Somit ist es zwischen R und V zu einem Kaufvertragsabschluss gemäß § 433 gekommen.

II. Wirksamkeit der Einigung

Der Kaufvertrag ist mangels Eingreifen von rechtshindernden Einwendungen (=Nichtigkeitsgründe) auch wirksam.

Mithin ist der Anspruch entstanden.

B. Der Anspruch ist zudem nicht untergegangen.

C. Ferner ist der Anspruch auch durchsetzbar.

Somit hat V gegenüber R einen Anspruch auf Zahlung des Kaufpreises i.H.v. 3.756,75 € aus § 433 Abs. 2.

---

38 BGH NJW-RR 2004, 1275, 1277; Palandt/Ellenberger § 173 Rdnr. 11; Mock JuS 2008, 391, 394.
39 BGH NJW 2002, 2325 f.; Palandt/Ellenberger § 173 Rdnr. 12.

Haftung des Vertreters ohne Vertretungsmacht*, § 179 Abs. 1

I. Voraussetzungen

1. Vertragsschluss als Vertreter

2. Kein Nachweis der Vertretungsmacht

Vertretener hat Genehmigung verweigert oder Genehmigung gilt gemäß § 177 Abs. 2 als verweigert.

3. Kein Ausschluss der Schadensersatzpflicht

a) § 179 Abs. 3 S. 1, 1. Var.: Positive Kenntnis des Mangels der Vertretungsmacht

b) § 179 Abs. 3 S. 1, 2. Var.: Fahrlässige Unkenntnis des Mangels der Vertretungsmacht

c) § 179 Abs. 3 S. 2: Beschränkte Geschäftsfähigkeit des Vertreters, es sei denn Zustimmung des gesetzlichen Vertreters (zur Vornahme der Vertretung) liegt vor

II. Verschulden nicht erforderlich

III. Rechtsfolgen

1. Ersatz des „Vertrauensschadens" (negatives Interesse), d.h. derjenige Schaden, der infolge Vertrauens auf die Gültigkeit der Willenserklärung erlitten wurde.

Beachte: Der Geschädigte ist so zu stellen als wäre die unwirksame Willenserklärung nie abgegeben worden.

2. Begrenzung durch das „Erfüllungsinteresse" (positives Interesse), d.h. auf dasjenige Interesse, was an der Gültigkeit der Erklärungen und an ordnungsgemäßer Erfüllung der Leistungen besteht.

Beachte: Der Geschädigte darf nicht besser stehen als bei Wirksamkeit der Willenserklärung.

Kein Schadensersatz, wenn Vertrag aus anderen Gründen nichtig ist (Kausalität erforderlich!).

*Grundlegend dazu: Lorenz JuS 2010, 382 ff.; Petersen Jura 2010, 904 ff.

> **Fall 19: Handeln ohne Vertretungsmacht (Treuhänder-Fall)**
> (BGH, Urt. v. 20.10.1988 – VII ZR 219/87, BGHZ 105, 283 ff.;
> bestätigt durch BGH NJW 2009, 215 ff.)
>
> Die K-GmbH wollte auf einem Grundstück ein Wohn- und Geschäfts-
> haus nach Bauherrenmodell errichten. B, der als Treuhänder der noch zu
> werbenden Bauherren vorgesehen war, schloss daraufhin „in dieser Ei-
> genschaft als Vertreter der Mitglieder der Bauherrengemeinschaft" ei-
> nen Werkvertrag mit der K-GmbH über die schlüsselfertige Erstellung ei-
> ner Wohnanlage zum Pauschalfestpreis von 2.899.500 €. Nach Beginn
> der Bauarbeiten verlangte die K-GmbH entsprechend der getroffenen
> Vergütungsvereinbarung im Werkvertrag von B als Vertreter der Bau-
> herrengemeinschaft eine Abschlagszahlung von 165.300 €. Da ein
> Bankdarlehen nicht zur Verfügung gestellt wurde und Bauherren nicht
> gefunden werden konnten, zahlte B nicht.
>
> Hat die K-GmbH gegenüber B einen Anspruch auf die Abschlagszah-
> lung?

Für den Vertreter ohne Vertretungsmacht begründet § 179 eine schuldunabhängige gesetzliche Garantiehaftung nach Wahl des Geschäftsgegners auf Erfüllung oder Schadensersatz.

Die K-GmbH könnte gegen B einen Anspruch auf Abschlagszahlung i.H.v. 165.300 € aus § 179 Abs. 1 i.V.m. §§ 631 Abs. 1, (632) haben.

A. Anspruch entstanden

I. Vertragsschluss als Vertreter

Dazu müsste B zunächst gemäß § 179 Abs. 1 als Vertreter einen Vertrag geschlossen haben. Indem B „in seiner Eigenschaft als Vertreter der Mitglieder der Bauherrengemeinschaft" einen Werkvertrag mit der K-GmbH geschlossen hat, ist dies vorliegend der Fall.

II. Kein Nachweis der Vertretungsmacht

Ferner müsste B seine Vertretungsmacht nicht nachgewiesen haben. Vollmachtloser Vertreter ist nach § 179 Abs. 1 nicht nur derjenige, der ohne rechtsgeschäftliche oder gesetzliche Vertretungsmacht im Namen eines Dritten tätig wird. Die Vorschrift ist vielmehr auch dann entsprechend anzuwenden, wenn jemand im Namen einer nicht vorhandenen Person vertragliche Vereinbarungen trifft, der angeblich Vertretene also gar nicht existiert.[40]

B tritt im Rahmen des Vertragschlusses als Treuhänder im Namen noch nicht geworbener Mitglieder einer Bauherrengemeinschaft auf und schließt daher im Namen nicht vorhandener Personen einen Werkvertrag mit der K-GmbH.

Somit hat B seine Vertretungsmacht nicht nachgewiesen.

III. Verweigerung der Genehmigung

Ferner müssten die Vertretenen gemäß § 179 Abs. 1 die Genehmigung verweigert haben oder die Genehmigung müsste gemäß § 177 Abs. 2 als verweigert gelten.

---

40 BGHZ 63, 45, 49; 105, 283, 285; BGH NJW 2009, 215.

Etwaige Geschäftsherrn des B existierten hier jedoch noch gar nicht, sodass sie den Vertrag weder i.S.d. § 184 genehmigen konnten noch i.S.d. § 177 Abs. 2 zur Erklärung über die Genehmigung aufgeordert werden konnten.

Mithin liegt hier keine Genehmigung des von B geschlossenen Vertrags vor.

IV. Kein Haftungsausschluss, § 179 Abs. 3

Ferner dürfte die Haftung des B als vollmachtloser Vertreter nicht gemäß § 179 Abs. 3 ausgeschlossen sein.

Als Ausschlussgrund könnte hier § 179 Abs. 3 S. 1 in Betracht kommen. Danach haftet B nicht, wenn der Gegner (die K-GmbH) den Mangel der Vertretungsmacht kannte oder kennen musste. Die Haftung des Vertreters ohne Vertretungsmacht ist eine **gesetzliche Garantenhaftung**, die dem Vertreter das verschuldensunabhängige Risiko auferlegt, seine Erklärung, er habe die erforderliche Vertretungsmacht, sei richtig. Das Einstehenmüssen des vollmachtlosen Vertreters für die Rechtsfolgen dieser Erklärung beruht somit auf einer im Interesse der Verkehrssicherheit geregelten Vertrauenshaftung. Behauptet der Vertreter ausdrücklich oder schlüssig, die für die Vornahme des Rechtsgeschäfts erforderliche Vertretungsmacht zu haben, darf der Vertragspartner daran auch glauben. Insbesondere ist er **nicht ohne Weiteres zu Nachforschungen über Bestand und Umfang der Vertretungsmacht verpflichtet**; er kann schließlich den Mangel der Vertretungsmacht in der Regel nicht erkennen. Nur soweit Anhaltspunkte für ein Fehlen der Vertretungsmacht bestehen, kann dem Gegner zugemutet werden, den Vertreter zu Erklärungen über die angebliche Vertretungsmacht aufzufordern oder darüber Erkundigungen einzuziehen. Kommt er dem nicht nach, vernachlässigt er die im Verkehr erforderliche Sorgfalt und muss die Folgen selbst tragen.

Nur kann die Ausnahmeregelung des § 179 Abs. 3 S. 1 dann nicht entsprechend herangezogen werden, wenn ein Vertreter für eine (noch) nicht existente Person gehandelt hat. Weiß der Vertragspartner, dass der Vertretene nicht vorhanden ist, ist das dem Wissen von der fehlenden Vertretungsmacht nicht ohne Weiteres gleichzusetzen. Vielmehr ist von dem Inhalt der Erklärung auszugehen, die der Vertreter in einem solchen Fall abgibt und auf deren Richtigkeit der Vertragspartner vertraut. Erklärt der Vertreter neben der Behauptung, Vertretungsmacht zu haben, noch weitere Tatsachen, kann die ihn nach § 179 Abs. 1 grundsätzlich treffende Haftung nur dann in entsprechender Anwendung des § 179 Abs. 3 S. 1 ausgeschlossen werden, wenn der Vertragspartner auch die Unrichtigkeit dieser Umstände kennt.[41]

Wenn § 179 auch auf einen Fall entsprechend anzuwenden ist, in welchem der Vertretene nicht existiert und auch voraussichtlich nie existieren wird, dann kann die Erklärung des Vertreters ohne Vertretungsmacht dem angeblich Vertretenen nicht zugerechnet werden. Dies muss dem Vertragspartner, der die fehlende Vertretungsmacht kennt, bewusst sein.[42]

---

41 BGHZ 105, 283, 286 f.; BGH NJW 2009, 215, 216.
42 Stadler JuS 2009, 541, 543.

Im vorliegenden Fall behauptete B bei Abschluss des Werkvertrags mit der K-GmbH nicht nur, er handle als Treuhänder und somit als Vertreter noch nicht geworbener Mitglieder einer Bauherrengemeinschaft. Vielmehr erklärte er dadurch zusätzlich, die Bauherrengemeinschaft werde alsbald entstehen und damit Vertragspartner werden. Entscheidend für die Schutzwürdigkeit der K-GmbH und die Haftung des B aus § 179 Abs. 1 ist daher, in welchem Umfang die K-GmbH auf die Richtigkeit der Behauptungen des B vertraute oder vertrauen durfte. Selbst wenn die K-GmbH aus den Erklärungen und dem Auftreten des B „als Vertreter der Mitglieder der Bauherrengemeinschaft" entnehmen konnte, dass die Bauherren noch nicht geworben waren, reicht das für einen Ausschluss der Haftung des B nach § 179 Abs. 3 S. 1 nicht aus. Entscheidend ist, ob die K-GmbH Kenntnis davon hatte, dass die Bauherrengemeinschaft in absehbarer Zeit nicht zustande kommen werde bzw. ob sie diese Kenntnis haben musste. Dies ist hier jedoch gerade nicht der Fall.

Daher kann der K-GmbH der durch § 179 Abs. 1 gebotene Vertrauensschutz nicht versagt werden, indem man die Haftung des B gemäß § 179 Abs. 3 S. 1 in vollem Umfang ausschließt.

V. Rechtsfolge

Merke: Die Wahl der Erfüllung macht den Vertreter nicht zum Vertragspartner, gibt ihm aber tatsächlich dessen Stellung.

Das bedeutet, dass B der K-GmbH gemäß § 179 Abs. 1 nach deren Wahl auf Erfüllung oder Schadensersatz haftet.

Die K-GmbH nimmt B hier auf Zahlung aus dem Werkvertrag nach §§ 631 Abs. 1, (632), also auf Erfüllung, in Anspruch.

Somit ist der Anspruch entstanden.

B. Der Anspruch ist zudem nicht untergegangen.

C. Ferner ist der Anspruch auch durchsetzbar.

Folglich hat die K-GmbH gegen B einen Anspruch auf Abschlagszahlung i.H.v. 165.300 € aus § 179 Abs. 1 i.V.m. §§ 631 Abs. 1, (632).

5. Teil: Rechtshindernde Einwendungen (Nichtigkeitsgründe)

1. Abschnitt: Geschäftsfähigkeit, §§ 104 ff.

Geschäftsunfähigkeit, §§ 104, 105

1. Voraussetzungen

- Minderjährige unter sieben Jahren, § 104 Nr. 1
- Geisteskranke, § 104 Nr. 2
- Gleichgestellt: Vorübergehend Geistesgestörte, Bewusstlose, § 105 Abs. 2

2. Rechtsfolgen : Willenserklärungen nichtig gemäß § 105 Abs. 1

- Damit evtl. Vertrag ebenfalls nichtig
- Guter Glaube an Geschäftsfähigkeit nicht geschützt, daher auch keine Schadensersatzansprüche
- Auch wenn Geschäftsunfähiger als Vertreter handelt, ist WE unwirksam (ggf. Schadensersatzanspruch gegen Vertretenen wegen Auswahlverschuldens).
- Zum Schutz des Geschäftsunfähigen kann er trotz Unwirksamkeit eines Arbeitsvertrags ein Entgelt für tatsächlich geleistete Dienste verlangen (Berufung auf Geschäftsunfähigkeit ist treuwidrig i.S.v. § 242).

3. Geschäfte des täglichen Lebens, § 105 a

a) Voraussetzungen

- Alltägliches Geschäft
- Leistung und Gegenleistung tatsächlich bewirkt
- Geringwertige Mittel
- Keine Gefahr für Person oder Vermögen des Geschäftsunfähigen durch das Geschäft (z.B. Kauf von Alkohol durch Alkoholkranken)

b) Rechtsfolgen

- Geschäft ist nur in Ansehung von Leistung und Gegenleistung wirksam (keine Rückforderung aus §§ 812 ff.)
- Str., ob Vertrag über die Primärleistungen hinaus unwirksam bleibt (d.h. keine Schadensersatzansprüche oder weitergehende Pflichten bestehen) oder, ob dem Geschäftsunfähigen alle Rechte aus dem Vertrag zustehen

Beschränkte Geschäftsfähigkeit, §§ 106 ff.

Vorrangige Sonderregeln:

- § 1303 Ehemündigkeit
- § 1903 Einwilligungsvorbehalt bei Betreuung
- § 1600 a Abs. 2 Vaterschaftsanfechtung (Vater und Mutter)
- § 1600 a Abs. 3 Vaterschaftsanfechtung (Kind)
- § 2229 Testierfähigkeit

Voraussetzungen:

- Minderjährige ab Vollendung des siebten Lebensjahres (bis zur Vollendung des 18. Lebensjahres, § 2)

Fall 20: Vorübergehende Geistesstörung

Nach seiner Rückkehr aus Mexiko leidet Z unerkannt an einem neuartigen Grippevirus. Aufgrund akuter fieberhafter Wahnvorstellungen will er eine wirksam entstandene und bereits fällige Schadensersatzforderung aus § 823 Abs. 1 i.H.v. 5.000 € gegen das Pharmaunternehmen P dem G für nur 2.000 € „überlassen". G ist überzeugter Homöopath und freut sich daher über jede Forderung, die er gegenüber einem Pharmaunternehmen realisieren kann. G ist mit dem Angebot des Z sofort einverstanden und gibt ihm das Geld.

Einige Wochen später begibt sich G zu P und teilt ihm mit, dass er als neuer Gläubiger des P nun umgehend die Zahlung von Schadensersatz i.H.v. 5.000 € verlange. P, der sich gerade mit der lukrativen Erforschung und Produktion eines neuartigen Grippemittels beschäftigt und so auch von der Erkrankung des mittlerweile vollständig genesenen Z erfahren hat, weist aufgrund der Vorgeschichte jegliche Zahlungsverpflichtung gegenüber G zurück.

Kann G von P Zahlung von Schadensersatz i.H.v. 5.000 € verlangen?

Die Abtretung (von Forderungen und Rechten) ist gemäß § 398 ein Verfügungsgeschäft und keine eigene Anspruchsgrundlage (dazu Lorenz JuS 2009, 891 ff.).

G könnte gegenüber P einen Anspruch auf Schadensersatz i.H.v. 5.000 € aus abgetretenem Recht gemäß § 823 Abs. 1 (i.V.m. § 398) haben.

A. Anspruch entstanden

Ein Anspruch des G aus abgetretenem Recht gegenüber P entsteht, wenn aufgrund wirksamer Einigung i.S.d. § 398 dem G (= neuer Gläubiger [Zessionar]) eine wirksam entstandene Forderung gegenüber P (= Schuldner) vom verfügungsbefugten Forderungsinhaber Z (= alter Gläubiger [Zedent]) abgetreten wird.

I. Einigung i.S.d. § 398 (= Abtretung)

Dazu müssten sich Z und G zunächst über die dingliche Übertragung der Forderung gemäß § 398 BGB geeinigt haben.

Z war ursprünglich Inhaber einer Schadensersatzforderung aus § 823 Abs. 1 gegenüber P. Diese Forderung hat Z dem G „überlassen". Eine an §§ 133, 157 orientierte Auslegung führt dazu, dass Z und G sich nicht nur über die Verpflichtung (Rechtskauf der Forderung für 2.000 € gemäß §§ 433, 453), sondern auch über die dingliche Übertragung der Forderung gemäß § 398 einigen wollten.

Mithin haben sich Z und G über die dingliche Übertragung der Forderung gemäß § 398 geeinigt.

II. Wirksamkeit der Einigung

Ferner müsste die Einigung i.S.d. § 398, also der Abtretungsvertrag, auch wirksam sein.

1. Nichtigkeit nach § 105 Abs. 1 BGB

Die im Rahmen der Abtretung von Z abgegebene Willenserklärung könnte zunächst gemäß § 105 Abs. 1 nichtig sein.

Nach § 105 Abs. 1 ist eine Willenserklärung eines Geschäftsunfähigen i.S.d. § 104 nichtig. Mangels entgegenstehender Anhaltspunkte kommt hier nur eine Geschäftsunfähigkeit nach § 104 Nr. 2 in Betracht.

Dann müsste bei Z eine krankhafte Störung der Geistestätigkeit vorliegen, die nicht der Natur nach vorübergehend ist. Z ist durch seinen akuten Fieberwahn in seiner Geistestätigkeit krankhaft gestört. Ein Dauerzustand ist bei kurzzeitigen Ausfällen nicht gegeben;[43] bei heilbaren Störungen ist er nur anzunehmen, sofern die Behandlung länger andauert.[44]

Der akute Fieberwahn des Z führt – unabhängig von der Heilbarkeit des Fiebers – nur zu einer kurzzeitigen Störung, sodass ein Dauerzustand nicht gegeben ist. Mithin liegt keine Geschäftsunfähigkeit des Z nach § 104 Nr. 2 vor und daher insoweit auch keine Nichtigkeit der im Rahmen der Abtretung von Z abgegebenen Willenserklärung gemäß § 105 Abs. 1.

2. Nichtigkeit nach § 105 Abs. 2

Jedoch könnte wegen einer vorübergehenden psychischen Störung des Z seine im Rahmen der Abtretung abgegebene Willenserklärung nach § 105 Abs. 2 nichtig sein.

Die Nichtigkeit einer Willenserklärung nach § 105 Abs. 2 setzt eine Abgabe im Zustand der Bewusstlosigkeit oder der vorübergehenden Geistesstörung voraus. Das bedeutet, dass der Zustand die freie Willensbestimmung ausschließen muss[45] und dabei zwischen Ausschluss der freien Willensbestimmung und der geistigen Störung ein ursächlicher Zusammenhang bestehen muss.[46]

Aufgrund akuter fieberhafter Wahnvorstellungen will Z eine wirksam entstandene und bereits fällige Schadensersatzforderung aus § 823 Abs. 1 i.H.v. 5.000 € gegen P dem G für nur 2.000 € abtreten. Die Wahnvorstellung des Z führt also zu einer spontanen, wirtschaftlich nicht nachvollziehbaren Abtretung der – jederzeit realisierbaren – Forderung an G. Das bedeutet, dass Z sich **im Zeitpunkt der Abtretung** und damit bei Abgabe seiner Willenserklärung aufgrund vorübergehender Geistesstörung in einem die freie Willensbestimmung ausschließenden Zustand befand.

Folglich ist die von Z im Rahmen der Abtretung abgegebene Willenserklärung nach § 105 Abs. 2 nichtig.

B. Ergebnis

Somit hat G gegenüber P keinen Anspruch auf Schadensersatz i.H.v. 5.000 € aus abgetretenem Recht gemäß § 823 Abs. 1 (i.V.m. § 398).

---

43 Staudinger/Knothe § 104 Rdnr. 12.
44 Palandt/Ellenberger § 104 Rdnr. 4.
45 Staudinger/Knothe § 105 Rdnr. 13.
46 Staudinger/Knothe § 104 Rdnr. 10.

Fall 21: Minderjährigenrecht: Lediglich rechtlicher Vorteil bei unentgeltlicher Zuwendung eines Grundstücks mit öffentlich-rechtlicher Belastung (Grundsteuer, Grunderwerbsteuer, etc.)

Opa O möchte seinem 16-jährigen Enkel E eine große Freude machen und ihm im Wege der vorweggenommenen Erbfolge schon jetzt ein Grundstück schenken. Dazu schließen beide formgerecht einen Schenkungsvertrag und O lässt das Grundstück unter Beachtung der dafür erforderlichen Formalien an E auf. Beide haben die Eltern des E aus der ganzen Angelegenheit herausgehalten, um sich befürchtete Unannehmlichkeiten zu ersparen. Nach Eintragung des E als Grundstückseigentümer im Grundbuch erfahren seine Eltern von dem Vorhaben und verweigern ihre Zustimmung zu sämtlichen Rechtsgeschäften.

Besteht ein dinglicher Herausgabeanspruch des E gegenüber O?

E könnte gegen O einen Anspruch auf Herausgabe des Grundstücks aus §§ 985, (986) haben.

I. E = Eigentümer

Dann müsste Anspruchsteller E Eigentümer des Grundstücks sein.

1. Ursprünglich war O Eigentümer des Grundstücks.

2. O könnte sein Eigentum an E gemäß §§ 873 Abs. 1, 925 verloren haben.

Die dingliche Einigung i.S.d. § 873 Abs. 1 bezeichnet das Gesetz gemäß § 925 als „Auflassung".

a) Dann müsste O das Grundstück gemäß §§ 873 Abs. 1, 925 wirksam an E aufgelassen haben. O und E haben sich unter Beachtung aller Formalien geeinigt und damit hat O das Grundstück an E gemäß §§ 873 Abs. 1, 925 aufgelassen.

Jedoch könnte die Auflassung gemäß § 108 Abs. 1 nichtig sein. Nach § 108 Abs. 1 hängt die Wirksamkeit eines ohne die erforderliche Einwilligung des gesetzlichen Vertreters geschlossenen Vertrags von seiner Genehmigung ab. Die Eltern des E haben ihre Zustimmung zu sämtlichen Rechtsgeschäften, also auch zur Auflassung, versagt. Das bedeutet, dass die Auflassung von O an E vorliegend nur dann wirksam ist, wenn von vornherein eine Einwilligung nicht erforderlich war. Nach § 107 bedarf E als beschränkt geschäftsfähiger Minderjähriger nur zu Willenserklärungen, durch die er **nicht lediglich einen rechtlichen Vorteil** erlangt, der Einwilligung seines gesetzlichen Vertreters. Gesetzliche Vertreter des E sind gemäß §§ 1626 Abs. 1, 1629 Abs. 1 S. 1, 2 seine Eltern.

Ein lediglich rechtlicher Vorteil i.S.d. § 107 ist nur nach den rechtlichen Wirkungen des Geschäfts zu beurteilen, nicht etwa nach einer am Normzweck orientierten *wirtschaftlichen Betrachtungsweise*[47] und auch nicht danach, ob im Wege einer *sorgerechtlichen Betrachtungsweise*[48] nach Art und Umfang der mit dem Rechtsgeschäft verbundene Nachteil eine Kontrolle durch den gesetzlichen Vertreter gebietet.[49]

---

47   Stürner JZ 1973, 286 f.

48   Köhler JZ 1983, 225, 228.

49   St.Rspr., h.M.: s. Palandt/Ellenberger § 107 Rdnr. 2 m.w.N.

Ein auf den Erwerb einer Sache gerichtetes dingliches Rechtsgeschäft ist danach nicht lediglich rechtlich vorteilhaft, wenn der Minderjährige in dessen Folge mit Verpflichtungen belastet wird, für die er nicht nur dinglich mit der erworbenen Sache, sondern auch persönlich mit seinem sonstigen Vermögen haftet.[50] Nach dem Schutzzweck des § 107 ist ein für den Minderjährigen „neutrales" Geschäft hingegen zustimmungsfrei.[51]

Nach nahezu einhelliger Ansicht[52] erlangt der Minderjährige durch die unentgeltliche Zuwendung eines Grundstücks trotz der öffentlich-rechtlichen Belastung lediglich einen rechtlichen Vorteil.

Dies liegt zum einen daran, dass die mit dem Grundstückserwerb verbundenen öffentlich-rechtlichen Lasten den Erwerber als solchen nicht treffen, sondern vielmehr an die Innehabung des Eigentums als neutralen Tatbestand anknüpfen. Zum anderen sind öffentlich-rechtliche Lasten Inhalts- und Schrankenbestimmungen nach Art. 14 Abs. 1 S. 2 GG und bringen demnach keine Einschränkungen, also keine rechtlichen Nachteile, des Eigentums als solchem mit sich. Hinzu kommt, dass Sinn und Zweck des § 107 der Schutz beschränkt geschäftsfähiger Minderjähriger ist, die wegen ihrer rechtsgeschäftlichen Unerfahrenheit von der Rechtsordnung privilegiert werden. Wenn der Minderjährige jedoch nicht gefährdet ist, bedarf er des Schutzes des § 107 auch nicht.

Folglich erlangt E als beschränkt geschäftsfähiger Minderjähriger durch die unentgeltliche Zuwendung des Grundstücks des O trotz öffentlich-rechtlicher Belastung lediglich einen rechtlichen Vorteil und bedarf daher nicht der Einwilligung seiner Eltern.

Eine wirksame Auflassung des Grundstücks von O an E ist somit gemäß §§ 873 Abs. 1, 925 gegeben.

b) Die gemäß § 873 Abs. 1 erforderliche Eintragung der Rechtsänderung in das Grundbuch ist gegeben.

c) Ferner sind O und E sich im Zeitpunkt der Eintragung noch einig; ein Widerruf der Auflassungserklärungen ist nicht erfolgt.

d) Zudem war O als verfügungsberechtigter Eigentümer auch damit zur Eigentumsübertragung auf E berechtigt.

Somit liegt ein Eigentumsverlust des O an E gemäß §§ 873 Abs. 1, 925 vor und daher ist E der neue Eigentümer des Grundstücks.

II. O = Besitzer

Der Anspruchsgegner O ist Besitzer des Grundstücks.

III. Kein Recht zum Besitz des O, § 986

Mangels entgegenstehender Anhaltspunkte hat O auch kein Recht zum Besitz des Grundstücks i.S.d. § 986 Abs. 1 S. 1 und kann daher dessen Herausgabe auch nicht verweigern.

Somit hat E gegen O einen Anspruch auf Herausgabe des Grundstücks aus §§ 985, (986).

---

50 BGHZ 78, 28, 33; 161, 170, 175; BGH NJW 2005, 1430 f.
51 Staudinger/Knothe § 107 Rdnr. 20; Krampe/Amshoff JuS 2009, 55, 57.
52 BGHZ 161, 170, 174; BayObIGZ 1998, 139, 144; Larenz/Wolf, BGB AT, § 25 Rdnr. 23 und 26 (a.A. Flume, AT II, § 13, 7 b; Köhler JZ 1983, 225, 230).

> **Fall 22: Minderjährigenrecht: Lediglich rechtlicher Vorteil bei un-
> entgeltlicher Zuwendung eines Grundstücks mit dinglicher
> Belastung (Hypothek, Grundschuld, etc.)**
>
> Tante T will ihrem minderjährigen Lieblingsneffen N ein prächtiges Ge-
> schenk zum Erwerb der „Mittleren Reife" machen und schließt mit ihm
> einen formgültigen Schenkungsvertrag über ihr Grundstück im Harz.
> Darauf soll N nach Vorstellung der T später einmal ein Ferienhaus errich-
> ten können. Kurz nach Abschluss des Vertrags lässt T unter Beachtung
> aller Formalien das Grundstück, das mit einer Hypothek belastet ist, an
> N auf. Die Eltern des N, die von all dem nichts wussten, erfahren nach
> Eintragung des N als Grundstückseigentümer im Grundbuch nur durch
> Zufall von der ganzen Angelegenheit und wollen die Auflassung keines-
> falls genehmigen.
>
> Ist N neuer Eigentümer des Grundstücks geworden?

N könnte das Eigentum an dem Grundstück von T gemäß §§ 873 Abs. 1, 925
erlangt haben.

I. Auflassung, §§ 873 Abs. 1, 925

Dazu müsste T das Grundstück gemäß §§ 873 Abs. 1, 925 zunächst wirksam
an N aufgelassen haben. T und N haben sich unter Beachtung aller Formalien geeinigt und damit hat T das Grundstück an N gemäß §§ 873 Abs. 1,
925 aufgelassen.

Fraglich ist, ob diese **Einigung (Auflassung) auch wirksam** ist.

Sie könnte gemäß § 108 Abs. 1 nichtig sein. Nach § 108 Abs. 1 hängt die
Wirksamkeit eines ohne die erforderliche Einwilligung des gesetzlichen
Vertreters geschlossenen Vertrags von seiner Genehmigung ab. Die Eltern
des N wollen die Auflassung keinesfalls genehmigen. Das bedeutet, dass
die Auflassung von T an N hier nur dann wirksam ist, wenn von vornherein
eine Einwilligung nicht erforderlich war. Nach § 107 bedarf N als beschränkt geschäftsfähiger Minderjähriger zu Willenserklärungen, durch die
er nicht lediglich einen rechtlichen Vorteil erlangt, der Einwilligung seiner
gesetzlichen Vertreter, also seiner Eltern gemäß §§ 1626 Abs. 1, 1629 Abs. 1
S. 1, 2.

Ein lediglich rechtlicher Vorteil ist nach § 107 nur nach den rechtlichen Wirkungen des Geschäfts zu beurteilen. Ein auf den Erwerb einer Sache gerichtetes Rechtsgeschäft ist für den Minderjährigen danach nicht lediglich
rechtlich vorteilhaft, wenn er in dessen Folge mit Verpflichtungen belastet
wird, für die er nicht nur dinglich mit der erworbenen Sache, sondern auch
persönlich mit seinem sonstigen Vermögen haftet.

Umstritten ist, ob ein beschränkt geschäftsfähiger Minderjähriger durch
die unentgeltliche Zuwendung eines mit einer Hypothek dinglich belasteten Grundstücks lediglich einen rechtlichen Vorteil erlangt.

1. Lediglich rechtlich vorteilhaftes Geschäft

Nach einer Ansicht[53] erlangt der Minderjährige durch die unentgeltliche Zuwendung eines mit einer Hypothek dinglich belasteten Grundstücks lediglich einen rechtlichen Vorteil.

Dies wird vor allem damit begründet, dass die dingliche Belastung durch die Hypothek den Erwerber nicht persönlich verpflichte, sondern nach § 1147 nur zur Duldung der Zwangsvollstreckung führe. Zudem sei die mögliche Verpflichtung zur Duldung der Zwangsvollstreckung nicht Inhalt der Auflassung, sodass es schon an der „Willenserklärung" i.S.d. § 107 fehle, wodurch der Minderjährige einen rechtlichen Nachteil erleiden könne.

Bei Belastung des Grundstücks mit einer Reallast läge auch nach dieser Ansicht kein lediglich rechtlicher Vorteil vor, da der Eigentümer nach § 1108 Abs. 1 auch persönlich haftet.

Dieser Ansicht nach erlangt N als beschränkt geschäftsfähiger Minderjähriger durch die unentgeltliche Zuwendung eines mit einer Hypothek dinglich belasteten Grundstücks lediglich einen rechtlichen Vorteil und bedarf daher nicht der Einwilligung seiner Eltern.

2. Nicht lediglich rechtlich vorteilhaftes Geschäft

Nach anderer Ansicht[54] erlangt der Minderjährige durch die unentgeltliche Zuwendung eines mit einer Hypothek dinglich belasteten Grundstücks keinen lediglich rechtlichen Vorteil.

Dies wird zum einen darauf gestützt, dass § 107 auf den Inhalt der Willenserklärung abstelle, was bei einer Auflassungserklärung die dingliche Belastung mit einer Hypothek einbeziehe. Daher beinhalte die Auflassungserklärung eben nicht einen lediglich rechtlichen Vorteil. Zum anderen dürfe der beschränkt geschäftsfähige Minderjährige alleine keine dinglichen Belastungen bestellen, sodass auch der Erwerb eines mit einer Hypothek dinglich belasteten Grundstücks von § 107 erfasst werde.

Dieser Ansicht nach erlangt N als beschränkt geschäftsfähiger Minderjähriger durch die unentgeltliche Zuwendung eines mit einer Hypothek dinglich belasteten Grundstücks keinen lediglich rechtlichen Vorteil und bedarf daher der Einwilligung seiner Eltern.

3. Stellungnahme

Sinn und Zweck des § 107 ist der Schutz beschränkt geschäftsfähiger Minderjähriger, die wegen ihrer rechtsgeschäftlichen Unerfahrenheit von der Rechtsordnung privilegiert werden. Wenn der Minderjährige jedoch nicht gefährdet ist, bedarf er des Schutzes des § 107 nicht. Im vorliegenden Fall würde ohnehin jeder vernünftig denkende und dem Wohl des Kindes nach § 1627 S. 1 verpflichtete gesetzliche Vertreter einwilligen. Denn bei einer aufgrund des Anspruchs aus § 1147 hin betriebenen Zwangsvollstreckung in das Grundstück würde der Minderjährige maximal das Grundstück verlieren, das er vorher erworben hat. Weitere Verpflichtungen treffen ihn aber nicht. Hinzu kommt, dass Ansprüche aus dinglichen Rechten an einem Grundstück nach § 10 Abs. 1 Nr. 4 ZVG nur ein Recht auf Befriedigung aus

---

53 BayObLGZ 1967, 245, 247; 1979, 243, 247; 1998, 139, 144; Palandt/Ellenberger § 107 Rdnr. 4; Larenz/Wolf, BGB AT, § 25 Rdnr. 24 und 26; Musielak, Grundkurs BGB, Rdnr. 292; Westermann JZ 1955, 244 f.; Keller JuS 2009, 561, 563.
54 Lange NJW 1955, 1339, 1341; Köhler JZ 1983, 225, 230.

dem Grundstück gewähren und damit nicht rechtlich nachteilig sind, sondern nur den Vorteil des Minderjährigen mindern.

Folglich ist der erst genannten Ansicht zu folgen.

4. Zwischenergebnis

Mithin erlangt N durch die unentgeltliche Zuwendung des mit einer Hypothek belasteten Grundstücks lediglich einen rechtlichen Vorteil, sodass es einer Einwilligung seiner Eltern nicht bedurfte.

Somit hat T das Grundstück wirksam an N gemäß §§ 873 Abs. 1, 925 aufgelassen.

II. Die gemäß § 873 Abs. 1 erforderliche Eintragung der Rechtsänderung in das Grundbuch ist erfolgt.

III. Ferner sind T und N sich im Zeitpunkt der Eintragung noch einig; ein Widerruf der Auflassungserklärungen ist nicht erfolgt.

IV. Berechtigung der Verfügenden

Ferner müsste T zur Eigentumsübertragung an dem Grundstück auch berechtigt gewesen sein.

Zur Eigentumsübertragung ist der verfügungsbefugte Eigentümer oder der verfügungsbefugte Nicht-Eigentümer berechtigt.
Als Grundstückseigentümerin unterlag T keinerlei Verfügungsbeschränkungen und ist mithin auch zur Eigentumsübertragung auf N berechtigt.

V. Ergebnis

Somit hat N das Eigentum an dem Grundstück von T gemäß §§ 873 Abs. 1, 925 erlangt und ist daher neuer Eigentümer geworden.

Fall 23: Minderjährigenrecht: Vorteilhaftes Verpflichtungs- und nachteiliges Verfügungsgeschäft (isolierte Betrachtungsweise oder Gesamtbetrachtungslehre?)

Vater V möchte seinem ohne Mutter aufwachsenden 12-jährigen Sohn S schenkungsweise ein Grundstück aus dem Familienvermögen übertragen. Das Grundstück ist mit einem Mehrfamilienhaus bebaut und die einzelnen Wohnungen sind vermietet.

Anlässlich des Abschlusses des notariellen Schenkungsvertrags erklärte V im Namen des S vor dem zuständigen Notar auch die Einigung über den Rechtsübergang am Grundstück (= Auflassung).

Ist die Auflassung am Grundstück wirksam zustande gekommen?

Eine wirksame Einigung über den Rechtsübergang (= Auflassung) ist gemäß §§ 873 Abs. 1, 925 zustande gekommen, wenn dafür die Voraussetzungen vorliegen.

I. Einigung, § 873 Abs. 1

Dazu müssten sich V und S zunächst gemäß §§ 873 Abs. 1, 925 über den Eigentumsübergang am Grundstück geeinigt haben.

V stand hier auf beiden Seiten des Rechtsgeschäfts und einigte sich als Vertreter des S mit sich selbst über den Eigentumsübergang am Grundstück gemäß § 873 Abs. 1. Die Einigung erfolgte auch vor dem Notar und damit nach § 925 formgerecht. Die im Rahmen der Einigung von V als Vertreter des S für diesen abgegebene Willenserklärung wirkt aber gemäß § 164 Abs. 1 S. 1 nur dann für und gegen S, wenn V ihn wirksam vertreten hat. Dazu müssten die Voraussetzungen einer wirksamen Stellvertretung gemäß § 164 Abs. 1 S. 1 vorliegen.

1. Eine **eigene Willenserklärung** des V liegt vor.

2. Ferner handelte V auch ausdrücklich im Namen des S und daher **in fremdem Namen**.

3. Mit Vertretungsmacht

Fraglich ist, ob V auch mit Vertretungsmacht gehandelt hat.

a) V hat gemäß § 1629 Abs. 1 S. 1, 3 als gesetzlicher Vertreter grundsätzlich kraft Gesetzes Vertretungsmacht für S.

b) Die Vertretungsmacht des V könnte aber gemäß §§ 1629 Abs. 2, 1795 Abs. 2, 181 ausgeschlossen sein. Danach können die Eltern ihr Kind insoweit nicht vertreten als ein Vormund von der Vertretung ausgeschlossen ist. Ein Vormund darf Insichgeschäfte gemäß § 181 grds. nicht vornehmen. Ein solches ist aber gemäß § 181 letzter Halbs. ausnahmsweise dann zulässig, wenn das vorzunehmende Rechtsgeschäft ausschließlich in der Erfüllung einer Verbindlichkeit besteht.

Zwar erfolgte die Übereignung des Grundstücks nur, um die Verpflichtung des V aus dem Schenkungsvertrag gemäß § 362 Abs. 1 zu erfüllen, sodass die Auflassung demnach an sich wirksam sein müsste. Dies würde aber bedeuten, dass V ohne Mitwirkung einer Kontrollinstanz (Ergänzungspfleger/Familiengericht) den minderjährigen S im Ergebnis mit erheblichen

Zur Vermeidung eines Insichgeschäfts wird ein Ergänzungspfleger (§ 1909) für den Minderjährigen bestellt.
In den Fällen der §§ 1643, 1821, 1822 Nr. 1, 3, 5, 8–11 ist zudem die Genehmigung des Familiengerichts einzuholen.

71

Rechtsnachteilen – wie hier dem Eintritt in die bestehenden Mietverhältnisse gemäß § 566 – belasten könnte.

Dies widerspricht dem im Gesetz (§§ 104 ff.) angelegten Prinzip des umfassenden und ausnahmslosen Schutzes des Minderjährigen. Fraglich ist daher, wie der Minderjährigenschutz gleichwohl gewahrt werden kann.

aa) Gesamtbetrachtungslehre

Gesamtbetrachtungslehre und **isolierte Betrachtungsweise** sind zum Minderjährigenschutz entwickelt worden:
- beim Tätigwerden der Eltern im Rahmen des Ausschlusstatbestandes nach § 181 letzter Halbs.
- beim Tätigwerden des Minderjährigen im Rahmen der Einwilligung nach § 107

Die frühere Rechtsprechung und Teile der Literatur nahmen zum Schutz des beschränkt geschäftsfähigen Minderjährigen eine Gesamtbetrachtung des dinglichen und schuldrechtlichen Geschäfts vor.[55] Werde der Minderjährige aufgrund des die schuldrechtliche Verpflichtung vollziehenden dinglichen Geschäfts persönlich verpflichtet, so sei auch der Schenkungsvertrag, das schuldrechtliche Geschäft, bei wertender Betrachtung nicht mehr lediglich rechtlich vorteilhaft.

Nach der Gesamtbetrachtungslehre ist also bei einer Gesamtschau von Schenkungsvertrag und Vollzug durch Übertragung des mit einem Mietshaus bebauten Grundstücks schon der Schenkungsvertrag nicht lediglich rechtlich vorteilhaft. Folglich wäre bereits der von V mit sich im Namen des S geschlossene Schenkungsvertrag gemäß §§ 1629 Abs. 2, 1795 Abs. 2, 181 mangels Vertretungsmacht des V wegen des Insichgeschäfts schwebend unwirksam. Dann läge hinsichtlich des Verfügungsgeschäfts keine zu erfüllende Verbindlichkeit i.S.d. § 181 letzter Halbs. vor.

Mithin wäre nach der Gesamtbetrachtungslehre das Verfügungsgeschäft schwebend unwirksam.

bb) Isolierte Betrachtungsweise

Nach heute einhelliger Ansicht in Rechtsprechung[56] und Literatur[57] verstößt die Gesamtbetrachtungslehre gegen das Abstraktionsprinzip, nach dem Verpflichtungs- und Verfügungsgeschäft unabhängig voneinander zu beurteilende Rechtsgeschäfte sind. Dennoch dürfe der Schenkungsvertrag, um eine Belastung des Minderjährigen zu verhindern, nicht erfüllt werden. Im Rahmen des Verfügungsgeschäfts müsse dann § 181 letzter Halbs. teleologisch reduziert werden, da eine zu erfüllende Verbindlichkeit im Sinne der Vorschrift wertend nur dann vorläge, wenn sich aus der Erfüllung keine Rechtsnachteile ergeben würden.

Demnach wäre hier der Schenkungsvertrag als lediglich rechtlich vorteilhaftes Verpflichtungsgeschäft wirksam. Jedoch wäre das Verfügungsgeschäft aufgrund der sich ergebenden Verpflichtungen aus § 566 durch Eingreifen des Ausschlusstatbestandes des § 181 letzter Halbs. schwebend unwirksam.

cc) Stellungnahme

Merke: Sofern die Ansichten zum gleichen Ergebnis kommen, hat eine Streitentscheidung zu unterbleiben!

Folglich kann der Minderjährige nach beiden Lösungsansätzen das Eigentum an dem Grundstück nicht erwerben.

---

55 BGHZ 78, 28, 34 f.; Staudinger/Knothe § 107 Rdnr. 31; Musielak, Grundkurs BGB, Rdnr. 298 m.w.N.
56 BGH NJW 2010, 3643 f. = RÜ 2010, 749, 750.
57 Erman/Palm § 107 Rdnr. 6; Rüthers/Stadler, BGB AT, § 23 Rdnr. 11; Emmerich JuS 2005, 457 ff.; Kern JA 1990, 281, 284.

II. Ergebnis

Die Einigung über den Rechtsübergang i.S.d. §§ 873 Abs. 1, 925 ist mithin schwebend unwirksam, sodass zurzeit keine wirksame Einigung über den Rechtsübergang (= Auflassung) gemäß §§ 873 Abs. 1, 925 zustande gekommen ist.

Anmerkung:

Die Entwicklung in der höchstrichterlichen Rspr. führte zunächst in Fällen, in denen bereits das Verpflichtungsgeschäft bei isolierter Betrachtungsweise mit Rechtsnachteilen für den Minderjährigen verbunden ist, zur Ablehnung der Gesamtbetrachtungslehre (vgl. Fall 24).

Eine Ablehnung der Gesamtbetrachtungslehre für den vorliegenden Fall 23, bei dem das Verpflichtungsgeschäft noch vorteilhaft, aber das Verfügungsgeschäft nachteilhaft ist, war zunächst vom BGH nur angedeutet worden.[58]

Mittlerweile ist der BGH aber gänzlich von der Gesamtbetrachtungslehre abgerückt[59] und schützt den Minderjährigen dadurch, dass er das Verpflichtungsgeschäft unabhängig von den möglichen Rechtsnachteilen des Verfügungsgeschäfts (und umgekehrt) am Maßstab des § 107 überprüft.

---

58 BGH NJW 2005, 1430 f.
59 BGH NJW 2010, 3643 f. = RÜ 2010, 749 ff.

> **Fall 24: Minderjährigenrecht: Nachteiliges Verpflichtungs- und**
> **vorteilhaftes Verfügungsgeschäft (isolierte Betrachtungs-**
> **weise oder Gesamtbetrachtungslehre?)**
> (BGH, Urt. v. 25.11.2004 – V ZB 13/04, BGHZ 161, 170 ff.)
>
> M ist Mutter der 15-jährigen K 1 und des 13-jährigen K 2. Im Wege vor-
> weggenommener Erbfolge schloss sie mit ihren Kindern einen Vertrag
> über die unentgeltliche Übertragung eines jeweils hälftigen Miteigen-
> tumsanteils an einem ihr gehörenden Grundstück. Jedoch behielt M
> sich nach dem Vertrag für bestimmte Fälle, z.B. bei Veräußerung des
> Grundstücks ohne ihre Zustimmung, ein Rücktrittsrecht vor. Später er-
> folgte unter Beachtung aller Formalien die Auflassung des Grundstücks,
> an der nur M – für sich und für ihre Kinder – mitwirkte, vor dem zustän-
> digen Notar.
>
> Ist die Auflassung wirksam zustande gekommen?

Eine wirksame Einigung über den Rechtsübergang (= Auflassung) ist gemäß §§ 873 Abs. 1, 925 zustande gekommen, wenn dafür die Voraussetzungen vorliegen.

I. Einigung, §§ 873 Abs. 1, 925

Dazu müsste sich M mit K 1 und K 2 gemäß §§ 873 Abs. 1, 925 über den Eigentumsübergang am Grundstück geeinigt haben.

M stand hier auf beiden Seiten des Rechtsgeschäfts und einigte sich als Vertreterin von K 1 und K 2 mit sich selbst über den Eigentumsübergang am
Grundstück gemäß § 873 Abs. 1. Die Einigung erfolgte vor dem zuständigen Notar und damit nach § 925 formgerecht.

Die im Rahmen der Einigung von M als Vertreterin von K 1 und K 2 abgegebene Willenserklärung wirkt aber gemäß § 164 Abs. 1 S. 1 nur dann für und
gegen K 1 und K 2, wenn M sie wirksam vertreten hat. Dazu müssten die Voraussetzungen einer wirksamen Stellvertretung gemäß § 164 Abs. 1 S. 1
vorliegen.

1. Eine **eigene Willenserklärung** der M liegt vor.

2. Ferner handelte M auch im Namen ihrer Kinder und damit **in fremdem**
Namen.

3. Mit Vertretungsmacht

Ferner müsste M auch mit Vertretungsmacht gehandelt haben.

a) M hat gemäß § 1629 Abs. 1 S. 1, 3 als gesetzliche Vertreterin grundsätzlich kraft Gesetzes Vertretungsmacht für K 1 und K 2.

b) Die Vertretungsmacht der M könnte aber gemäß §§ 1629 Abs. 2, 1795
Abs. 2, 181 ausgeschlossen sein. Danach können die Eltern ihr Kind insoweit nicht vertreten als ein Vormund von der Vertretung ausgeschlossen
ist. Ein Vormund darf Insichgeschäfte gemäß § 181 grundsätzlich nicht vornehmen. Ein solches ist aber gemäß § 181 letzter Halbs. ausnahmsweise
dann zulässig, wenn das vorzunehmende Rechtsgeschäft ausschließlich in
der Erfüllung einer Verbindlichkeit besteht.

Die Auflassung des Grundstücks erfolgte hier, um die Verpflichtung der M
aus dem Überlassungsvertrag gemäß § 362 Abs. 1 zu erfüllen und müsste

demnach an sich wirksam sein. Sollte die Auflassung K 1 und K 2 jedoch mit erheblichen Rechtsnachteilen belasten, hätten sie diese ohne Mitwirkung einer Kontrollinstanz (Ergänzungspfleger/Familiengericht) von M aufgebürdet bekommen.

Fraglich ist daher zunächst, ob den Kindern durch die Auflassung erhebliche Rechtsnachteile drohen.

Zwar träfe die Kinder mit der Übereignung des Grundstücks eine bereicherungsrechtliche Verpflichtung zur Herausgabe des Miteigentums (§ 812 Abs. 1 S. 1, 1. Var.), falls der zugrunde liegende Schenkungsvertrag schwebend unwirksam ist und nicht genehmigt werden sollte. Diese Verpflichtung wäre ihrem Umfang nach auf den noch vorhandenen Wert der rechtsgrundlosen Leistung beschränkt (§ 818 Abs. 3), sodass die Auflassung in jedem Fall lediglich rechtlich vorteilhaft wäre. Ein anderes Ergebnis lässt sich auch nicht über § 139 rechtfertigen. Zwar können Kausalgeschäft und Erfüllungsgeschäft in Ausnahmefällen zu einer Einheit i.S.d. § 139 zusammengefasst werden. Eine solche Verbindung kommt hier wegen der Bedingungsfeindlichkeit der Auflassung (§ 925 Abs. 2) jedoch nicht in Betracht. Auch die Auflassungsvormerkung (§ 883) setzt nur das Entstehen des zu sichernden schuldrechtlichen Übereignungsanspruchs voraus,[60] begründet diesen jedoch nicht und hat auch sonst keine persönlichen Verpflichtungen des Grundstückseigentümers zur Folge.[61]

Die **Auflassung** bringt für sich genommen also jedem Kind in Form des hälftigen Miteigentumsanteils einen **lediglich rechtlichen Vorteil**.

Zu beachten ist jedoch, dass die Kinder durch den **Überlassungsvertrag** im Falle der Ausübung des Rücktrittsrechts Schuldner in einem Rückabwicklungsschuldverhältnis nach §§ 346 ff. werden, also ggf. Wertersatz- oder Schadensersatzansprüchen ausgesetzt sind. Daher ist der Überlassungsvertrag für die minderjährigen Kinder **nicht lediglich rechtlich vorteilhaft**.

Eine derartige schuldrechtliche Belastung der Kinder könnte jedoch dem im Gesetz (§§ 104 ff.) angelegten Prinzip des umfassenden und ausnahmslosen Minderjährigenschutzes widersprechen. Fraglich ist insoweit, ob wegen der rechtlichen Nachteiligkeit des schuldrechtlichen Überlassungsvertrags auch die Auflassung „gesamt betrachtet" (**Gesamtbetrachtungslehre**) nicht mehr als lediglich rechtlich vorteilhaft eingestuft werden kann oder ob die Auflassung als vorteilhaftes Verfügungsgeschäft vom nachteiligen Verpflichtungsgeschäft „getrennt betrachtet" (**isolierte Betrachtungsweise**) werden muss *(vgl. Fall 23)*.

Nach heute einhelliger Ansicht ist ein auf den Erwerb einer Sache gerichtetes Rechtsgeschäft für den Minderjährigen nicht lediglich rechtlich vorteilhaft, wenn er in dessen Folge mit Verpflichtungen belastet wird, für die er nicht nur dinglich mit der erworbenen Sache, sondern auch persönlich mit seinem Vermögen haftet.

Ob diese weitergehenden Verpflichtungen von den Beteiligten des Rechtsgeschäfts angestrebt worden sind, ist unerheblich. Es genügt, wenn sie die

In der dem Fall zugrundeliegenden Entscheidung BGHZ 161, 170 ff. distanziert sich der BGH von der noch in der Entscheidung BGHZ 78, 28 ff. vertretenen Gesamtbetrachtungslehre, die er heute ausdrücklich ablehnt (BGH NJW 2010, 3643 f. = RÜ 2010, 749 ff.).

---

60 BGHZ 54, 56, 63; 150, 138, 142; Keller JuS 2009, 561, 563.
61 BGHZ 161, 170, 177 = BGH NJW 2005, 415, 417; Keller JuS 2009, 561, 563.

gesetzliche Folge des angestrebten Rechtsgeschäfts sind. Daher ist eine Gesamtbetrachtung des dinglichen und des schuldrechtlichen Teils des Rechtsgeschäfts nicht mehr vorzunehmen, wenn bereits das Verpflichtungsgeschäft bei isolierter Betrachtung mit Rechtsnachteilen für den Minderjährigen verbunden und deshalb gemäß §§ 107, 108 Abs. 1 schwebend unwirksam ist. Dann fehlt es von vornherein an einer Verpflichtung, die der gesetzliche Vertreter im Wege des Insichgeschäfts gemäß § 181 letzter Halbs. erfüllen könnte. Eine Umgehung des von § 107 intendierten Schutzes ist dann nicht möglich. Es bleibt dann vielmehr bei dem – auch im Rahmen von § 107 – geltenden Grundsatz, dass Verfügungen als abstrakte Rechtsgeschäfte unabhängig von den ihnen zugrunde liegenden Kausalgeschäften zu beurteilen sind.[62]

Die Unwirksamkeit der Auflassung lässt sich also nicht daraus herleiten, dass man den Überlassungsvertrag als Gesamtheit betrachtet, also zwischen den mit seinem schuldrechtlichen Teil und seinem dinglichen Teil jeweils verbundenen Rechtsfolgen nicht differenziert. Es ist vielmehr eine isolierte Betrachtung erforderlich, wonach die Auflassung, an der M auch für ihre Kinder mitwirkte, als lediglich rechtlich vorteilhaftes Geschäft wirksam ist.

Demnach ist die Vertretungsmacht der M nicht nach §§ 1629 Abs. 2, 1795 Abs. 2, 181 ausgeschlossen, sodass sie auch mit Vertretungsmacht handelte. Somit wirkt die Einigung über den Eigentumsübergang am Grundstück gemäß § 164 Abs. 1 S. 1 auch für und gegen K 1 und K 2.

Mithin hat sich M mit K 1 und K 2 gemäß §§ 873 Abs. 1, 925 geeinigt.

II. Wirksamkeit der Einigung

Mangels Eingreifen von rechtshindernden Einwendungen (= Nichtigkeitsgründen) ist die Einigung auch insgesamt wirksam.

III. Ergebnis

Somit ist eine wirksame Einigung über den Rechtsübergang (= Auflassung) gemäß §§ 873 Abs. 1, 925 zustande gekommen.

---

62 BGHZ 161, 170, 175 = BGH NJW 2005, 415, 417; vgl. Jauernig JuS 1982, 576 f.; Preuß JuS 2006, 305, 309.

2. Abschnitt: Formbedürftigkeit, §§ 125 ff.

Fall 25: Bewusste Nichtbeachtung der Form (Edelmannfall)
(RGZ 117, 121 ff.)

A verspricht B als Belohnung für seine Dienste im Wege einer unentgelt-lichen Zuwendung ein Grundstück. Auf das Verlangen des B nach nota-rieller Beurkundung entgegnete A, B könne ganz beruhigt sein, er sei ein Mann von Adel und sein Edelmannswort genüge. Letztlich entpuppt sich A jedoch keineswegs als Edelmann und denkt gar nicht daran, B das Grundstück zu übereignen.

Hat B einen Anspruch auf Auflassung?

B könnte gegen A einen Anspruch auf Übereignung des Grundstücks aus § 516 Abs. 1 haben.

A. Anspruch entstanden

I. Einigung i.S.d. § 516

Zunächst müssten sich A und B i.S.d. § 516 geeinigt haben.

Zwei übereinstimmende Willenserklärungen in Form eines Angebots und einer damit inhaltlich übereinstimmenden Annahme von A und B liegen vor, indem A dem B im Wege einer unentgeltlichen Zuwendung nach § 516 ein Grundstück verspricht.

Somit liegt eine Einigung i.S.d. § 516 vor.

II. Wirksamkeit der Einigung

Ferner müsste die Einigung zwischen A und B auch wirksam sein. Die Eini-gung könnte vorliegend nach § 125 S. 1 nichtig sein.

1. Bestehen eines Formerfordernisses

Dann müsste zunächst ein gesetzliches Formerfordernis nach § 125 S. 1 be-stehen. Ein Vertrag, durch den sich der eine Teil verpflichtet, das Eigentum an einem Grundstück zu übertragen, bedarf gemäß § 311 b Abs. 1 S. 1 der notariellen Beurkundung. Ein Schenkungsvertrag ist zudem immer gemäß § 518 Abs. 1 notariell zu beurkunden. A verspricht B die Übereignung eines Grundstücks, sodass ein gesetzliches Formerfordernis – die notarielle Beur-kundung – gemäß § 311 b Abs. 1 S. 1 und gemäß § 518 Abs. 1 besteht.

2. Nichteinhaltung der vorgeschriebenen Form

Ferner dürfte die gesetzlich vorgeschriebene Form nicht eingehalten wor-den sein. Indem die notarielle Beurkundung unterblieben ist, ist die gemäß § 311 b Abs. 1 S. 1 und gemäß § 518 Abs. 1 vorgeschriebene Form nicht ein-gehalten worden.

3. Rechtsfolgen der Nichteinhaltung der Form

Das bedeutet, dass die Einigung gemäß § 125 S. 1 an sich nichtig ist. Bislang ist auch weder die Auflassung noch die Eintragung in das Grundbuch er-folgt, sodass keine Heilung nach § 311 b Abs. 1 S. 2 bzw. nach § 518 Abs. 2 vorliegt.

Rechtsfolge § 125 S. 1:
Grundsatz: Nichtigkeit
Ausnahme: Heilung (z.B. § 311 b Abs. 1 S. 2, § 518 Abs. 2, § 766 S. 3, u.a.), aber kein allgemeiner Grundsatz „Heilung durch Erfüllung"; Durch-brechung § 125; Treu und Glauben, § 242 (z.B. Existenzvernichtung/-gefährdung, schwerer Treueverstoß)

Fraglich ist jedoch, ob diese strenge Rechtsfolge nicht aus Billigkeitsgründen nach Treu und Glauben gemäß § 242 aufgelockert werden kann. Davon darf ausgegangen werden, wenn die Nichtigkeit zu nicht bloß harten, sondern schlechthin untragbaren Ergebnissen für den Betroffenen führt.[63]

A und B haben in Kenntnis des gesetzlichen Formerfordernisses ihre Vereinbarung formlos getroffen. Wissen die Parteien bei Vertragsabschluss, dass ein Teil ihrer Abmachungen wegen Nichtbeachtung der gesetzlich vorgeschriebenen Form unwirksam ist, so wird das Rechtsgeschäft lediglich von den übrigen Vertragsbestimmungen gebildet.[64] Der formunwirksame Teil eines Rechtsgeschäfts oder aber das formunwirksame Rechtsgeschäft im Ganzen ist demnach ungültig. Das liegt daran, dass ein schlechthin untragbares Ergebnis eben nicht anzunehmen ist, wenn das Risiko der Vorleistung, also die Dienste des B, ohne formwirksamen Vertrag bewusst und freiwillig übernommen werden. Die Nachteile, die durch die Formunwirksamkeit entstehen, soll demnach derjenige tragen, der bewusst und willentlich auf den gesetzlichen Schutz und damit auf den Sinn und Zweck der Formvorschriften **(Warnfunktion, Beweisfunktion, Belehrungsfunktion, Kontrollfunktion = Erkennbarkeit für Dritte)** verzichtet hat.

Das bedeutet, dass A und B demnach die Folgen der Nichtigkeit zu tragen haben, was in diesem Falle zulasten des B geht. Folglich ist eine Durchbrechung der strengen Rechtsfolge des § 125 nicht angezeigt, sodass die Einigung gemäß § 125 S. 1 nichtig und damit unwirksam ist.

B. Ergebnis

Somit hat B gegen A keinen Anspruch auf die Übereignung des Grundstücks aus § 433 Abs. 1 S. 1.

Anmerkung:

In einem späteren, dem Edelmannfall ähnlich gelagerten Fall (= ein bedeutendes wirtschaftliches Unternehmen hatte unter Einsatz seines Gewichts und seines Ansehens sowie durch den Hinweis, dass es einen privatschriftlichen Vertrag einem notariellen als gleichwertig anzusehen pflege, einen ehemaligen Mitarbeiter zum Absehen von der Einhaltung der notariellen Form veranlasst[65]), ist der BGH von diesen klaren Regeln abgewichen. Das Unternehmen habe unter Einsatz seiner Bedeutung und seines Ansehens sowie unter Hinweis auf die Geschäftsgepflogenheiten in so nachdrücklicher Weise die Erfüllung des formnichtigen Vertrags in Aussicht gestellt, dass es sich ohne Verstoß gegen Treu und Glauben nicht von dem Vertrag lossagen könne. Seine spätere Berufung auf die Formnichtigkeit des Vertrags stelle ohne Rücksicht darauf, dass sich der Vertragspartner nicht in einem Irrtum über dessen Formbedürftigkeit befunden habe, eine unzulässige Rechtsausübung dar.[66]

---

63 Vgl. BGH NJW 1987, 1069 f.
64 BGHZ 45, 376.
65 BGHZ 48, 396 ff.
66 BGHZ 48, 396, 399 f.

Fall 26: Anforderungen an die Schriftform i.S.d. § 126

Anlässlich des von Meteorologen angekündigten „Jahrhundert-Sommers" beschließt A, sich beim Kühlgerätehändler H den neuen Eiswürfelbereiter McCool zuzulegen. Da die Maschine eigentlich für den Business- und Industriebedarf entwickelt worden und daher auch recht teuer ist, verlangt H von A eine Sicherheit. Ansonsten will H ihm die Maschine nicht aushändigen. Kurz entschlossen ruft A seine Schwester S an und bittet sie, für ihn gegenüber H zu bürgen. S setzt handschriftlich eine entsprechende Bürgschaftserklärung auf, unterschreibt sie und sendet sie umgehend per Telefax an H. Dies genügt H. Er übergibt A den Eiswürfelbereiter, der sich in Erwartung angenehmer Erfrischung auf den Heimweg macht.

Kann H, falls A den Kaufpreis nicht zahlt, S auf Zahlung in Anspruch nehmen?

H könnte gegenüber S einen Anspruch auf Zahlung des Kaufpreises (zur Begleichung der Kaufpreisverbindlichkeit des A) aus § 765 Abs. 1 haben.

A. Anspruch entstanden

Dazu müssten H und S sich mit dem Inhalt eines Bürgschaftsvertrags nach § 765 geeinigt haben und der Einigung dürften keine Wirksamkeitshindernisse entgegenstehen.

I. Einigung i.S.d. § 765

Indem sich S gegenüber H verbürgt, sind zwei übereinstimmende empfangsbedürftige Willenserklärungen in Form eines Angebots der S und einer damit inhaltlich übereinstimmenden Annahme des H gegeben. Somit liegt eine Einigung i.S.d. § 765 vor.

II. Wirksamkeit der Einigung

Die Einigung i.S.d. § 765 zwischen H und S müsste auch wirksam sein. Als rechtshindernde Einwendung (=Nichtigkeitsgrund) kommt hier Formnichtigkeit nach § 125 S. 1 in Betracht.

1. Bestehen eines Formerfordernisses

Dann müsste zunächst ein gesetzliches Formerfordernis nach § 125 S. 1 bestehen. Zur Gültigkeit eines Bürgschaftsvertrags ist nach § 766 S. 1 die schriftliche Erteilung der Bürgschaftserklärung erforderlich. Diese Formvorschrift findet nach § 350 HGB aber keine Anwendung, sofern die Bürgschaft aufseiten des Bürgen ein Handelsgeschäft i.S.d. § 343 HGB ist. Auch wenn H als Händler wohl Kaufmann i.S.d. § 1 HGB ist, gilt dies nicht für die Bürgin S. Daher ist § 350 HGB nicht einschlägig, sodass hier gemäß § 766 S. 1 ein gesetzliches Formerfordernis besteht.

2. Nichteinhaltung der vorgeschriebenen Form

Fraglich ist, ob S die von § 766 S. 1 gesetzlich vorgeschriebene Schriftform durch Übersendung des Telefaxes eingehalten hat.
Die Anforderungen an die Schriftform bestimmen sich nach § 126, d.h., es muss eine Urkunde vom Aussteller eigenhändig durch Namensunterschrift oder mittels notariell beglaubigten Handzeichens unterzeichnet werden. Eine **Urkunde** ist die schriftliche Verkörperung einer Erklärung. Das gesam-

te formbedürftige Rechtsgeschäft muss in einer Urkunde enthalten sein. Besteht die Urkunde aus mehreren Blättern, so muss deren Zusammengehörigkeit durch körperliche Verbindung oder in sonstiger Weise erkennbar gemacht werden. Die **Unterzeichnung** muss den Text der Urkunde räumlich abschließen. Ein Nachtrag erfordert eine neue Unterschrift. Das Erfordernis „durch Namensunterschrift oder mittels notariell beglaubigten Handzeichens" dient dem Zweck, dass der Aussteller zweifelsfrei festgestellt werden kann. Dabei genügt die Unterzeichnung mit dem Familiennamen oder die Verwendung eines Pseudonyms, wenn der Erklärende dadurch sicher ermittelt werden kann. Die **Unterschrift** muss stets eigenhändig vom Erklärenden selbst und mit der Hand geleistet werden.

Zwar hat S in diesem Sinne das Schriftstück mit allen wesentlichen Angaben zu Inhalt und Umfang der Bürgschaftsverpflichtung eigenhändig ge- und unterschrieben, sodass eine Urkunde entstanden ist, die die Anforderungen nach § 126 Abs. 1 erfüllt. Zweifelhaft ist aber, ob die im Wege des Faxvorgangs übermittelte Urkunde, die H nun in Händen hält, den Anforderungen der §§ 766 S. 1, 126 Abs. 1 ebenfalls genügt. Schließlich verlangt § 766 S. 1 die schriftliche „Erteilung" der Erklärung. Mit Blick darauf, dass § 766 S. 1 durch das Erfordernis der schriftlichen Erteilung der Bürgschaftserklärung den Bürgen zu größerer Vorsicht anhalten und vor Übereilung schützen will **(Warnfunktion und Beweisfunktion)**, kann die Fernkopie der schriftlichen Originalerklärung mittels Telefax die Anforderungen des § 126 nicht erfüllen.[67] Der Bürge soll also, auch wenn er die Urkunde bereits unterschrieben hat, so lange nicht gebunden sein, als er die Originalurkunde nicht aus der Hand gibt. Das Telefax stellt daher keine formgültige Bürgschaftserklärung gemäß §§ 766 S. 1, 126 Abs. 1 dar.

Jedoch könnte das Telefax der Textform des § 126 b genügen.
§ 126 b regelt mit der Textform einen Formtyp der lesbaren, aber unterschriftslosen Erklärung und erfüllt daher keine der klassischen Formzwecke **(Warnfunktion und Beweisfunktion)**. Sie ist für Erklärungen und Mitteilungen angemessen, in denen die klassischen Formfunktionen keine Rolle spielen. Bei einer Bürgschaftserklärung kommt es jedoch gerade auf die Warnfunktion an. Das Telefax genügt der Textform des § 126 b nicht.

Somit ist die vom Gesetz vorgeschriebene schriftliche Erteilung der Bürgschaftserklärung gemäß §§ 766 S. 1, 126 nicht eingehalten worden.

3. Rechtsfolgen der Nichteinhaltung der Form

Das bedeutet, dass die Einigung gemäß § 125 S. 1 an sich nichtig ist.
Mangels Erfüllung der Hauptverbindlichkeit durch die Bürgin S ist der Formfehler auch bislang nicht gemäß § 766 S. 3 geheilt worden.
Auch eine Durchbrechung der Rechtsfolge des § 125 S. 1 nach den Grundsätzen von Treu und Glauben gemäß § 242 kommt hier nicht in Betracht.

Mithin ist die Bürgschaftserklärung der S gemäß § 125 S. 1 nichtig und folglich haben sich H und S nicht wirksam i.S.d. § 765 geeinigt.

B. Ergebnis

Daher hat H gegenüber S keinen Anspruch auf Zahlung des Kaufpreises (zur Begleichung der Kaufpreisverbindlichkeit des A) aus § 765 Abs. 1.

Die Schriftform kann immer durch notarielle Beurkundung (§ 126 Abs. 4) und in den gesetzlich geregelten Fällen durch elektronische Form (§ 126 Abs. 3) ersetzt werden. Die elektronische Form des § 126 a ist hier nach § 766 S. 2 ausgeschlossen.

Auf ein Bestehen der Hauptschuld (wg. Akzessorietät der Bürgschaft, § 767 Abs. 1 S. 1) kommt es mangels wirksamen Bürgschaftsvertrags also nicht mehr an.

---

67   BGHZ 121, 224, 229; BGH NJW 2008, 506; Palandt/Ellenberger § 126 Rdnr. 8.

Fall 27: Vereinbarte Form nach § 127

Gärtner G sehnt sich schon seit langem nach einer anspruchsvollen Laube in einem Schrebergarten in der Pfalz. Bei einem Besuch der von ihm favorisierten Anlage versichert ihm V, der die einzelnen Parzellen der Anlage vermietet, dass er den Gemeinschaftsraum der Anlage für Feierlichkeiten bei Anmietung einer Laube kostenlos mitbenutzen könne. Der von beiden Seiten in der Folgezeit unterzeichnete Mietvertrag über eine schöne Laube enthält keinerlei Regelungen über die Nutzung des Gemeinschaftsraums. Gleichwohl sieht der Vertrag vor, dass mündliche Nebenabreden ungültig sind und das Schriftformerfordernis auch für Nebenabreden sowie nachfolgende Vertragsänderungen oder Vertragsergänzungen gilt. Das Schriftformerfordernis kann wiederum nur durch schriftliche Vereinbarung beseitigt werden.

Kann G die Überlassung des Gemeinschaftsraums für eine Feierlichkeit von V verlangen?

G könnte gegenüber V einen Anspruch auf Überlassung des Gemeinschaftsraums aus § 535 Abs. 1 S. 1 haben.

A. Anspruch entstanden

I. Einigung i.S.d. § 535

Zunächst müssten sich G und V i.S.d. § 535 geeinigt haben.

Zwei übereinstimmende Willenserklärungen in Form eines Angebots und einer damit inhaltlich übereinstimmenden Annahme von G und V zur Gebrauchsüberlassung von Laube (schriftlich) und Gemeinschaftsraum (mündlich) liegen vor, sodass beide sich i.S.d. § 535 geeinigt haben.

II. Wirksamkeit der Einigung

Ferner müsste die Einigung zwischen G und V auch wirksam sein. Die Einigung könnte hier nach § 125 S. 2 i.V.m. S. 1 nichtig sein.

1. Bestehen eines Formerfordernisses

Dann müsste zunächst ein durch Rechtsgeschäft bestimmtes Formerfordernis nach § 125 S. 2 bestehen.

Mietverträge sind dem Gesetz nach grds. nicht an eine Form gebunden. Eine Ausnahme davon normieren die §§ 550, 578 und §§ 557 a Abs. 1, 557 b Abs. 1, die hier aber nicht einschlägig sind. Dennoch steht es den Mietvertragsparteien frei, vertraglich eine bestimmte Form zu vereinbaren (sog. **gewillkürte Form**), vgl. § 127. Haben die Parteien für einen Vertrag die Schriftform, elektronische Form oder Textform vereinbart, können sie die an die zur Wahrung der Form zu stellenden Anforderungen frei bestimmen. Treffen sie hierüber keine Regelung und ergibt auch die Auslegung nach §§ 133, 157 keine Anhaltspunkte, greift die Auslegungsregel des § 127 ein. Nach ihr gelten die §§ 126, 126 a und 126 b mit den Erleichterungen des § 127 im Zweifel auch für die rechtsgeschäftlich bestimmte Form.

G und V haben für beide Vertragsparteien erkennbar im schriftlichen Mietvertrag über die Laube vereinbart, dass mündliche Nebenabreden ungültig sind und das Schriftformerfordernis auch für Nebenabreden sowie nachfolgende Vertragsänderungen oder Vertragsergänzungen gilt. Insofern hat die vereinbarte Schriftform nicht bloß deklaratorischen, sondern vielmehr konstitutiven Charakter. Die Schriftform war also Wirksamkeitsvoraussetzung für die Überlassung des Gemeinschaftsraums und ist auch nicht durch eine schriftliche Vereinbarung beseitigt worden. Somit haben die Parteien vertraglich Schriftform für Nebenabreden vereinbart. Jedoch haben sie im Vertragswerk nicht die Anforderungen an die Schriftform festgelegt. Auch lassen sich die Anforderungen nicht aus den Umständen, die zum Vertragsabschluss geführt haben, entnehmen.

Das bedeutet, dass eine an den §§ 133, 157 orientierte Auslegung keinerlei Anhaltspunkte hinsichtlich der Ausgestaltung des Schriftformerfordernisses ergibt.

Somit greift die Auslegungsregel des § 127 ein, wonach die Schriftform den Anforderungen des § 126 genügen muss.

Ein vertraglich vereinbartes Formerfordernis kann von den Parteien jederzeit wieder aufgehoben werden, wenn ein entsprechender Parteiwille vorhanden ist und die Anforderungen an eine solche Aufhebungsvereinbarung (z.B. Schriftlichkeit) vorliegen.

Mithin besteht für die Nebenabrede zur Überlassung des Gemeinschaftsraums ein durch Rechtsgeschäft bestimmtes Formerfordernis nach § 125 S. 2.

2. Nichteinhaltung der vorgeschriebenen Form

Ferner dürfte die durch Rechtsgeschäft vorgeschriebene Form nicht eingehalten worden sein.

Die Überlassung des Gemeinschaftsraums zu Feierlichkeiten ist von G und V im schriftlichen Mietvertrag nicht den Anforderungen des § 127 Abs. 1 i.V.m. § 126 entsprechend geregelt worden, sodass sie die durch Rechtsgeschäft vorgeschriebene Form nicht eingehalten haben.

3. Rechtsfolgen der Nichteinhaltung der Form

Das bedeutet, dass die Einigung gemäß § 125 S. 2 i.V.m. S. 1 nichtig ist. Eine Möglichkeit zur Heilung besteht hier nicht. Auch eine Durchbrechung der Rechtsfolge des § 125 S. 1 nach den Grundsätzen von Treu und Glauben gemäß § 242 kommt hier nicht in Betracht.

B. Ergebnis

Folglich haben sich G und V nicht wirksam i.S.d. § 535 über die Gebrauchsüberlassung des Gemeinschaftsraums geeinigt, sodass G auch keinen Anspruch gegenüber V auf Überlassung des Gemeinschaftsraums aus § 535 Abs. 1 S. 1 hat.

3. Abschnitt: Gesetzliches Verbot, § 134

> **Fall 28: Anforderungen an ein Verbotsgesetz i.S.d. § 134 bei einseitigem Verstoß (Handwerksrollen-Fall)**
> (Vgl. BGH, Urt. v. 22.09.1983 – VII ZR 43/83; BGHZ 88, 240 ff.)
>
> B möchte auf seinem Grundstück ein Einfamilienhaus errichten und vereinbart mit dem Bauunternehmer U einen Vertrag über die Errichtung eines schlüsselfertigen Hauses. Nachdem U das Gebäude errichtet und B den vereinbarten Preis gezahlt hat, zeigen sich schon kurz nach dem Einzug des B erste Mängel am Haus. Da U den bei Starkregen steigenden Grundwasserspiegel nicht bedacht hat, steht bei B bereits nach einer Nacht des Dauerregens der Hobbykeller unter Wasser. Als U sich weigert, die Beseitigung der aufgetretenen Mängel durchzuführen, beauftragt B einen Fachbetrieb mit dem Einbau eines Pumpensumpfes, um künftig keine Probleme mehr mit dem Grundwasser zu haben. Dadurch entstehen ihm Kosten i.H.v. 7.800 €. Es stellt sich heraus, dass U weder in der Handwerksrolle eingetragen ist, noch eine Gewerbeerlaubnis besitzt, gleichwohl regelmäßig Werkleistungen für andere ausführt. Hiervon wusste B nichts.
>
> Kann B von U Zahlung i.H.v. 7.800 € verlangen?

B könnte gegen U einen Anspruch auf Aufwendungsersatz i.H.v. 7.800 € aus §§ 634 Nr. 2, 637 haben.

A. Anspruch entstanden

Zunächst müssten die Voraussetzungen des § 634 gegeben sein.

I. Wirksamer Werkvertrag i.S.d. § 631

Dazu müssten sich B und U zuerst mit dem Inhalt eines Werkvertrags nach § 631 geeinigt haben und der Einigung dürften keine Wirksamkeitshindernisse entgegenstehen.

1. Einigung i.S.d § 631

B und U haben die schlüsselfertige Errichtung eines Hauses vereinbart und damit einen sog. Generalbauunternehmervertrag geschlossen. Das bedeutet, dass beide sich §§ 631, (632) geeinigt und damit einen Werkvertrag abgeschlossen haben.

2. Wirksamkeit der Einigung

Ferner müsste die Einigung von B und U, also der Werkvertrag, auch wirksam sein.

a) Gesetzliches Verbot nach § 134 i.V.m. § 1 HandwO

Der Werkvertrag könnte gemäß § 134 i.V.m. § 1 HandwO nichtig sein.

aa) Vorliegen eines Verbotsgesetzes

Dann müsste § 1 HandwO ein Verbotsgesetz i.S.d. § 134 darstellen. Der Begriff des Gesetzes i.S.d. § 134 deckt sich mit dem des Art. 2 EGBGB, d.h., Gesetz ist jede Rechtsnorm. Das Verbot braucht nicht ausdrücklich ausgesprochen zu sein, es kann sich auch aus dem Sinn und Zweck der Norm ergeben.

Keine Verbotsgesetze sind z.B. §§ 181, 399, 400, 719, 1365.

Zwar ist die Eintragung in die Handwerksrolle für jeden Handwerker gemäß §§ 1 Abs. 1, 7 ff. HandwO zwingende Voraussetzung, sodass U der Betrieb eines Handwerks nicht gestattet ist. Es liegt jedoch kein ausdrückliches Verbot durch § 1 Abs. 1 HandwO vor. Ein gesetzliches Verbot könnte sich jedoch aufgrund des Gesetzeszwecks ergeben. Anknüpfungspunkt ist der Adressatenkreis der gesetzlichen Regelung. Bei dem Verbot gemäß § 1 Abs. 1 HandwO handelt es sich um ein einseitiges Verbot, das gemäß § 117 Abs. 1 Nr. 1 HandwO eine Ordnungswidrigkeitsmaßnahme nach sich ziehen kann. Folglich stellt § 1 HandwO ein Verbotsgesetz i.S.d. § 134 dar.

bb) Verstoß gegen das Verbotsgesetz

Im Hinblick auf die unterschiedlichen Rechtsfolgen ist bereits beim „Verstoß" festzustellen, ob beide Parteien gegen das Verbotsgesetz verstoßen haben oder ob nur einer Partei ein Verstoß vorzuwerfen ist.

Ferner müsste gegen dieses Verbotsgesetz auch verstoßen worden sein. Indem U sich nicht in die Handwerksrolle eintragen ließ, verstieß er gegen § 1 HandwO und damit gegen das Verbotsgesetz.

cc) Rechtsfolge

Ob dies zur Folge hat, dass das verbotswidrige Rechtsgeschäft nichtig ist, ist nach Sinn und Zweck des Verbotsgesetzes zu beurteilen. Entscheidend ist, ob das Gesetz sich nicht nur gegen den Abschluss des Rechtsgeschäfts richtet, sondern auch gegen seine privatrechtliche Wirksamkeit und damit gegen seinen wirtschaftlichen Erfolg. Ein Indiz hierfür ist der maßgebliche Adressatenkreis. Grundsätzlich gilt, dass bei einem **beiderseitigen Gesetzesverstoß** das **Rechtsgeschäft nichtig**[68] und bei einem nur **einseitigen Verstoß** das **Rechtsgeschäft wirksam**[69] ist. Letztlich ist aber entscheidend, ob der Sinn und Zweck der Norm auch durch andere Sanktionen oder nur durch die Anordnung der Nichtigkeit des abgeschlossenen Rechtsgeschäfts erreicht werden kann.

Zweck des § 1 Abs. 1 HandwO ist die Erreichung eines hohen Leistungsstandes und einer Leistungsfähigkeit der Handwerkerschaft.[70] Gleichzeitig soll die sachgerechte Ausbildung des Nachwuchses für das Handwerk wie auch für die übrige gewerbliche Wirtschaft sichergestellt werden. Die Einführung des Befähigungsnachweises und die Eintragung in die Handwerksrolle sind geeignete und notwendige Mittel zur Erreichung dieses Ziels.[71] Dagegen kommt es nicht darauf an, Gefahren für die Gesamtheit oder den Einzelnen aus einer unsachgemäßen Berufsausübung abzuwenden. Maßgebend war vielmehr das Interesse an der Erhaltung und Förderung eines gesunden, leistungsfähigen Handwerksstandes im Ganzen.[72] Dem kann mit berufsrechtlichen Maßnahmen oder öffentlich-rechtlichen Sanktionen wie der Verhängung eines Bußgeldes nach § 117 Abs. 1 Nr. 1 HandwO oder der Untersagung nach § 16 Abs. 3 HandwO hinreichend Rechnung getragen werden, ohne dass es erforderlich wäre, einem einzelnen, im Rahmen des verbotenen Handwerksbetriebs zustande gekommenen Rechtsgeschäft die zivilrechtliche Wirksamkeit zu versagen. Für dieses Ergebnis spricht ferner, dass § 3 HandwO es gestattet, handwerkliche Neben- oder Hilfsleistungen durch ein andersartiges Hauptunternehmen zu

---

68 RGZ 60, 273, 276.
69 BGHZ 89, 369, 373.
70 BGHZ 88, 240, 244 m.w.N.
71 BVerfGE 13, 97, 107 ff.
72 BVerfGE 13, 97, 110.

erbringen und § 4 HandwO sogar für gewisse Zeit die Fortführung des Betriebs eines verstorbenen Handwerksmeisters durch seine beruflich nicht vorgebildeten Hinterbliebenen zulässt.[73]

Demnach ist der von B und U geschlossene Werkvertrag nicht gemäß § 134 i.V.m. § 1 HandwO unwirksam.

b) Gesetzliches Verbot nach § 134 i.V.m. § 1 SchwArbG

Die Nichtigkeit der Einigung könnte sich aufgrund eines Verstoßes gegen das Verbot der Schwarzarbeit gemäß § 134 i.V.m. § 1 SchwArbG ergeben.

Hier liegt ein Verstoß des U gegen § 1 Abs. 2 Nr. 5 SchwArbG vor. Mangels Vorsatzes hat B nicht gegen § 1 Abs. 2 Nr. 5 SchwArbG verstoßen, sodass letztlich nur ein einseitiger Gesetzesverstoß des Auftragnehmers U gegeben ist. Nachdem aber auch das SchwArbG kein ausdrückliches Verbot beinhaltet, kommt es wieder auf den Gesetzeszweck an. Es kommt darauf an, ob der Gesetzeszweck insbesondere durch öffentlich-rechtliche oder strafrechtliche Maßnahmen erreicht werden kann. Zwecke des SchwArbG sind die Bekämpfung von Arbeitslosigkeit, die Vermeidung der Gefährdung handwerklicher Betriebe durch Lohn- und Preisunterbietung, die Sicherung des Steueraufkommens und des Aufkommens für die Sozialversicherungen und der Schutz des Auftraggebers vor unsachgemäßer Arbeit.[74]

Keiner der genannten Zwecke gebietet im Falle des einseitigen Gesetzesverstoßes durch den Unternehmer notwendigerweise die Nichtigkeit des Werkvertrags. Entscheidend ist der Schutz des Vertragspartners, der der Nichtigkeit entgegensteht.

Demnach liegt auch keine Unwirksamkeit gemäß § 134 i.V.m. § 1 SchwArbG vor. Somit ist ein wirksamer Werkvertrag von B und U geschlossen worden.

II. Mangelhaftes Werk, § 633

Ferner müsste das errichtete Bauwerk i.S.d. § 633 mangelhaft sein.

Aufgrund mangelhafter Bauplanung des U dringt Grundwasser in das Gebäude ein, sodass es sich nicht für die gewöhnliche Verwendung eignet und damit eine Beschaffenheit aufweist, die bei Werken der gleichen Art nicht üblich ist.

Folglich ist das Bauwerk gemäß § 633 Abs. 2 Nr. 2 mangelhaft.

III. Angemessene Fristsetzung zur Nacherfüllung, § 637 Abs. 1

Des Weiteren müsste B dem U gemäß § 637 Abs. 1 grds. eine angemessene Frist zur Nacherfüllung gesetzt haben.

Dies ist vorliegend zwar nicht geschehen, war aufgrund der ernsthaften und endgültigen Verweigerung der Nacherfüllung durch U aber auch gemäß § 637 Abs. 2 i.V.m. § 323 Abs. 2 Nr. 1 ausnahmsweise entbehrlich.

Somit ist der Anspruch aus §§ 634 Nr. 2, 637 entstanden.

B. Ferner ist der Anspruch nicht untergegangen.

C. Zudem greifen zugunsten des U keine rechtshemmenden Einwendungen (= Einreden) ein, sodass der Anspruch auch durchsetzbar ist.

Folglich hat B gegen U einen Anspruch auf Aufwendungsersatz i.H.v. 7.800 € aus §§ 634 Nr. 2, 637.

---

73 BGHZ 88, 240, 244.
74 BGHZ 85, 39, 43; 89, 369, 373.

Fall 29: Anforderungen an ein Verbotsgesetz i.S.d. § 134 bei beiderseitigem Verstoß (Praxisverkauf-Fall)
(BGH, Urt. v. 11.12.1991 – VIII ZR 4/91; BGHZ 116, 268 ff.)

Zahnarzt V betrieb eine kieferorthopädische Arztpraxis, die er mit notariellem Vertrag vom 18.03.2012 an den Zahnarzt K veräußerte. In der Vertragsurkunde heißt es auszugsweise:

§ 1

Für die Abwicklung der Honorarzahlungen der laufenden Behandlungsfälle gilt, dass alle Zahlungen aus der Quartalsabrechnung der kassenzahnärztlichen Vereinigung für das Quartal 1/2012 und alle bis zum 30.03.2012 fälligen Rechnungsbeträge aus Privathonoraren, auch wenn diese noch nicht in Rechnung gestellt sind, dem Verkäufer zustehen. Alle nach dem 01.04.2012 fälligen Rechnungsbeträge stehen dem Erwerber zu.

Kann V von K die Abnahme der Arztpraxis und Zahlung des Kaufpreises dafür verlangen?

V könnte gegen K einen Anspruch auf Abnahme und Zahlung des Kaufpreises aus § 433 Abs. 2 haben.

A. Anspruch entstanden

I. Einigung i.S.d. §§ 433, § 453

Zunächst müssten sich U und K gemäß §§ 433, (453) geeinigt haben.

Zwei übereinstimmende Willenserklärungen in Form eines Angebots des V und einer damit inhaltlich übereinstimmenden Annahme des K über den Verkauf der Arztpraxis liegen vor, sodass sie sich i.S.d. §§ 433, (453) geeinigt haben.

II. Wirksamkeit der Einigung

Ferner müsste die Einigung zwischen V und K auch wirksam sein. Die Einigung könnte vorliegend nach § 134 i.V.m. § 203 Abs. 1 Nr. 1 StGB nichtig sein.

1. Vorliegen eines Verbotsgesetzes

Dann müsste § 203 Abs. 1 Nr. 1 StGB zunächst ein Verbotsgesetz i.S.d. § 134 darstellen.

Strafnormen sind regelmäßig Verbotsgesetze i.S.d. § 134; maßgebend sind aber in jedem Fall Sinn und Zweck des Gesetzes (BGHZ 115, 123, 125).

Die Regelung des § 203 Abs. 1 Nr. 1 StGB dient dem Schutz der informationellen Selbstbestimmung des Einzelnen nach Art. 1 Abs. 1, 2 Abs. 1, indem das unbefugte Offenbaren eines unter die ärztliche Schweigepflicht fallenden Geheimnisses mit Strafe bedroht wird, und ist folglich ein Verbotsgesetz i.S.d. § 134.[75]

2. Verstoß gegen das Verbotsgesetz

Ferner müsste gegen das gesetzliche Verbot aus § 203 Abs. 1 Nr.1 StGB auch verstoßen worden sein.

Indem V und K vereinbart haben, dass alle Zahlungen aus der Quartalsabrechnung 1/2012 sowie die bis zum 30.03.2012 fällige Rechnungsbeträge

---

75 BGHZ 116, 268, 272.

aus Privathonoraren, auch wenn diese noch nicht in Rechnung gestellt sind, V und alle nach dem 01.04.2012 fälligen Rechnungsbeträge K zustehen sollen, hat V dem K bereits mit Abschluss des Kaufvertrags die Forderungen gegenüber seinen Patienten offenbart. Dies war zur Bestimmbarkeit des Kaufgegenstands als essentialia negotii erforderlich. So ist jedoch auch für K erkennbar, welche Patienten in einem bestimmten Zeitraum in ärztlicher Behandlung waren. Folglich werden bereits durch den Abschluss des Kaufvertrags ohne Einwilligung der Patienten unter die ärztliche Schweigepflicht fallende Patientendaten offenbart und damit § 203 Abs. 1 Nr. 1 StGB verletzt.

Insofern hat jedenfalls V gegen § 203 Abs. 1 Nr. 1 StGB als veräußernder Geheimnisträger von Berufs wegen verstoßen.

Fraglich ist aber, ob auch K als erwerbender Geheimnisträger von Berufs wegen dagegen verstoßen hat. Dagegen spricht, dass § 203 Abs. 1 Nr. 1 StGB als echtes Sonderdelikt nur den zur Wahrung des fremden Geheimnisses Verpflichteten betrifft. Mithin hat K nicht gegen § 203 Abs. 1 Nr. 1 StGB verstoßen, sodass letztlich nur ein einseitiger Verstoß gegen das Verbotsgesetz vorliegt.

> Beiderseitige Verstöße sind äußerst selten, z.B.
> - Ausschank nach der Polizeistunde, RGZ 103, 264 ff.
> - Verkauf nach Ladenschluss, RGZ 60, 276 ff.

3. Rechtsfolge

Ob dies zur Folge hat, dass das verbotswidrige Rechtsgeschäft nichtig ist, ist nach Sinn und Zweck des Verbotsgesetzes zu beurteilen. Der Verstoß gegen ein solches einseitiges Verbot führt ausnahmsweise dann zur Nichtigkeit eines gleichwohl abgeschlossenen Rechtsgeschäfts, wenn es mit dem Zweck des Verbotsgesetzes unvereinbar wäre, die durch das Rechtsgeschäft getroffene rechtliche Regelung hinzunehmen und bestehen zu lassen.[76] Dies ist bei der Übergabe der Patientenkartei an den Praxisnachfolger gleichermaßen erfüllt, wie bei der zusammen mit einer Abtretung der Honorarforderung erfolgten Übergabe von Behandlungsunterlagen an eine gewerbliche Verrechnungsstelle. Unerheblich ist für diese Beurteilung ebenso wie für die tatbestandlichen Voraussetzungen des § 203 Abs. 1 Nr. 1 StGB, dass die Weitergabe an eine Person erfolgt, die gleichfalls der ärztlichen Schweigepflicht unterliegt.[77] Für die zivilrechtliche Folge des § 134 ist unerheblich, ob auch der subjektive Tatbestand für eine Strafbarkeit des betroffenen Arztes vorliegt oder ob dieser sich wegen der bisherigen Rechtsprechung auf einen vorsatz- oder schuldausschließenden Irrtum berufen könnte. Bereits das **Vorliegen des objektiven Tatbestands** des § 203 Abs. 1 Nr. 1 StGB hat die zivilrechtliche Sanktion der Nichtigkeit des betreffenden Rechtsgeschäfts zur Folge.

Demnach ist der von V und K geschlossene Kaufvertrag gemäß § 134 i.V.m. § 203 Abs. 1 Nr. 1 StGB unwirksam.

B. Ergebnis

Somit hat V gegen K keinen Anspruch auf Abnahme und Zahlung des Kaufpreises aus § 433 Abs. 2.

---

76 BGHZ 116, 268, 272.
77 BGHZ 116, 268, 272.

4. Abschnitt: Sittenwidrigkeit und Wucher, § 138

Fall 30: Sittenwidrigkeit von Kreditverträgen
      (BGH, Urt. v. 10.07.1986 – III ZR 133/85, BGHZ 98, 174 ff.)

Die B-Bank gewährte K einen Ratenkredit mit einer Laufzeit von 60 Monaten für eine Kreditsumme i.H.v. 5.000 €. K arbeitete damals als Heizungsmonteur, seine Ehefrau, die F, als Verkäuferin. In dem von K und F unterschriebenen Kreditvertragsformular, das den Erfordernissen des § 492 entspricht, war u.a. vermerkt, dass bei einem effektiven Jahreszins von 25,76% mit Auszahlung der Kreditsumme eine einmalige Bearbeitungsgebühr von 3% und zusätzlich eine monatliche Kreditgebühr von 0,89% von der Antragsumme zu leisten sind. Nachdem K und F vereinbarungsgemäß in 60 monatlichen Raten den Gesamtbetrag i.H.v. insgesamt 9.260 € in bar an die B-Bank zurückgezahlt haben, teilt ihnen auf Anfrage eine Verbraucherzentrale mit, dass bei einem üblichen Marktzins von 8,1% die Forderungen der B-Bank wohl überzogen waren.

Können K und F die Gebühren und Zinsen i.H.v. 4.260 € von der B-Bank zurückverlangen?

K und F könnten als Gesamtgläubiger gegen die B-Bank einen Anspruch auf Rückzahlung der Gebühren und Zinsen i.H.v. 4.260 € aus §§ 812 Abs. 1 S. 1, 1. Var., (428) haben.

A. Anspruch entstanden

I. Etwas erlangt

Dazu müsste die B-Bank zunächst etwas erlangt haben.

Unter „etwas" ist jeder vermögenswerte (rechtliche) Vorteil zu verstehen. Die B-Bank erlangt Vermögensvorteil durch Eigentum und Besitz an den von K/F gezahlten Geldscheinen/-stücken.

II. Durch Leistung der Anspruchsteller

Ferner müsste die B-Bank diesen Vermögensvorteil auch durch Leistung der Anspruchsteller K und F erlangt haben.

Unter einer „Leistung" ist bei § 812 Abs. 1 S. 1, 1. Var. jede bewusste und zweckgerichtete Mehrung fremden Vermögens zur Erfüllung einer, wenn auch nur vermeintlich bestehenden, Verbindlichkeit zu verstehen.

K und F haben bewusst und zweckgerichtet das Vermögen der B-Bank zur Erfüllung ihrer Verbindlichkeit aus dem Darlehensvertrag nach § 488 Abs. 1 S. 2 (Darlehensrückzahlungsverpflichtung) gemehrt.

Somit liegt eine Leistung von K und F gegenüber der B-Bank vor.

III. Ohne rechtlichen Grund

Ferner müsste die Leistung von K und F ohne rechtlichen Grund erfolgt sein. Das ist der Fall, wenn der mit der Leistung bezweckte Erfolg verfehlt worden ist. Dies wiederum ist jedenfalls dann der Fall, wenn das der Leistung zugrunde liegende Vertragsverhältnis nicht besteht.

1. Einigung i.S.d. §§ 488, 490

Das der Leistung von K und F zugrunde liegende Vertragsverhältnis besteht hier in einem Verbraucherdarlehensvertrag gemäß §§ 488, 490 mit der B-Bank.

2. Wirksamkeit der Einigung

Fraglich ist jedoch, ob der Verbraucherdarlehensvertrag wirksam ist.

a) Formnichtigkeit nach § 494 Abs. 1 i.V.m. § 492 Abs. 1, Abs. 2 i.V.m. Art. 247 §§ 6–13 EGBGB

Eine Formnichtigkeit des Vertrags nach § 494 Abs. 1 i.V.m. § 492 Abs. 1, Abs. 2 i.V.m. Art. 247 §§ 6–13 EGBGB kommt mangels Verstoßes gegen verbraucherschützende Formerfordernisse nicht in Betracht.

b) Nichtigkeit wegen Wuchers, § 138 Abs. 2

Auch eine Nichtigkeit wegen Wuchers nach § 138 Abs. 2 scheidet aus. Zwar besteht ein auffälliges Missverhältnis zwischen objektivem Wert der Leistung und Gegenleistung, aber es liegt keine Ausbeutung einer Unterlegenheit der Schuldner vor. Die B-Bank macht sich mangels entgegenstehender Anhaltspunkte die Unerfahrenheit von K und F nicht in Kenntnis des objektiven Missverhältnisses bewusst zunutze.

c) Nichtigkeit wegen Sittenwidrigkeit, § 138 Abs. 1

Jedoch könnte der Verbraucherdarlehensvertrag gemäß § 138 Abs. 1 gegen die guten Sitten verstoßen und daher nichtig sein.
Ein Rechtsgeschäft ist sittenwidrig, wenn es gegen das Anstandsgefühl aller billig und gerecht Denkenden verstößt.[78] Abzustellen ist dabei auf die in der Gemeinschaft oder in der beteiligten Gruppe anerkannten moralischen Anschauungen.

aa) Objektiver Tatbestand

Zunächst müsste der objektive Tatbestand des § 138 Abs. 1 erfüllt sein.
Das ist der Fall, wenn das Rechtsgeschäft nach Art und Weise des Zustandekommens anstößig **(Umstandssittenwidrigkeit)**, sein Inhalt verwerflich ist **(Inhaltssittenwidrigkeit)** oder die Gesamtumstände des Rechtsgeschäfts nach Beweggrund und Zweck missbilligenswert sind.
Gegenseitige Verträge sind als **wucherähnliche Geschäfte** dann objektiv sittenwidrig, wenn ein auffälliges Missverhältnis von Leistung und Gegenleistung vorliegt.[79] Vorliegend überstieg der von der B-Bank verlangte effektive Jahreszins mit 25,76% den Marktzins von 8,1% um über 17%. Eine solche Überschreitung führt zu einem krassen Missverhältnis von Leistung und Gegenleistung, sodass der objektive Tatbestand des § 138 Abs. 1 erfüllt ist.

Beispiel für Umstandssittenwidrigkeit: Ausnutzung einer Macht-/Monopolstellung zur Erzwingung unangemessener Vertragsbedingungen.

Beispiel für Inhaltssittenwidrigkeit: Verstoß gegen herrschende Rechts- und Sozialmoral (Leihmuttervertrag)

bb) Subjektiver Tatbestand

Ferner müsste der subjektive Tatbestand des § 138 Abs. 1 erfüllt sein.
Das setzt voraus, dass die Partei die Sittenwidrigkeit begründenden Umstände kannte oder sich leichtfertig der Kenntnis erheblicher Tatsachen verschlossen hat. Die Kenntnis der Sittenwidrigkeit an sich ist nicht erforderlich. Bei gegenseitigen Verträgen, die ein auffälliges Missverhältnis von Leistung und Gegenleistung aufweisen, ist dies jedenfalls dann der Fall, wenn eine verwerfliche Gesinnung des Handelnden dergestalt erkennbar ist, dass er die Zwangslage des anderen Teils bewusst zu seinem Vorteil

---

78 BGHZ 10, 228, 232; 69, 295, 297.
79 BGHZ 98, 174, 176.

ausnutzt oder sich zumindest leichtfertig der Erkenntnis verschlossen hat, dass sich der andere nur unter dem Zwang der Verhältnisse auf den für ihn ungünstigen Vertrag eingelassen hat. Bei einem besonders groben Missverhältnis wird sogar widerleglich vermutet, dass ein Handeln aus verwerflicher Gesinnung vorlag.[80]

Mit Blick auf das vorliegend besonders grobe Missverhältnis von Leistung und Gegenleistung, das nicht nur zu einer überhöhten Zinsbelastung, sondern auch zu einer untragbaren Gebührenhöhe führt, greift die Vermutung ein, dass ein Handeln aus verwerflicher Gesinnung vorlag.

Diese Vermutung ist seitens der B-Bank auch nicht widerlegt worden, sodass der subjektive Tatbestand des § 138 Abs. 1 ebenfalls erfüllt ist.

cc) Zwischenergebnis

Mithin verstößt der Verbraucherdarlehensvertrag gemäß § 138 Abs. 1 gegen die guten Sitten und ist daher nichtig.

d) Gesetzliches Verbot nach § 134 i.V.m. § 291 Abs. 1 Nr. 1 StGB

Beachte : In einer gutachterlichen Falllösung sind alle in Betracht kommenden Nichtigkeitsgründe zu erörtern !

Darüber hinaus könnte auch noch ein Verstoß gegen ein Verbotsgesetz gemäß § 134 i.V.m. § 291 Abs. 1 Nr. 1 StGB in Betracht kommen.

Die dafür erforderlich Ausbeutung der Unerfahrenheit, indem die B-Bank sich für die Gewährung eines Kredits Vermögensvorteile versprechen und gewähren lässt, die in einem auffälligen Missverhältnis zu der Leistung steht, scheitert jedoch am fehlenden Vorsatz (vgl. oben bei § 138 Abs. 2).

Mithin liegt kein Verstoß gegen ein Verbotsgesetz vor.

IV. Zwischenergebnis

Somit liegt insgesamt kein Rechtsgrund i.S.d. § 812 Abs. 1 S. 1, 1. Var. für die Leistung von K und F vor.

V. Kein Ausschluss, § 814

Der Anspruch aus § 812 Abs. 1 S. 1, 1. Var. ist auch nicht gemäß § 814 ausgeschlossen. Schließlich liegt keine Unmöglichkeit der Rückzahlung, keine Kenntnis oder Erfolgsverhinderung seitens K und F vor.

VI. Kein Ausschluss, § 817 S. 2 (analog)

Ferner ist der Anspruch aus § 812 Abs. 1 S. 1, 1. Var. nicht gemäß § 817 S. 2 (analog) ausgeschlossen. Es liegt weder ein einseitiger Verstoß der Leistenden K und F (§ 817 S. 2 analog) noch ein beiderseitiger Verstoß (§ 817 S. 2 direkt) gegen die guten Sitten vor.

VII. Rechtsfolge

Daher muss die B-Bank die entrichteten Gebühren und Zinsen i.H.v. 4.260 € gemäß §§ 812 Abs. 1 S. 1, 1. Var., 818 Abs. 1, Abs. 2 im Wege des Wertersatzes zurückzahlen.

B. Ferner ist Anspruch nicht untergegangen und auch durchsetzbar.

Somit haben K und F als Gesamtgläubiger gegen die B-Bank einen Anspruch auf Rückzahlung der Gebühren und Zinsen i.H.v. 4.260 € aus §§ 812 Abs. 1 S. 1, 1. Var., (428).

---

80 BGHZ 98, 174, 178; BGH NJW 1992, 899 f.

Fall 31: Sittenwidrigkeit einer Bürgschaft von Nahbereichspersonen

Der Arbeitslose A will sich gemeinsam mit seiner Lebensgefährtin L, die über kein nennenswertes Einkommen verfügt, eine neue Existenz aufbauen und eine Kneipe eröffnen. A erklärt sich bereit, das dafür notwendige Inventar und die erforderlichen Genehmigungen zu besorgen. L soll später gleichberechtigte Partnerin des A sein und einen hälftigen Miteigentumsanteil am Kneipeninventar erhalten. A erklärt sich außerdem bereit, bei seiner Hausbank B einen Kredit i.H.v. 30.000 € aufzunehmen. L begleitet A zu seiner Hausbank. In dem Gespräch erklärt ihnen der Angestellte X, dass er die Investition gerne unterstütze, er aber Sicherheiten benötige. Er schlägt vor, dass L sich für den Kredit des A verbürgt. Schließlich wäre L – was A dem X erzählt hatte – die Lebensgefährtin des A und auch an der Kneipe „beteiligt". L erklärt sich damit einverstanden. Daraufhin schließt X im Namen der B-Bank einen wirksamen Darlehensvertrag mit A und holt einen vorformulierten Bürgschaftsvertrag über eine selbstschuldnerische Bürgschaft, den die B-Bank für alle Verträge dieser Art verwendet, aus der Schreibtischschublade und legt ihn – nach Eintragung des Hauptschuldners A und der Bürgschaftssumme i.H.v. 30.000 € – der L zur Unterschrift vor. L unterschreibt das Formular. Leider läuft die Kneipe so schlecht, dass A den Kredit nicht zurückzahlen kann und insolvent wird.

Kann die B-Bank nun L in Anspruch nehmen?

Die B-Bank könnte gegen L einen Anspruch auf Zahlung i.H.v. 30.000 € aus § 765 Abs. 1 haben.

A. Anspruch entstanden

Dazu müssten die Parteien sich mit dem Inhalt eines Bürgschaftsvertrages geeinigt haben und der Einigung dürften keine Wirksamkeitshindernisse entgegenstehen.

I. Einigung i.S.d. § 765

In Betracht kommt hier eine Einigung zwischen der B-Bank und L i.S.d. § 765 durch zwei übereinstimmende, empfangsbedürftige Willenserklärungen in Form eines Angebots und einer inhaltlich damit übereinstimmenden Annahme, §§ 145 ff.

Zwei übereinstimmende Willenserklärungen in Form eines Angebots der B-Bank (Bürgschaftsformular), vertreten gemäß § 164 Abs. 1 S. 1 durch X, und einer damit inhaltlich übereinstimmenden Annahme der L (Unterschreiben des Formulars) liegen vor, sodass sich die B-Bank mit L gemäß § 765 geeinigt hat.

II. Wirksamkeit der Einigung

Ferner müsste die Einigung i.S.d. § 765 auch wirksam sein.

1. Der Bürgschaftsvertrag dürfte nicht gemäß § 125 S. 1 **formnichtig** sein. Nach § 766 S. 1 ist zur Gültigkeit des Bürgschaftsvertrags die schriftliche Erteilung der Bürgschaftserklärung erforderlich. Das bedeutet, dass nach § 126 Abs. 1 L das Formular eigenhändig unterschreiben musste, was sie auch getan hat. Eine Unterschrift des X war nach § 766 S. 1 nicht erforderlich. Somit ist der Bürgschaftsvertrag nicht nach § 125 S. 1 nichtig.

2. Jedoch könnte der Bürgschaftsvertrag zwischen der B-Bank und L gemäß § 138 Abs. 1 **sittenwidrig** und somit nichtig sein.
Ein Rechtsgeschäft ist sittenwidrig, wenn es gegen das Anstandsgefühl aller billig und gerecht Denkenden verstößt. Bei **Bürgschaften von Nahbereichspersonen** liegt ein solcher Verstoß jedenfalls dann vor, wenn eine krasse finanzielle Überforderung des Bürgen besteht, dieser mit dem Hauptschuldner emotional verbunden ist und der Gläubiger das Näheverhältnis in sittlich vorwerfbarer Weise ausgenutzt hat.[81]

a) L müsste zunächst **in krasser Weise finanziell überfordert** sein. Eine solche Überforderung ist bereits dann gegeben, wenn der Bürge im Zeitpunkt des Vertragsschlusses voraussichtlich nicht in der Lage ist, die laufenden Zinsen aus dem pfändbaren Teil seines Einkommens und Vermögens zu bestreiten.
L verfügt über kein nennenswertes Vermögen, sodass davon auszugehen ist, dass sie die laufenden Zinsen nicht aufbringen kann. Ihre finanzielle Leistungsfähigkeit steht daher in einem krassen Missverhältnis zum Umfang der Bürgschaftsschuld.

b) Ferner müsste zwischen L und A eine **emotionale Verbundenheit** bestehen. Eine solche wird zwischen Ehegatten und nahen Angehörigen, wie z.B. Kindern stets angenommen. Sie wird aber auch bei Bestehen einer nichtehelichen Lebensgemeinschaft angenommen. Schließlich sei diese wegen des bestehenden Näheverhältnisses zwischen den Partnern ebenso schutzwürdig wie bei Ehegatten. A und L leben in einer nichtehelichen Lebensgemeinschaft, sodass zwischen ihnen auch eine emotionale Verbundenheit besteht.

c) Fraglich ist aber, ob die B-Bank das Näheverhältnis zwischen A und L **in vorwerfbarer Weise ausgenutzt** hat. Für das Vorliegen dieser subjektiven Voraussetzung der Sittenwidrigkeit besteht eine widerlegbare Vermutung. Danach wird also zunächst vermutet, dass die B-Bank das Näheverhältnis zwischen A und L in vorwerfbarer Weise ausgenutzt hat. Diese Vermutung kann aber durch die B-Bank widerlegt werden. Das ist jedenfalls dann der Fall, wenn der Darlehensnehmer zusammen mit seiner Lebensgefährtin ein gemeinsames wirtschaftliches Interesse an der Kreditgewährung hat oder ihr aus dem Zufluss der Darlehenssumme unmittelbare und ins Gewicht fallende Vorteile erwachsen.[82]
L erlangt zwar nicht direkt von der Auszahlung der Darlehenssumme an A einen Vorteil. Jedoch will A mit diesem Geld sodann Kneipeninventar erwerben, an dem L zur Hälfte Miteigentum begründen soll. Dies reicht für das geforderte „eigene wirtschaftlichen Interesse" der Bürgen L aus. Da die B-Bank durch X von der Beteiligung der L Kenntnis hat, kann sie die Vermutung, sie habe die emotionale Verbundenheit zwischen A und L in vorwerfbarer Weise ausgenutzt, widerlegen.

---

81 BGH WM 2003, 796 f.
82 BGH WM 2003, 796, 798.

d) Mithin ist die Bürgschaft auch nicht als sittenwidrig i.S.d. § 138 Abs. 1 anzusehen, sodass die Einigung der B-Bank mit L i.S.d. § 765 wirksam ist.

III. Bestand der zu sichernden Forderung, § 767 Abs. 1

Mit Blick auf die Akzessorietät der Bürgschaft müsste auch die zu sichernde Forderung bestehen, § 767 Abs. 1. Die B-Bank hat gegenüber A gemäß § 488 Abs. 1 S. 2 einen Darlehensrückzahlungsanspruch, der durch die Bürgschaft gesichert ist. Somit besteht die zu sichernde Forderung.

Mithin ist der Anspruch aus § 765 Abs. 1. entstanden.

B. Anspruch nicht untergegangen

Mangels entgegenstehender Anhaltspunkte ist der Anspruch auch nicht untergegangen. Es bestehen keine rechtsvernichtenden Einwendungen.

C. Anspruch durchsetzbar

Ferner müsste der Anspruch auch durchsetzbar sein.

L könnte hier die Einrede der Vorausklage nach § 771 Abs. 1 zustehen. Jedoch hat L im Bürgschaftsvertrag eine selbstschuldnerische Bürgschaft übernommen und somit auf die Einrede der Vorausklage gemäß § 773 Abs. 1 Nr. 1 verzichtet.

Andere rechtshemmende Einwendungen (= Einreden) kommen hier nicht in Betracht.

D. Ergebnis

Somit ist der Anspruch der B-Bank gegen L auch durchsetzbar, sodass B gegen L einen Anspruch auf Zahlung i.H.v. 30.000 € aus § 765 Abs. 1 hat.

Fall 32: Wucher

Der Unternehmer U verschickte mit Postwurfsendungen an alle Haushalte Einladungen zu einer „Butterfahrt mit Besuch einer Werbeveranstaltung" gegen einen Unkostenbeitrag von 5 €. Alle Interessenten wurden – wie auf der Einladung vorgesehen – zu bestimmten Abfahrtszeiten von zentralen Plätzen mit einem Reisebus abgeholt und nach einer kleinen Spazierfahrt mit Besuch eines ländlichen Gutshofes zu Kaffee und Kuchen in eine umgebaute Scheune eingeladen. Danach wurde den Interessenten ein Warensortiment vorgeführt und zum Kauf angeboten. Dabei wurde deutlich gemacht, die Fahrt hätte zu diesem Preis nur deshalb durchgeführt werden können, weil man fest mit Bestellungen rechne. Diskret wurde angedeutet, es sei unanständig, sich erst gratis bewirten zu lassen und dann nichts zu kaufen. Daraufhin kaufte A, wie viele andere, eine Rheumadecke zum Preis von 400 €, die er bar bezahlte. Auf die Möglichkeit zum Widerruf des Geschäfts nach § 355 Abs. 1 S. 1 i.V.m. § 312 Abs. 1 S. 1 Nr. 2 wurde A dabei ordnungsgemäß hingewiesen. Etwa vier Wochen später bedauerte A den Kauf, als er die gleiche Decke im Internet für 100 € entdeckte.

Nun verlangt er von U die Rückzahlung der 400 € Zug um Zug gegen Rückgabe der Rheumadecke unter Hinweis auf sein Widerrufsrecht.

Zu Recht?

A. A könnte gegenüber U einen Anspruch auf Rückzahlung des Kaufpreises Zug um Zug gegen Rückgabe der Rheumadecke aus §§ 346 Abs. 1, 348 i.V.m. §§ 357 Abs. 1 S. 1, 355 Abs. 1 S. 1, 312 Abs. 1 S. 1 Nr. 2 haben.

I. Rücktrittserklärung, § 349

Indem A Rückzahlung des Kaufpreises von U verlangte, erklärte er jedenfalls konkludent den Rücktritt vom Kaufvertrag.

II. Rücktrittsgrund

1. Ein vertraglicher oder gesetzlicher Rücktrittsgrund ist nicht gegeben.

2. Rücktrittsgrund über gesetzliches Widerrufsrecht, §§ 357 Abs. 1 S. 1, 355 Abs. 1 S. 1, 312 Abs. 1 S. 1 Nr. 2

Jedoch könnte sich ein Rücktrittsgrund aus dem gesetzlichen Widerrufsrecht im Rahmen von Haustürgeschäften gemäß §§ 357 Abs. 1 S. 1, 355 Abs. 1 S. 1 i.V.m. § 312 Abs. 1 S. 1 Nr. 2 ergeben.

a) Widerrufserklärung, § 357 Abs. 1 S. 1 i.V.m. § 349

Eine Widerrufserklärung des A i.S.v. § 357 Abs. 1 S. 1 i.V.m. § 349 ist ebenfalls konkludent in dem Verlangen nach Kaufpreisrückzahlung zu erblicken.

b) Widerrufsgrund, §§ 355 Abs. 1 S. 1, 312 Abs. 1 S. 1 Nr. 2

Ferner ist vorliegend gemäß § 355 Abs. 1 S. 1 i.V.m. § 312 Abs. 1 S. 1 Nr. 2 ein Widerrufsgrund gegeben.

c) Einhaltung der Widerrufsfrist

Fraglich ist jedoch, ob auch die Widerrufsfrist des § 355 Abs. 2 S. 1 von A eingehalten wurde.

A erhielt bei Abschluss des Kaufvertrags von U eine den Anforderungen des § 355 Abs. 2 S. 1 entsprechende Widerrufsbelehrung, sodass ab da eine zweiwöchige Widerrufsfrist gemäß § 355 Abs. 1 S. 2 lief, die A jedoch verstreichen ließ und damit nicht einhielt.

3. Zwischenergebnis

Somit steht A kein gesetzliches Widerrufsrecht nach §§ 355 Abs. 1 S. 1, 312 Abs. 1 S. 1 Nr. 2 und folglich auch kein Rücktrittsgrund zu.

A hat gegenüber U keinen Anspruch auf Rückzahlung des Kaufpreises Zug um Zug gegen Rückgabe der Rheumadecke aus §§ 346 Abs. 1, 348 i.V.m. §§ 357 Abs. 1 S. 1, 355 Abs. 1 S. 1, 312 Abs. 1 S. 1 Nr. 2.

B. A könnte jedoch gegen U einen Anspruch auf Rückzahlung des Kaufpreises Zug um Zug gegen Rückgabe der Rheumadecke aus § 812 Abs. 1 S. 1, 1. Var. haben.

I. Anspruch entstanden

1. Etwas erlangt

Dazu müsste U zunächst etwas erlangt haben. Unter „etwas" ist jeder vermögenswerte (rechtliche) Vorteil zu verstehen. U erlangt Vermögensvorteil durch Eigentum und Besitz an den von A gezahlten Geldscheinen/-stücken.

2. Durch Leistung des Anspruchstellers

Ferner müsste U diesen Vermögensvorteil auch durch Leistung des Anspruchstellers A erlangt haben. Unter einer „Leistung" ist bei § 812 Abs. 1 S. 1, 1. Var. jede bewusste und zweckgerichtete Mehrung fremden Vermögens zur Erfüllung einer, wenn auch nur vermeintlich bestehenden, Verbindlichkeit zu verstehen.
A hat bewusst und zweckgerichtet das Vermögen des U zur Erfüllung seiner Verbindlichkeit aus dem Kaufvertrag nach § 433 Abs. 2 gemehrt.

3. Ohne rechtlichen Grund

Ferner müsste die Leistung des A ohne rechtlichen Grund erfolgt sein.
Das ist der Fall, wenn der mit der Leistung bezweckte Erfolg verfehlt worden ist. Dies wiederum ist jedenfalls dann der Fall, wenn das der Leistung zugrunde liegende Vertragsverhältnis nicht besteht.
Fraglich ist insoweit, ob U und A einen wirksamen Kaufvertrag i.S.d. § 433 geschlossen haben.

a) Einigung i.S.d. § 433

A hat von U eine Rheumadecke zum Preis von 400 € gekauft und folglich haben sie sich i.S.d. § 433 geeinigt und einen Kaufvertrag abgeschlossen.

b) Wirksamkeit der Einigung

Die Einigung von A und U müsste jedoch auch wirksam sein

aa) Nichtigkeit wegen Wuchers, § 138 Abs. 2

Die Einigung könnte zunächst gemäß § 138 Abs. 2 nichtig sein.

(1) Objektiver Tatbestand

Voraussetzung dafür ist zunächst in objektiver Hinsicht ein auffälliges Missverhältnis von Leistung und Gegenleistung. Wann ein auffälliges Missverhältnis vorliegt, kann nicht generell, sondern nur aufgrund einer umfassenden Würdigung des Einzelfalls entschieden werden. Beim Kauf von Waren, die überall erhältlich sind und deren Verkehrswert objektiv einwandfrei festgestellt werden kann, ist eine schärfere Beurteilung angebracht.

Ein Aufschlag von über 200%, wie er hier gegeben ist, bewirkt daher ein auffälliges Missverhältnis. Somit liegt der objektive Tatbestand des Wuchers gemäß § 138 Abs. 2 vor.

(2) Subjektiver Tatbestand

Ferner müsste der subjektive Tatbestand des Wuchers vorliegen, also der Wucherer die beim anderen Teil bestehende Schwächesituation (Zwangslage, Unerfahrenheit, mangelndes Urteilsvermögen, erhebliche Willensschwäche) ausgebeutet haben. Dazu gehört zwar keine besondere Ausbeutungsabsicht des Wucherers, wohl aber ist es notwendig, dass er sich in Kenntnis des auffälligen Missverhältnisses die Zwangslage des Bewucherten bewusst und in verwerflicher Weise zunutze gemacht hat.[83]

Eine **„Zwangslage"**, also ein zwingendes Bedürfnis nach der Leistung des Wucherers, lag bei A nicht vor. **„Unerfahrenheit"**, d.h. ein Mangel an Lebens- und Geschäftserfahrung, kann aus der Unkenntnis vom Verkehrswert einer Leistung infolge fehlender Marktübersicht für sich allein noch nicht begründet werden. Der Käufer, der sich nicht selbst informiert, obwohl er dazu in der Lage ist, ist nicht schutzwürdig. Mangels entgegenstehender Anhaltspunkte ist weder von **„mangelndem Urteilsvermögen"** des A im Hinblick auf das konkrete Geschäft noch von **„erheblicher Willensschwäche"** auszugehen. Die erfolgreiche Ausübung eines sog. psychologischen Kaufzwangs, wie er hier stattfand, lässt noch nicht automatisch auf eine erhebliche Willensschwäche bei den Kunden schließen.[84] Folglich ist der subjektive Tatbestand des § 138 Abs. 2 nicht erfüllt und somit ist der Kaufvertrag nicht wegen Wuchers nach § 138 Abs. 2 nichtig.

bb) Nichtigkeit wegen Sittenwidrigkeit, § 138 Abs. 1

Jedoch könnte der Kaufvertrag gemäß § 138 Abs. 1 gegen die guten Sitten verstoßen und daher nichtig sein.

Ein Rechtsgeschäft ist sittenwidrig i.d.S., wenn es gegen das Anstandsgefühl aller billig und gerecht Denkenden verstößt. Abzustellen ist dabei auf die in der Gemeinschaft oder in der beteiligten Gruppe moralischen Anschauungen.

Mit Blick auf das vorliegende auffällige Missverhältnis von Leistung und Gegenleistung ist der Kaufvertrag als wucherähnliches Geschäft (*vgl. Fall 30*) sittenwidrig und daher gemäß § 138 Abs. 1 nichtig.

c) Zwischenergebnis: Somit erfolgte die Leistung des A ohne rechtlichen Grund, sodass der Anspruch aus § 812 Abs. 1 S. 1, 1. Var. entstanden ist.

II. Mangels Eingreifen von rechtsvernichtenden Einwendungen ist der Anspruch nicht untergegangen.

III. Ferner greifen zugunsten des U keinerlei rechtshemmende Einwendungen (= Einreden) ein, sodass der Anspruch auch durchsetzbar ist.

Somit hat A gegen U einen Anspruch auf Rückzahlung des Kaufpreises Zug um Zug gegen Rückgabe der Rheumadecke aus § 812 Abs. 1 S. 1, 1. Var.

---

83 BGH NJW 1982, 2267 f.; 1985, 3006 f.
84 BGHZ 110, 156, 174 = NJW 1991, 287, 291 f.

5. Abschnitt: Anfechtung, §§ 142 ff.

Anfechtung, §§ 142 ff.

I. Zulässigkeit der Anfechtung (nur bei Anlass prüfen)

Nicht anfechtbar sind z.B.

- Rechtsfolgen des Schweigens (z.B. kaufmännisches Bestätigungsschreiben)
- Rechtsscheinstatbestände (z.B. Duldungs-, Anscheinsvollmacht)

II. Anfechtungserklärung, § 143 Abs. 1: Rechtsgeschäft soll wegen Willensmangels nicht gelten

1. Empfangsbedürftige (und bedingungsfeindliche) Willenserklärung, § 130 Abs. 1 S. 1
2. Anfechtungsgegner, § 143
3. Bei Vertretung gilt § 174 (Vorlage einer Vollmachtsurkunde)

III. Anfechtungsgrund (bei Abgabe der WE)

1. § 119 Abs. 1
   - Var. 1: Inhaltsirrtum = über Erklärungsinhalt
   - Var. 2: Erklärungsirrtum = über Erklärungshandlung (Versprechen, Verschreiben, etc.)
   a) Ermittlung des objektiven Erklärungswerts = äußerer Erklärungstatbestand
   b) Ermittlung des subjektiven Erklärungswerts = innerer Erklärungstatbestand
   c) Unbewusstes Auseinanderfallen hinsichtlich des **Geschäftswillens** (§ 119 Abs. 1 direkt) oder des **Erklärungsbewusstseins** (§ 119 Abs. 1 analog) zwischen innerem und äußerem Erklärungstatbestand
   d) Erheblichkeit (wenn Erklärung sonst so nicht abgegeben worden wäre)
2. § 119 Abs. 2
   a) Eigenschaften = alle wertbildenden Merkmale (nicht jedoch der Preis/Wert an sich)
   b) Verkehrswesentlich (vereinbart/erkennbar zugrunde gelegt)
   c) Ausgeschlossen
      - durch Gewährleistungsvorschriften soweit Irrtum = Mangel
      - bei Doppelirrtum durch Störung der Geschäftsgrundlage gemäß § 313 (str.)
3. § 120, wenn Erklärungsbote unbewusst einen anderen Inhalt überbringt
4. § 123
   a) Widerrechtliche Drohung: Drohung ist die Ankündigung eines Übels, dessen Eintritt der Handelnde aus der Sicht des Adressaten beeinflussen kann.
   b) Arglistige Täuschung durch den Vertragspartner oder einen anderen, der nicht „Dritter" ist (Wertung des § 278); falls Dritter: Anfechtungsmöglichkeit ggf. nach § 123 Abs. 2 ausgeschlossen bei Kenntnis/Kennenmüssen des Vertragspartners

IV. Anfechtungsfrist

Bei §§ 119, 120: gemäß § 121 Abs. 1 „unverzüglich"

Bei § 123: gemäß § 124 binnen eines Jahres

V. Kein Ausschluss

- Bestätigung gemäß § 144; erforderlich aber Bewusstsein der Anfechtbarkeit
- Fristen der §§ 121 Abs. 2, 124 Abs. 3 (10 Jahre seit Abgabe der Erklärung)

VI. Rechtsfolge

1. Willenserklärung nach § 142 Abs. 1 von Anfang an (ex tunc) nichtig [damit auch Vertrag nichtig]
   (Beachte für Kenntnis/Kennenmüssen der Anfechtbarkeit: § 142 Abs. 2 !)
2. Ggf. Rückabwicklung gemäß §§ 812 ff.
3. Ggf. Schadensersatzpflicht gemäß § 122 (nicht bei Anfechtung gemäß § 123 !)
4. Bei Teilanfechtung: Teilnichtigkeit, wenn Leistung teilbar

---

Fall 33: Inhaltsirrtum nach § 119 Abs. 1, 1. Var.

Der vielbeschäftigte und stets hektische K will bei seinem Mobilfunk-
dienstanbieter V den Tarif umstellen. Da dies jederzeit und kostenlos
möglich, jedoch mit einigen Formalitäten verbunden ist, ruft er bei V an
und bittet einen Angestellten (A) alles soweit vorzubereiten, damit er
nicht unnötig lange im Geschäft des V aufgehalten wird. Man verspricht
ihm, die erforderlichen Unterlagen unterschriftsreif vorzubereiten. Aus
Versehen wird jedoch anstelle des Formulars „Tarifumstellung" das daneben liegende Bestellformular für den Kauf eines Handys Typ Motorola
Razar VR 3 zum Preis von 249 € mit den Daten des K ausgefüllt. Kurz darauf erscheint K im Geschäft des V und unterschreibt in Eile sämtliche
vorgelegten Papiere, ohne sie vorher durchgelesen zu haben. Er geht
dabei fest davon aus, lediglich seinen Tarif umzustellen.

Als V sich Tage später bei K meldet und ihm mitteilt, dass er das Handy
bei ihm gegen Barzahlung abholen könne, erklärt K, dass er den Kauf für
unwirksam hält. Schließlich wollte er nur seinen Tarif umstellen und
nicht ein Handy kaufen. V ist der Ansicht, K hätte besser aufpassen müssen, was er unterschreibt. Schließlich gelte auch für ihn der Grundsatz
„pacta sunt servanda".

Kann V von K Zahlung und Abnahme des Handys verlangen?

V könnte gegen K einen Anspruch auf Abnahme und Zahlung des Kaufpreises aus § 433 Abs. 2 haben.

A. Anspruch entstanden

I. Einigung i.S.d. § 433

Dazu müssten sich V und K zunächst i.S.d. § 433 geeinigt haben.

1. Angebot des V

Im Vorlegen des Bestellformulars hat V dem K noch kein Angebot zum Han-
dy-Verkauf unterbreitet. Vielmehr ist grundsätzlich in dem Vor- oder Ausle-
gen von Bestellformularen lediglich eine invitatio ad offerendum zu sehen,
da davon auszugehen ist, das V sich erst nach der Prüfung der ausgefüllten
Daten bindend verpflichten will und ihm daher zu der Zeit der Rechtsbindungswille fehlt.

2. Angebot des K

Indem K das Formular unterzeichnete, liegt kraft Auslegung nach dem objektiven Empfängerhorizont (§ 157) der äußere Erklärungstatbestand einer
Willenserklärung vor. Dabei hatte K auch Handlungswillen und Erklärungsbewusstsein, sodass ihm der äußere Erklärungstatbestand subjektiv zurechenbar ist und damit der innere Erklärungstatbestand gegeben ist. Dass K
insoweit der Geschäftswille dahingehend fehlte, ein Handy zu erwerben,
ist unschädlich, da der Geschäftswille kein konstitutives Merkmal einer Willenserklärung darstellt.

3. Annahme des V

Das Angebot wurde spätestens durch die Erklärung, das Handy läge jetzt
bereit, vonseiten des V angenommen.

4. Zwischenergebnis

Mithin haben sich V und K i.S.d. § 433 geeinigt und damit einen Kaufvertrag geschlossen.

II. Wirksamkeit der Einigung

Ferner müsste die Einigung zwischen V und K auch wirksam sein.

Hier könnte K jedoch sein Angebot angefochten haben, sodass der Kaufvertrag gemäß § 142 Abs. 1 von Anfang an (ex tunc) als nichtig anzusehen ist.

1. Anfechtungserklärung gegenüber Anfechtungsgegner, § 143

Dazu müsste K die Anfechtung gemäß § 143 Abs. 1 zunächst erklärt haben. Eine Anfechtungserklärung ist jede Erklärung, die eindeutig erkennen lässt, dass das Rechtsgeschäft wegen eines Willensmangels nicht gelten soll. Das Wort „anfechten" braucht dabei nicht verwendet werden. K will von dem Kauf des Handys nichts wissen, er fühlt sich an den Kaufvertrag nicht gebunden. Damit erfüllt die Erklärung des K die Voraussetzungen einer Anfechtungserklärung, die er gemäß § 143 Abs. 2 auch gegenüber dem Anfechtungsgegner V abgegeben hat.

2. Anfechtungsgrund, § 119 Abs. 1, 1. Var. (Inhaltsirrtum)

Ferner müsste auch ein Anfechtungsgrund bestehen. In Betracht kommt hier ein Inhaltsirrtum gemäß § 119 Abs. 1, 1. Var. Ein **Inhaltsirrtum** liegt dann vor, wenn im Zeitpunkt der Abgabe einer Willenserklärung das objektiv Erklärte vom subjektiv Gewollten unbewusst abweicht, d.h., der Erklärende setzt das gewollte Erklärungszeichen, misst diesem aber eine andere Bedeutung bei. Problematisch ist hier insofern, dass K das Kaufvertragsformular ungelesen unterschrieben hat. Insoweit muss differenziert werden:

a) Wer ein Schriftstück in bewusster Unkenntnis von seinem Inhalt unterzeichnet, der unterliegt keinem Irrtum: Wer sich überhaupt keine Gedanken über den Inhalt einer Erklärung macht, hat keine Fehlvorstellungen. Ein Anfechtungsrecht scheidet daher aus.[85]

b) Hat der Unterzeichner jedoch vom Inhalt des Schriftstücks eine bestimmte, jedoch unrichtige Vorstellung, so fallen Erklärtes und Gewolltes unbewusst auseinander, sodass ein Inhaltsirrtum nach § 119 Abs. 1, 1. Var. gegeben ist.[86]

K hat hier die von A vorgelegten Papiere nicht in bewusster Unkenntnis unterschrieben, sondern ist dabei davon ausgegangen, lediglich seinen Tarif umzustellen. Dieser Fall ist in der letztgenannten Gruppe einzuordnen, sodass ein Inhaltsirrtum vorliegt. Auf Verschulden, Erkennbarkeit etc. kommt es insoweit nicht an. Dieser Inhaltsirrtum berechtigt auch zur Anfechtung, da er kausal für die Abgabe der Willenserklärung war, § 119 Abs. 1, 2. Halbs. Bei Kenntnis der Sachlage und verständiger Würdigung des Falles hätte K nämlich das Kaufvertragsformular nicht unterzeichnet, da er ein Handy nicht erwerben wollte.

Ein Anfechtungsgrund nach § 119 Abs. 1, 1. Var. ist daher gegeben

> Die Anfechtung kann im **Prüfungsaufbau** entweder im Rahmen der „Wirksamkeit der Einigung" als **rechtshindernde Einwendung** oder nach Feststellung des Zustandekommens eines Vertrags unter „Anspruch untergegangen" als **rechtsvernichtende Einwendung** geprüft werden. Beides führt zum selben Ergebnis und ist logisch vertretbar. Hier wird Ersteres vertreten, weil Gegenstand der Anfechtung nach §§ 119 ff. nicht das Rechtsgeschäft, sondern die Willenserklärung ist.

---

85 Vgl. OLG Hamm NJW 2001, 1142 ff.
86 BGH NJW 1995, 190 f.

3. Einhaltung der Anfechtungsfrist, § 121

Ferner müsste K auch die Anfechtungsfrist des § 121 Abs. 1 S. 1 gewahrt haben. Nachdem K von seinem Irrtum Kenntnis erlangt hat, hat er die Anfechtung sofort, also ohne schuldhaftes Zögern, erklärt. Er hat somit „unverzüglich" gehandelt und die Anfechtungsfrist des § 121 Abs. 1 S. 1 gewahrt.

4. Kein Ausschluss der Anfechtung

Ferner dürfte die Anfechtung auch nicht ausgeschlossen sein. Mangels entgegenstehender Anhaltspunkte ist dies hier der Fall; insbesondere ist das anfechtbare Rechtsgeschäft nicht von dem Anfechtungsberechtigten K gemäß § 144 bestätigt worden.

5. Zwischenergebnis

Mithin hat K sein Angebot erfolgreich angefochten, sodass der Kaufvertrag gemäß § 142 Abs. 1 von Anfang an unwirksam ist.

B. Ergebnis

Somit ist der Anspruch nicht entstanden, sodass V von K nicht die Abnahme und Zahlung des Kaufpreises aus § 433 Abs. 2 verlangen kann.

Fall 34: Externer (offener) Kalkulationsirrtum (Rubel-Fall)
　　(RGZ 105, 406 ff.)

K hielt sich eine ganze Zeit lang im regnerischen Moskau auf. Dort streckte er dem mittellosen deutschen Tagelöhner B 30.000 Rubel vor, die dieser zur Heimreise benötigte. K und B vereinbarten, dass B nach seiner Heimkehr K das Geld in deutscher Währung zurückzahlen sollte. Beide gingen davon aus, dass der Gegenwert eines Rubels 25 ct waren. Sie vereinbarten deshalb eine Rückzahlung des B von 7.500 €. In Wahrheit war der Rubel aber nur 1 ct wert.

Nach der Rückkehr des B verlangt K von diesem 7.500 €. B ficht den Vertrag mit der Begründung an, er habe sich über den wahren Wert des Rubels getäuscht. Zu Recht?

K könnte gegen B einen Anspruch auf Rückzahlung von 7.500 € aus § 488 Abs. 1 S. 2 haben.

A. Anspruch entstanden

Dazu müssten sich K und B zunächst i.S.d. § 488 geeinigt haben.

I. Einigung i.S.d. § 488

Eine ausdrückliche Vereinbarung zwischen K und B über ein Darlehen i.H.v. 7.500 € liegt gemäß § 488 vor.

Eine Auslegung der Vereinbarung nach §§ 133, 157 dahingehend, dass nur 300 € geschuldet sind, wäre nur zutreffend, wenn die Berechnungsmethode selbst Gegenstand der Vereinbarung geworden ist. Der an diesem Tag bestehende Kurswert der Berechnung sollte aber nicht Inhalt der Vereinbarung werden. Hierbei handelt es sich lediglich um eine Vorstellung, die beide Parteien „im Hinterkopf" hatten, die sie aber nicht in der Vereinbarung zum Ausdruck brachten. Es liegt daher kein Fall der falsa demonstratio (vgl. Fall 12) vor. Die Vereinbarung ist so auszulegen, dass K und B sich über ein Darlehen i.H.v. 7.500 € und nicht lediglich i.H.v. 300 € geeinigt haben.

II. Wirksamkeit der Einigung

Ferner müsste die Einigung von K und B i.S.d. § 488 über ein Darlehen i.H.v. 7.500 € auch wirksam sein.

Hier könnte B jedoch seine im Rahmen des Darlehens abgegebene Willenserklärung angefochten haben, sodass der Darlehensvertrag gemäß § 142 Abs. 1 als von Anfang an (ex tunc) nichtig anzusehen ist.

1. Anfechtungserklärung gegenüber Anfechtungsgegner, § 143

Zunächst müsste B die Anfechtung gegenüber dem Anfechtungsgegner K gemäß § 143 Abs. 1 i.V.m. Abs. 2 erklärt haben. Dies ist hier der Fall.

2. Anfechtungsgrund, § 119 Abs. 1, 1. Var. (Inhaltsirrtum)

Ferner müsste auch ein Anfechtungsgrund bestehen.

Hier kommt ein **Inhaltsirrtum** gemäß § 119 Abs. 1, 1. Var. in Betracht. Dieser liegt dann vor, wenn im Zeitpunkt der Abgabe einer Willenserklärung das objektiv Erklärte vom subjektiv Gewollten unbewusst abweicht, d.h., der Erklärende setzt das gewollte Erklärungszeichen, misst diesem aber eine andere Bedeutung bei. Indem K und B übereinstimmend von einem fal-

Im Gegensatz zur Leihe geht beim Gelddarlehen (§ 488) und beim Sachdarlehen (§ 607) das Eigentum an der zur Verfügung gestellten Sache über und es wird auch nicht die gleiche Sache zurückgeschuldet.

schen Berechnungsergebnis aufgrund unrichtigen Devisenkurses ausgingen und dies zum Gegenstand der Vertragsverhandlungen machten bzw. dies bei Abschluss des Vertrags mitteilten, lag die Kalkulationsgrundlage für B offen. Durch die Verlautbarung wurde die Berechnung Bestandteil seiner Willenserklärung und damit rechtlich erheblich. Es liegt somit ein **sog. externer (offener) Kalkulationsirrtum** vor.

Umstritten ist, wie dieser rechtlich zu behandeln ist.

a) Erweiterter Inhaltsirrtum

Nach Auffassung des Reichsgerichts[87] stellt ein externer Kalkulationsirrtum einen erweiterten Inhaltsirrtum dar und begründet ein Anfechtungsrecht. Dies wird damit begründet, dass Kalkulation und Berechnung Inhalt der Erklärung geworden seien und der Erklärende so dem Grundsatz der Privatautonomie entsprechend zusätzlich zu den essentialia negotii weitere Punkte zum Inhalt seiner Erklärung gemacht habe. Wenn er dann über den erweiterten Inhalt der Erklärung irre, gebiete § 242 eine Loslösungsmöglichkeit durch Anfechtung.

Nach dieser Ansicht bestünde für B somit ein Anfechtungsgrund nach § 119 Abs. 1, 1. Var.

b) Unbeachtlicher Motivirrtum

Nach Ansicht der herrschenden Literatur[88] und des Bundesgerichtshofes[89] berechtigt ein externer Kalkulationsirrtum nicht zur Anfechtung. Dies wird damit begründet, dass die Kalkulation letztlich ein vorgelagertes Motiv sei und eine Anfechtungsmöglichkeit eine unbillige Privilegierung des Redseligen darstelle.

Dieser Ansicht nach bestünde somit für B kein Anfechtungsgrund nach § 119 Abs. 1, 1. Var.

c) Stellungnahme

Der zweiten Ansicht ist zu folgen. Denn selbst wenn mit dem Kalkulationsergebnis (Preis, Warenmenge) die Kalkulationsgrundlage (Kostenvoranschlag, Teilpreise, Teilmengen oder Mengenschätzung) miterklärt wird, so wird doch jeweils etwas erklärt, was auch erklärt werden soll und über dessen Sinn und Bedeutung kein Irrtum besteht. Allein das gewollt Erklärte deckt sich nicht mit der Wirklichkeit. Das ist aber ein Sachproblem, das nicht von § 119 Abs. 1 geregelt wird.

Folglich besteht kein Anfechtungsgrund des B, sodass er seine im Rahmen des Darlehens abgegebene Willenserklärung nicht anfechten konnte. Mithin ist der Darlehensvertrag nicht gemäß § 142 Abs. 1 von Anfang an (ex tunc) nichtig, sondern wirksam.

III. Korrektur des Irrtums nach anderen Rechtsgrundsätzen

Ob und inwieweit der Irrtum nach anderen Rechtsgrundsätzen korrigiert werden kann, hängt von den Umständen des Einzelfalls ab.

1. Mitunter wird in Fällen des **Doppelirrtums**, wenn also beide Parteien über einen Umstand irren, der Grundlage des Geschäfts ist, eine Anfech-

---

87 RGZ 64, 266, 268; 116, 15, 17; 162, 198, 201.
88 Palandt/Ellenberger § 119 Rdnr. 19; Staudinger/Dilcher § 119 Rdnr. 28 ff.; Flume, AT II, § 23 Ziff. 4 e; Medicus, BGB AT, Rdnr. 757 ff.
89 BGHZ 139, 177, 180.

tung gemäß § 119 Abs. 2 möglich. Im Hinblick darauf, dass diejenige Partei, die aufgrund des Irrtums einen Nachteil erleidet und den Vertrag anficht, der anderen Partei Schadensersatz gemäß § 122 leisten muss, ist dies jedoch nicht sachgerecht. Schließlich hat sich die andere Partei in der gleichen Weise geirrt und ist daher nicht schutzwürdiger als die anfechtende Partei. Im Übrigen kann es auch sein, dass beide Parteien aufgrund eines Irrtums einen Nachteil erleiden und sich vom Vertrag lösen wollen. Dann aber muss derjenige Schadensersatz gemäß § 122 leisten, der zufällig als erster die Anfechtungserklärung abgegeben hat. Dafür gibt es jedoch keinen plausiblen Grund, sodass dieses Ergebnis nicht sachgerecht wäre. Daher muss eine Anfechtung nach § 119 Abs. 2 in Fällen des Doppelirrtums verneint werden.

2. In Betracht kommt ein Anspruch des B auf **Anpassung des Vertrags** an den damaligen Umrechnungskurs nach den Grundsätzen der Störung der Geschäftsgrundlage gemäß § 313 Abs. 1 i.V.m. Abs. 2.

a) Dazu müssten sich wesentliche Vorstellungen beider Parteien über bestimmte Umstände, die nicht unmittelbar Inhalt des Vertrags geworden sind, als falsch herausstellen (tatsächliches Element). Dies ist hier die Vorstellung, 30.000 Rubel entsprächen nach dem Umrechnungskurs 7.500 €.

b) Ferner müssten die Parteien den Vertrag, wenn sie die wahren Umstände gekannt hätten, nicht oder mit einem anderen Inhalt geschlossen haben. Hier ist davon auszugehen, dass K und B den Vertrag entsprechend des Umrechnungskurses schließen und nicht eine Summe festlegen wollten, die das 25-fache des Wertes des Rubels beträgt.

c) Überdies darf das Festhalten am Vertrag im konkreten Fall, auch unter Berücksichtigung der vertraglichen Risikoverteilung, einer Vertragspartei nicht zumutbar sein. Zwar trägt grundsätzlich jede Partei selbst das Risiko, dass die Leistung, die sie vom anderen verlangen kann, weniger wert ist als die Leistung, die sie selbst an den anderen zu erbringen hat. Schließlich bleibt es jedem selbst überlassen, zu welchen Konditionen er einen Vertrag schließt. Er muss sich eben vorher kundig machen und gegebenenfalls von dem Vertrag Abstand nehmen. Eine Vertragsanpassung ist dann nicht möglich. Anders ist es aber in den Fällen, wie hier, in denen der Wert von Leistung und Gegenleistung ganz erheblich und in völlig unzumutbarem Maße auseinanderfallen, ohne dass dieses Auseinanderfallen dem Risikobereich einer Partei zuzuordnen ist. Wenn der Wert der Leistung nur ein Fünfundzwanzigstel der Gegenleistung beträgt und dies auf einem Irrtum beider Parteien beruht, dann ist der hierdurch benachteiligten Partei das Festhalten am Vertrag nicht mehr zumutbar.

d) Daher kann B gemäß § 313 Abs. 1 die Anpassung des Vertrags verlangen, und zwar zu dem Inhalt, mit welchem K und B den Vertrag abgeschlossen hätten, wenn sie die Störung der Geschäftsgrundlage gekannt hätten. Dies bedeutet, dass B einen Anspruch auf Herabsetzung der Summe von 7.500 € auf 300 € verlangen kann.

B. Ergebnis: Vorbehaltlich der Geltendmachung des Anspruchs auf Vertragsanpassung nach § 313 Abs. 1 i.V.m. Abs. 2 durch B, hat K keinen Anspruch gegenüber B auf Rückzahlung der 7.500 € aus § 488 Abs. 1 S. 2.

> **Fall 35: Erklärungsirrtum nach § 119 Abs. 1, 2. Var. bei falscher Preisauszeichnung im Internet**
> (BGH, Urt. v. 26.01.2005 – VIII ZR 79/04; NJW 2005, S. 976 ff.)
>
> Die K veräußert Computer nebst Zubehör über eine Website im Internet. Im Januar 2012 legte der zuständige Mitarbeiter der K für das Notebook Samsung V45 einen Verkaufspreis von 2.650 € fest und gab diesen in das EDV-gesteuerte Warenwirtschaftssystem der K ein, das die Daten anschließend automatisch in die Produktdatenbank der Internetseite übertrug. Als Ergebnis dieses Vorgangs enthielt die Datenbank jedoch nicht den eingegebenen Betrag von 2.650 €, sondern einen Verkaufspreis von 245 €. B bestellte am 01.02.2012 ein Notebook des vorgenannten Typs zu dem auf der Internetseite angegebenen Verkaufspreis von 245 €. K bestätigte B mittels einer automatisch verfassten E-Mail den Eingang der Bestellung und zugleich die Warenverfügbarkeit zu diesem Preis. Das Notebook wurde mit Rechnung/Lieferschein der K vom 05.02.2012 zum Verkaufspreis von 245 € an B ausgeliefert. Erst im Rahmen einer Revision am 09.02.2012 bemerkten Mitarbeiter der K, dass es zu dem Fehler im Datentransfer der ansonsten beanstandungsfrei laufenden Software gekommen war; die Ursache konnte nicht festgestellt werden. Mit Schreiben vom 11.02.2012 erklärte K die Anfechtung des Kaufvertrags gegenüber B mit der Begründung, das Notebook sei aufgrund eines Systemfehlers irrtümlich mit dem Preis von 245 € versehen worden.
>
> Steht K ein Anspruch auf Herausgabe des Notebooks zu?

K könnte gegenüber B einen Anspruch auf Herausgabe des Notebooks aus § 812 Abs. 1 S. 1, 1. Var. haben.

A. Anspruch entstanden

I. Etwas erlangt

Zunächst müsste B etwas erlangt haben.

Unter „etwas" ist jeder vermögenswerte (rechtliche) Vorteil zu verstehen. B erlangt in diesem Sinne einen Vermögensvorteil durch Eigentum und Besitz an dem Notebook. Die Übereignung des Notebooks gem. § 929 S. 1 ist wirksam. Schließlich hat K ausdrücklich nur die Anfechtung des Kaufvertrags erklärt hat und – mangels Irrtums – die Einigung i.S.d. § 929 S. 1 auch nicht anfechten könnte.

Somit hat B etwas erlangt.

II. Durch Leistung der Anspruchstellerin

Ferner müsste B diesen Vermögensvorteil auch durch Leistung des Anspruchstellers K erlangt haben.

Unter einer „Leistung" ist bei § 812 Abs. 1 S. 1, 1. Var. jede bewusste und zweckgerichtete Mehrung fremden Vermögens zur Erfüllung einer, wenn auch nur vermeintlich bestehenden, Verbindlichkeit zu verstehen. K hat bewusst und zweckgerichtet das Vermögen des B zur Erfüllung ihrer Verbindlichkeit aus dem Kaufvertrag nach § 433 Abs. 1 gemehrt und somit an B geleistet.

III. Ohne rechtlichen Grund

Ferner müsste die Leistung der K ohne rechtlichen Grund erfolgt sein.

Das ist der Fall, wenn der mit der Leistung bezweckte Erfolg verfehlt worden ist. Dies wiederum ist jedenfalls dann der Fall, wenn das der Leistung zugrunde liegende Vertragsverhältnis nicht besteht.

1. Einigung i.S.d § 433

K und B könnten sich i.S.d. § 433 geeinigt und damit einen Kaufvertrag geschlossen haben.

a) Angebot der K

Bei der Präsentation des Notebooks auf der Internetseite handelt es sich nach dem objektiv erkennbaren Willen der K lediglich um eine Aufforderung an Interessenten, Angebote abzugeben (invitatio ad offerendum). Ein Angebot des K liegt mithin nicht vor.

b) Angebot des B

Jedoch stellt die Bestellung des B am 01.02.2012 zu dem auf der Internetseite der K angegebenen Verkaufspreis von 245 € ein Angebot des B zum Abschluss eines Kaufvertrags dar.

c) Annahme der K

Das Angebot der B ist von K mittels einer automatisch verfassten Bestätigungs-E-Mail, wie eine an §§ 133, 157 orientierte Auslegung ergibt, auch direkt angenommen worden.

Somit haben sich K und B gemäß § 433 geeinigt und damit einen Kaufvertrag geschlossen.

Hier wird der Eingang der Bestellung nebst Warenverfügbarkeit (= Annahme) und nicht nur der Zugang i.S.v. § 312 g Abs. 1 Nr. 3 bestätigt.

2. Wirksamkeit der Einigung

Ferner müsste die Einigung zwischen K und B auch wirksam sein. Hier könnte K ihre Annahme jedoch angefochten haben, sodass der Kaufvertrag gemäß § 142 Abs. 1 als von Anfang an (ex tunc) nichtig anzusehen wäre.

a) Anfechtungserklärung gegenüber Anfechtungsgegner, § 143 Abs. 1

Eine Anfechtungserklärung der K liegt mir ihrem Schreiben vom 11.02.2012 gemäß § 143 Abs. 1 i.V.m. Abs. 2, 1. Halbs. gegenüber dem richtigen Anfechtungsgegner B vor.

b) Anfechtungsgrund

aa) Als Anfechtungsgrund kommt zunächst **§ 120 wegen falscher Übermittlung** in Betracht.

Der Mitarbeiter der K hat bei dem Einstellen des Artikels jedoch selbst nicht „unrichtig übermittelt". Dies kann allenfalls durch „die zur Übermittlung verwendete Einrichtung" geschehen sein. Unter solchen Einrichtungen sind Anbieter zu verstehen, die Erklärungen etwa per Telefax oder E-Mail übermitteln, so z.B. die Deutsche Post AG. Vorliegend ist der Fehler innerhalb der ansonsten beanstandungsfrei laufenden Software der K aufgetreten. Bei der Software selbst handelt es sich nicht um eine Einrichtung i.S.d. § 120, derer man sich „zur Übermittlung" von Daten bedient, denn mit Eingabe der Daten hat die Erklärung den Bereich des Erklärenden noch nicht verlassen. Die Voraussetzungen des § 120 liegen daher nicht vor.

bb) Als Anfechtungsgrund kommt aber ein **Erklärungsirrtum gemäß § 119 Abs. 1, 2. Var.** in Betracht. Bereits beim Einstellen des Artikels in ihr Warenwirtschaftssystem könnte K einem **Erklärungsirrtum** gemäß § 119 Abs. 1, 2. Var. unterlegen sein. Ein Erklärungsirrtum liegt vor, wenn der Erklärende sich über die Erklärungshandlung irrt, also eine Erklärung dieses Inhalts nicht abgeben wollte (Versprechen, Verschreiben, Vergreifen). K wollte auf ihrer Internetseite für das Notebook den Verkaufspreis von 2.650 € angeben. Fraglich ist, ob es sich hierbei nicht um einen Fehler in der Willensbildung und damit um einen Motivirrtum handelt. Motivirrtümer sind nur in den Ausnahmefällen der §§ 119 Abs. 2, 123 Abs. 1 anfechtbar. K hat ihren Erklärungswillen fehlerfrei gebildet, indem ihr zuständiger Mitarbeiter den Verkaufspreis für das Notebook auf 2.650 € festlegte und dieser Betrag nach ihrer Vorstellung vom Ablauf des verwendeten Computerprogramms in die Produktdatenbank der Internetseite übernommen werden sollte. Die Angabe des falschen Betrags von 245 € beruhte nicht auf einer fehlerhaften Berechnung des Preises im Stadium der Willensbildung, sondern auf einem nachfolgenden Fehler bei der Übertragung der Daten. Der vorliegende Fall ist daher nicht mit einem (verdeckten) Kalkulationsirrtum vergleichbar, bei dem der bereits im Stadium der Willensbildung unterlaufene Fehler als Irrtum im Beweggrund (Motivirrtum) grundsätzlich nicht zur Anfechtung berechtigt, auch wenn die falsche Berechnung auf Fehlern einer vom Erklärenden verwendeten Software beruht.[90] Die tatsächlich auf der Internetseite erschienene Preisangabe von 245 € stellt daher keinen Fehler in der Willensbildung dar.

Zu beachten ist jedoch, dass dieser Irrtum in der Erklärungshandlung nicht dem Mitarbeiter unterlaufen ist. Vielmehr beruhte die Änderung des eingegebenen Verkaufspreises auf einem Fehler im Datentransfer durch die im Übrigen beanstandungsfrei laufende Software. Insofern ist fraglich, ob auch der fehlerhafte Datentransfer einen Erklärungsirrtum i.S.d. § 119 Abs. 1, 2. Var. begründen kann. Die Verfälschung des ursprünglich richtig Erklärten auf dem Weg zum Empfänger durch eine unerkannt fehlerhafte Software ist als Irrtum in der Erklärungshandlung anzusehen. Denn es besteht kein Unterschied, ob sich der Erklärende selbst verschreibt bzw. vertippt oder ob die Abweichung vom gewollten Erklärungstatbestand auf dem weiteren Weg zum Empfänger eintritt.

Dieser Erklärungsirrtum bei der Präsentation des Notebooks muss allerdings, wie dies § 119 Abs. 1, 2. Var. weiter voraussetzt, bei Abgabe der Erklärung fortgewirkt haben. Die K hat die Annahme des Angebots des B aufgrund der Programmierung ihres Bestellungssystems erklärt. Sie ging entsprechend dem von ihr beabsichtigten Programmablauf fälschlich davon aus, dass der automatisch in die Produktdatenbank übertragene Verkaufspreis dem in ihr EDV-System eingegebenen Betrag entspreche und die Bestellung des B mithin zu dem von ihr festgelegten Verkaufspreis von 2.650 € erfolge. Zu diesem von ihr festgelegten Preis wollte sie die Annahme erklären. Indem sie in Vollzug des Programmablaufs gleichwohl die Bestellung des B – zu einem Preis von 245 € – annahm, setzte sich der Irrtum der K fort.

---

90 BGHZ 139, 177, 180 f.

Folglich liegt ein Anfechtungsgrund der K gemäß § 119 Abs. 1, 2. Var. vor.

c) Einhaltung der Anfechtungsfrist, § 121

Die Anfechtung seitens des K erfolgte unverzüglich, sodass die Anfechtungsfrist gemäß § 121 gewahrt ist.

d) Kein Ausschluss der Anfechtung

Mangels entgegenstehender Anhaltspunkte ist die Anfechtung hier auch nicht ausgeschlossen; insbesondere ist das anfechtbare Rechtsgeschäft nicht von der Anfechtungsberechtigten K gemäß § 144 bestätigt worden.

e) Zwischenergebnis

K hat ihre Annahme erfolgreich angefochten, sodass der Kaufvertrag gemäß § 142 Abs. 1 als von Anfang an unwirksam anzusehen ist und damit die Leistung der K ohne rechtlichen Grund erfolgte.

IV. Rechtsfolge

Daher muss B das Notebook Zug um Zug gegen Rückzahlung des Kaufpreises in Höhe von 245 € (Gegenanspruch des B gegen K aus § 812 Abs. 1 S. 1, 1. Var.) gemäß § 812 Abs. 1 S. 1, 1. Var. an K herausgeben.

B. Ferner ist der Anspruch nicht untergegangen.

C. Anspruch durchsetzbar

Der Anspruch müsste auch durchsetzbar sein.

Dies wäre dann nicht der Fall, wenn sich B gegenüber K auf ein Leistungsverweigerungsrecht berufen könnte. Dies ist vorliegend jedoch nicht ersichtlich; insbesondere kann B sich gegenüber K noch nicht auf die Einrede der Verjährung aus § 214 Abs. 1 berufen (*vgl. dazu Fall 46*).

Somit ist der Anspruch auch durchsetzbar.

Folglich hat K gegenüber B einen Anspruch auf Herausgabe des Notebooks Zug um Zug gegen Rückzahlung des Kaufpreises i.H.v. 245 € aus § 812 Abs. 1 S. 1, 1. Var.

> **Fall 36: Eigenschaftsirrtum nach § 119 Abs. 2 und interner (verdeckter) Kalkulationsirrtum**
>
> Da K eine neue günstige Festplatte benötigt, wird ihm vom Computerhändler V eine vom Typ 3.5″ Samsung 160 GB, die laut Katalog 50 € kosten soll, empfohlen. K sagt daraufhin zu V, dass er diese Festplatte für 50 € haben wolle. V entgegnet, er wolle nur noch eben nachschauen, ob der Preis im Katalog richtig angegeben sei. V gibt dazu die Bestellnummer der Festplatte in seinen Computer ein, woraufhin anhand der Nummer ein Kaufpreis von 50 € angezeigt wird. V sagt daraufhin, dass das Geschäft „so in Ordnung gehe" und K die Festplatte in einer Woche abholen könnte.
>
> Als K eine Woche später zur Abholung der Festplatte erscheint, verlangt V von ihm 175 €. V bemerkt dazu, dass die Preisangabe von 50 € auf eine veraltete Preisliste zurückzuführen sei, die noch im Computer gespeichert gewesen sei. K ist entrüstet und will nur 50 € zahlen, anderenfalls will er gegenüber V anfechten. V nimmt dies kopfschüttelnd zur Kenntnis.
>
> Kann K von V Übergabe und Übereignung der Festplatte gegen Zahlung eines Kaufpreises von 50 € verlangen?
>
> **Bearbeitervermerk:** Es ist ein Gutachten zu erstellen, dass zu den in Betracht kommenden Anfechtungsgründen des K – ggf. hilfsgutachterlich – Stellung bezieht.

K könnte gegenüber V einen Anspruch auf Übergabe und Übereignung der Festplatte gegen Zahlung eines Kaufpreises von 50 € aus § 433 Abs. 1 S. 1 haben.

A. Anspruch entstanden

I. Einigung i.S.d. § 433

Dazu müssten sich K und U zunächst i.S.d. § 433 geeinigt haben, also einen Kaufvertrag abgeschlossen haben.

Eine Einigung besteht aus zwei übereinstimmenden, empfangsbedürftigen Willenserklärungen in Form eines Angebots und einer inhaltlich damit übereinstimmenden Annahme, §§ 145 ff.

1. Angebot des V

Die Angaben im Katalog stellen mangels Rechtsbindungswillen lediglich eine invitatio ad offerendum und damit kein Angebot dar.

2. Angebot des K

Jedoch ist in dem Bekunden des K, eine Festplatte des Typs 3.5″ Samsung 160 GB für 50 € kaufen zu wollen, ein Angebot zu erblicken.

3. Annahme des V

Dieses Angebot hat V durch die Äußerung, das Geschäft „gehe so in Ordnung" voll umfänglich angenommen.

II. Wirksamkeit der Einigung

Ferner müsste die Einigung zwischen V und K auch wirksam sein.

Hier könnte K sein Angebot angefochten haben, sodass der Kaufvertrag gemäß § 142 Abs. 1 als von Anfang an (ex tunc) nichtig gilt.

1. Anfechtungserklärung gegenüber Anfechtungsgegner, § 143

Dazu müsste K die Anfechtung gemäß § 143 Abs. 1 i.V.m. Abs. 2 gegenüber V zunächst erklärt haben.

K will seine im Rahmen des Kaufvertragsabschlusses abgegebene Willenserklärung gegenüber V nur dann anfechten, wenn er für die Festplatte mehr als 50 € bezahlen muss. Es ist hier jedoch ein Kaufvertrag zum Preis von 50 € zustande gekommen, sodass K den für ihn günstigen Vertrag nicht durch Anfechtung seines Angebots beseitigen wird.

Mithin liegt keine Anfechtungserklärung des K vor.

– Hilfsgutachten –

Zu den Anfechtungsgründen des K wird im Folgenden hilfsgutachterlich Stellung genommen:

2. Anfechtungsgrund, § 119 Abs. 1, 1. Var. (Inhaltsirrtum)

Es könnte ein Anfechtungsgrund für K nach § 119 Abs. 1, 1. Var. (Inhaltsirrtum) bestehen.

Ein Inhaltsirrtum läge dann vor, wenn sich unbewusst Wille und Erklärung des K nicht gedeckt hätten. K wollte jedoch gerade zum abgelesenen Preis von 50 € kaufen, sodass dies nicht der Fall ist.

Somit liegt kein Inhaltsirrtum nach § 119 Abs. 1, 1. Var. bei K vor.

3. Anfechtungsgrund, § 119 Abs. 1, 2. Var. (Erklärungsirrtum)

Jedoch könnte ein Anfechtungsgrund für K nach § 119 Abs. 1, 2. Var. (Erklärungsirrtum) vorliegen.

Ein Erklärungsirrtum ist dann gegeben, wenn eine Erklärung dieses Inhalts überhaupt nicht abgegeben werden sollte, also insbesondere bei Fällen des Versprechens, Verschreibens und Vergreifens. V und K haben sich auf den vom Computer richtig ermittelten Kaufpreis, dem jedoch veraltetes Datenmaterial zugrunde lag, verlassen. Um dem Nutzer automatisierter Erklärungen keinen unangemessenen Vorteil zukommen zu lassen, kann bei solchen Verfahren ein Erklärungsirrtum nur dann angenommen werden, wenn das Eingabegerät fehlerhaft bedient wurde. Eine fehlerhafte Bedienung ist den Fällen des „Versprechens, Verschreibens und Vergreifens" ähnlich. Mangels fehlerhafter Bedienung des Eingabegerätes durch K kommt ein Erklärungsirrtum nicht in Betracht.

Anmerkung: Auch V selbst hat das Eingabegerät unter Eingabe der zutreffenden Bestellnummer richtig bedient, lediglich das Datenmaterial war fehlerhaft. Dies begründet jedoch als unbeachtlicher Irrtum bei der Erklärungsvorbereitung kein Anfechtungsrecht.

4. Anfechtungsgrund, § 119 Abs. 2 (Eigenschaftsirrtum)

Es könnte aber ein Eigenschaftsirrtum nach § 119 Abs. 2 vorliegen.

Eigenschaften einer Person oder Sache sind neben den auf der natürlichen Beschaffenheit beruhenden Merkmalen auch tatsächliche oder rechtliche Verhältnisse und Beziehungen zur Umwelt, soweit sie nach der Verkehrsanschauung für die Wertschätzung oder Verwendbarkeit von Bedeutung sind.[91] Demnach sind Eigenschaften einer Sache alle wertbildenden

---

91 BGHZ 34, 32, 41; 88, 240, 245.

Merkmale von gewisser Dauer, die ihren Grund in der Sache selbst haben, oder sich auf die Sache beziehen. Die **Verkehrswesentlichkeit** bestimmt sich stets nach dem konkreten Rechtsgeschäft und ist daher eine Frage des Einzelfalls.[92] In der Regel wird sie vorliegen, wenn die Eigenschaft nach der Verkehrsanschauung einen nennenswerten Einfluss auf die Wertschätzung der Person oder Sache auszuüben pflegt. Aus Sicht der Parteien kam der zu niedrige Preis hier dadurch zustande, dass man von einer falschen Berechnungsgrundlage (die alte Preisliste) ausgegangen ist. Das Risiko der Kalkulation trägt der Anbieter. Fehler bei der internen Kalkulation des Preises **(interner [verdeckter] Kalkulationsirrtum)** stellen jedoch nur einen unerheblichen Motivirrtum dar und geben kein Anfechtungsrecht.[93] Auch Wert oder Marktpreis sind keine wertbildenden Faktoren, sondern nur deren Folge. Daher fehlt es bereits an einer Eigenschaft i.S.d. § 119 Abs. 2, sodass ein Eigenschaftsirrtum ausscheidet.

Fraglich ist jedoch, ob dieses Ergebnis im Lichte des § 242 nicht einer Korrektur bedarf. Mit Blick darauf, dass K den Kalkulationsirrtum weder kannte noch dass er sich ihm förmlich aufdrängen musste und der Tatsache, dass der Erklärende V durch den Irrtum auch nicht ruinöse Konsequenzen zu befürchten hat,[94] erscheint eine Korrektur über § 242 nicht angezeigt. Das Verlangen des K nach Vertragserfüllung stellt daher keine unzulässige Rechtsausübung dar und mithin auch keinen Verstoß gegen Treu und Glauben. Eine Korrektur über § 242 muss auf Extremfälle beschränkt bleiben und ist hier fernliegend. Folglich liegt kein Eigenschaftsirrtum nach § 119 Abs. 2 vor.

Abgesehen von der unterbliebenen Anfechtungserklärung liegt somit auch kein Anfechtungsgrund für K vor, sodass der Kaufvertrag insgesamt wirksam ist.

B. Ferner ist der Anspruch nicht untergegangen.

C. Anspruch durchsetzbar

Ferner müsste der Anspruch auch durchsetzbar sein.

Dies wäre dann nicht der Fall, wenn sich V gegenüber K auf ein Leistungsverweigerungsrecht berufen könnte. Dies ist vorliegend jedoch nicht ersichtlich; insbesondere steht V gegenüber K nicht die Einrede des nicht erfüllten Vertrags aus §§ 320, 322 zu, da K ihm die Zahlung des Kaufpreises i.H.v. 50 € anbietet.

Somit ist der Anspruch auch durchsetzbar.

D. Ergebnis

Folglich hat K gegenüber V einen Anspruch auf Übergabe und Übereignung der Festplatte gegen Zahlung eines Kaufpreises von 50 € aus § 433 Abs. 1 S. 1.

---

92 BGHZ 88, 240, 246.
93 BGHZ 139, 177, 180; Palandt/Ellenberger § 119 Rdnr. 18.
94 Vgl. BGHZ 139, 177 ff.; Waas JuS 2001, 14 ff.

Fall 37: Eigenschaftsirrtum nach § 119 Abs. 2 und Verhältnis der Anfechtung zur Sachmängelhaftung

A will sich einen Sportwagen beim Gebrauchtwagenhändler B zulegen. Auf dem Hof des B stehen u.a. zwei Maserati Coupé Cambiocorsa, die beide 25.000 € kosten sollen. An einem dieser Wagen, der die Fahrgestell-Nr. X1010 trägt, findet A besonderen Gefallen. A erklärt, dass er diesen Wagen für 25.000 € kaufen wolle. B bittet ihn daraufhin in sein Büro, wo der guten Ordnung halber der Vertrag schriftlich abgeschlossen werden soll. In dem schriftlich aufgesetzten Kaufvertrag erscheint als Kaufobjekt ein Maserati Coupé Cambiocorsa mit der Fahrgestell-Nr. X5894. Das ist jedoch die Nummer des zweiten Maserati. Gleichwohl gingen beide übereinstimmend davon aus, dass dies die Nummer des von A ausgesuchten Maserati sei. Da B den Wagen noch zum TÜV bringen soll, wird vereinbart, dass A ihn nach einer Woche abholt. Zu Hause erfährt A von seinem Freund, dem Automechaniker F, dass der Wagen mit der Fahrgestell-Nr. X1010 einen schweren Unfall hatte. F war selbst an den Reparaturarbeiten beteiligt gewesen. Nach Ablauf der Woche verlangt B von A Zahlung von 25.000 € und Abnahme des Maserati mit der Fahrgestell-Nr. X1010. Den Wagen will A unter keinen Umständen mehr haben. Schließlich habe ihm B den Unfallschaden verheimlicht. Zumindest habe er (A) sich über die Existenz des Vorschadens geirrt, und dieser stelle im Übrigen auch einen Sachmangel dar.

Kann B von A Abnahme des Maserati mit der Fahrgestell-Nr. X1010 nebst Zahlung der 25.000 € Zug um Zug gegen Übergabe des Wagens verlangen?

B könnte gegen A einen Anspruch auf Abnahme und Zahlung von 25.000 € Zug um Zug gegen Übergabe des Maserati X1010 aus § 433 Abs. 2 haben.

A. Anspruch entstanden

I. Einigung i.S.d. § 433

Dazu müssten sich A und B zunächst i.S.d § 433 geeinigt, also einen Kaufvertrag abgeschlossen haben.

Zur Auslegung und den Auslegungsgrundsätzen der „falsa demonstratio non nocet" siehe Fall 12.

Unter Berücksichtigung der Auslegungsgrundsätze von §§ 133, 157 („falsa demonstratio non nocet") ist eine Einigung über den Kauf des Maserati X1010 zustande gekommen. A und B gingen übereinstimmend davon aus, dass dies die Fahrgestell-Nr. des von A gewählten Fahrzeugs ist.

II. Wirksamkeit der Einigung

Ferner müsste die Einigung zwischen A und B auch wirksam sein.
Hier könnte A jedoch sein Angebot angefochten haben, sodass der Kaufvertrag gemäß § 142 Abs. 1 von Anfang an (ex tunc) nichtig ist.

1. Anfechtungserklärung gegenüber Anfechtungsgegner, § 143

Dazu müsste A die Anfechtung gegenüber dem Anfechtungsgegner B gemäß § 143 Abs. 1 i.V.m Abs. 2 erklärt haben. Die Erklärung des A, wonach er den Maserati mit der Fahrgestell-Nr. X1010 unter keinen Umständen mehr haben wolle, kann als Anfechtungserklärung aufgefasst werden. Schließlich lässt sich die von A gewünschte Rechtsfolge durch Anfechtung mit der

Folge der Nichtigkeit des Vertrags nach § 142 Abs. 1 erreichen, sodass A die Anfechtung gegenüber dem Anfechtungsgegner B gemäß § 143 Abs. 1 i.V.m Abs. 2 erklärt hat.

2. Anfechtungsgrund

Ferner müsste A einen Anfechtungsgrund haben.

a) Es kommt eine Anfechtung wegen **arglistiger Täuschung nach § 123 Abs. 1** in Betracht kommen. Das setzt aber zumindest voraus, dass B arglistig war, also die Unfalleigenschaft des Wagens kannte. Davon kann nach dem Sachverhalt aber nicht ausgegangen werden. Mag B als Fachmann auch fahrlässig den Unfallschaden nicht erkannt haben, so begründet dies jedoch keine Anfechtungsmöglichkeit wegen arglistiger Täuschung nach § 123 Abs. 1.

b) Als weiterer Anfechtungsgrund kommt ein **Irrtum über eine verkehrswesentliche Eigenschaft der Kaufsache nach § 119 Abs. 2** in Betracht.

aa) Anwendbarkeit der Anfechtungsregeln

Fraglich ist, ob bei Mängeln einer gekauften Sache die Irrtumsanfechtungsmöglichkeit nach § 119 Abs. 2 eingreifen kann und nicht durch die kaufrechtlichen Mängelrechte der §§ 437 ff. verdrängt wird.

Für eine solche Verdrängung nach dem Spezialitätsgrundsatz sprechen auch im neuen Schuldrecht die unterschiedlichen Fristen für die Geltendmachung von Irrtumsanfechtung einerseits und kaufrechtlichen Mängelrechten andererseits. Die Mängelansprüche verjähren bei Kaufsachen gemäß § 438 Nr. 3 in der Regel in zwei Jahren, während § 121 eine unverzügliche Anfechtung nach Kenntnis vom Anfechtungsgrund verlangt. Sollte z.B. ein Käufer von dem Mangel der Kaufsache erst nach Ablauf von zwei Jahren erfahren, wäre die Geltendmachung von kaufrechtlichen Mängelrechten gemäß § 214 i.V.m. § 438 nicht durchsetzbar, während die Anfechtungsmöglichkeit nach § 119 Abs. 2 noch eröffnet wäre. Damit könnte also dann die für Kaufgeschäfte eingeführte Zeitregelung des Gesetzgebers unterlaufen werden. Hinzu kommt, dass gemäß §§ 437, 440, 323, 441 der Käufer erst zurücktreten oder mindern kann, wenn er dem Verkäufer eine angemessene Frist zur Nacherfüllung gesetzt hat und diese erfolglos verstrichen ist. Das Recht des Verkäufers zur zweiten Andienung (Nacherfüllung i.S.d. § 439) könnte durch eine Anfechtung umgangen werden. Um das zu verhindern, muss eine Anfechtung des Kaufvertrags wegen eines Irrtums über die Kaufsache, der zugleich einen Mangel der Kaufsache darstellt, ausgeschlossen sein.[95]

bb) Fraglich ist aber, ob dies auch vor dem Gefahrübergang nach §§ 434, 446, also vor der Übergabe der Kaufsache, gelten kann.

Nach dem Wortlaut des § 434 Abs. 1 liegt ein Sachmangel nur vor, wenn die Sache bei Gefahrübergang mangelhaft ist. Die Mängelrechte des Käufers nach § 437 sind demzufolge erst nach Gefahrübergang anwendbar, sodass davor eigentlich keine Konkurrenz zwischen Anfechtungs- und Gewährleistungsrecht besteht. Wenn der Mangel aber beispielsweise ein unbehebbarer ist, müssen die Mängelrechte dem Käufer auch vor Übergabe zu-

---

95 Vgl. RegBegr BT-Drs. 14/6040, S. 210.

gestanden werden. Dann muss zwar dem Verkäufer grundsätzlich die Möglichkeit offenstehen, den Mangel noch vor Gefahrübergang zu beseitigen und damit ordnungsgemäß zu erfüllen. Bei einem unbehebbaren Mangel kann der Käufer nicht gezwungen sein, zunächst Zug um Zug gegen vollständige Zahlung des Kaufpreises die Übergabe der Kaufsache herbeizuführen, um sogleich aufgrund Mangelhaftigkeit seine Rechte herzuleiten. Die Eigenschaft als Unfallwagen stellt hier einen Mangel i.S.d. § 434 Abs. 1 S. 2 Nr. 2 dar, der unbehebbar ist und vor Gefahrübergang vorliegt. Mithin besteht hier ein Konkurrenzproblem zwischen Anfechtungs- und Gewährleistungsrecht.

Auch wenn die Rechtsprechung früher die Anfechtung nach § 119 Abs. 2 in derartigen Fällen zuließ,[96] ist dafür nach der Schuldrechtsmodernisierung kein Raum mehr. Die Mängelfreiheit der Kaufsache ist gemäß § 433 Abs. 1 S. 2 Inhalt der Leistungspflicht des Verkäufers und damit rückt der Anspruch des Käufers auf Nacherfüllung aus §§ 437 Nr. 1, 439 in den Vordergrund der gesetzgeberischen Intention. Der Gesetzgeber will nach Möglichkeit eine volle Vertragsdurchführung erreichen. Diese Wertung muss dazu führen, dass sich der Käufer weder nach, noch vor Gefahrübergang durch eine Anfechtung aufgrund eines Irrtums über eine Eigenschaft, die zugleich eine Mängelhaftung des Verkäufers auslösen würde, vom Vertrag lösen kann.

Merke: Da die Mängelfreiheit der Kaufsache gemäß § 433 Abs. 1 S. 2 Inhalt der Leistungspflicht des Verkäufers ist, kann der Käufer weder vor noch nach Gefahrübergang anfechten. Der Verkäufer hingegen kann immer anfechten, solange er sich dadurch nicht der gesetzlichen Sachmängelhaftung entzieht.

cc) Zwischenergebnis

Somit wird hier eine Anfechtungsmöglichkeit nach § 119 Abs. 2 von vornherein durch die kaufrechtlichen Mängelrechte der §§ 437 ff. verdrängt. Mithin hat A keinen Anfechtungsgrund, sodass die Einigung folglich wirksam ist.

B. Anspruch untergegangen

Der Anspruch könnte jedoch nachträglich durch Rücktritt des A vom Kaufvertrag gemäß § 346 Abs. 1 i.V.m. §§ 437 Nr. 2, 323 Abs. 1, 2. Var., 326 Abs. 5, 440 untergegangen sein.

Indem A erklärte, den Wagen unter keinen Umständen mehr haben zu wollen, erklärte er gemäß § 349 den Rücktritt vom Kaufvertrag. Mit Blick auf die Mangelhaftigkeit des Fahrzeugs gemäß § 434 Abs. 1 S. 2 Nr. 2 ist auch der Rücktrittsgrund gemäß §§ 437 Nr. 2, 323 Abs. 1, 2. Var., 326 Abs. 5, 440 gegeben. Zudem ist der Rücktritt weder ausgeschlossen (§ 323 Abs. 5, 6 etc.) noch unwirksam (§§ 438 Abs. 4, 218 Abs. 1), sodass der Anspruch durch wirksamen Rücktritt des A nachträglich untergegangen ist.

C. Ergebnis

Folglich hat B gegen A keinen Anspruch auf Abnahme und Zahlung von 25.000 € Zug um Zug gegen Übergabe des Maserati X1010 aus § 433 Abs. 2.

---

96 BGHZ 34, 32, 35 ff.

> ## Fall 38: Anfechtung wegen falscher Übermittlung nach § 120
>
> T betreibt einen Fachmarkt für Gartenmöbel und Gartenzubehör. M interessiert sich für formschöne Gartenstühle aus Teakholz nebst einem Tisch aus dem gleichen Holz.
>
> Da T weder die Stühle noch den Tisch vorrätig hat, aber gleichwohl alles besorgen kann, bestellt M bei ihm per E-Mail noch am 29.07.2011 die Stühle zu einem Preis von 300 € und ordert einen Tag später per E-Mail auch noch den Tisch für 90 €. Bei der Abgabe seiner Bestellung bezog sich M auf Preise, die T ihm zuvor mit E-Mail vom 26.07.2011 genannt hatte. Tatsächlich beliefen sich die Preise der bestellten Sachen aber auf 3.000 € für die Stühle und 900 € für den Tisch. Zu der Preisdifferenz war es aufgrund einer Formeländerung in der Software des Providers des T gekommen. Bei der Übertragung der Daten war eine Kommastelle nicht berücksichtigt worden.
>
> Als T den Fehler bemerkte, teilte er M telefonisch die richtigen Preise mit und fragte gleichzeitig an, ob er auch unter Zugrundelegung dieser Preise an der Bestellung festhalte. Dies lehnte M jedoch kategorisch ab und forderte T vielmehr zur Lieferung der bestellten Stühle und des Tisches Zug um Zug gegen Zahlung von 390 € auf.
>
> Zu Recht?

M könnte gegenüber T einen Anspruch auf Übergabe und Übereignung der Stühle und des Tisches Zug um Zug gegen Zahlung von 390 € aus § 433 Abs. 1 S. 1 haben.

A. Anspruch entstanden

I. Einigung i.S.d. § 433

Dazu müssten sich M und T zunächst i.S.d. § 433 geeinigt, also einen Kaufvertrag abgeschlossen haben.

1. Angebote des T

Mit E-Mail vom 26.07.2011 hat T dem M mehrere Angebote zum Kauf von Gartenstühlen und -tischen unterbreitet. Inhalt dieser Angebote war kraft Auslegung gemäß §§ 133, 157 nach dem objektiven Empfängerhorizont die Lieferung der Stühle für 300 € und des Tisches für 90 €.

2. Annahme der Angebote durch M

Diese Angebote hat M mit E-Mail vom 29.07.2011 bzgl. der Stühle und E-Mail vom 30.07.2011 bzgl. des Tisches auch angenommen.

3. Zwischenergebnis

Zwei Kaufverträge (über Stühle und über Tisch) i.S.d. § 433 sind zustande gekommen.

II. Wirksamkeit der Einigung

Ferner müssten die Einigungen auch wirksam sein.

Hier könnte T seine Angebote jedoch angefochten haben, sodass die Kaufverträge gemäß § 142 Abs. 1 von Anfang an (ex tunc) nichtig sind.

1. Anfechtungserklärung gegenüber Anfechtungsgegner, § 143

Dazu müsste T die Anfechtung gegenüber dem Anfechtungsgegner M gemäß § 143 Abs. 1 i.V.m Abs. 2 erklärt haben.

Auch wenn T am Telefon gegenüber M nicht die Formulierung „Anfechtung" gebraucht hat, so geht aus seiner Erklärung dennoch hervor, dass er an seinen Angeboten nicht festhalten und das Geschäft nicht gegen sich gelten lassen will. Schließlich will er das Geschäft nur unter Zugrundelegung der neuen Preise mit M aufrechterhalten. Mithin hat T hier gegenüber M gemäß § 143 Abs. 1 i.V.m. Abs. 2 die Anfechtung erklärt.

2. Anfechtungsgrund wegen falscher Übermittlung, § 120

Ferner müsste T ein Anfechtungsgrund zustehen. In Betracht kommt hier ein Übermittlungsirrtum gemäß § 120. Also müsste eine Willenserklärung durch die zur Übermittlung verwendete Person oder Einrichtung unrichtig übermittelt worden sein. Der Irrtum, der T vorliegend unterlaufen ist, ist auf eine von ihm unbekannte Formeländerung in der Software durch den Provider zurückzuführen. Das hat letztlich bewirkt, dass die von T in der E-Mail korrekt erfassten Beträge durch Wegfall einer Kommastelle (aus 900 € wurde 90 €, aus 3.000 € wurde 300 €) verändert wurden. Bei diesem Verlauf hatte T keine Möglichkeit, den Fehler bei der Übermittlung zu erkennen oder gar zu berichtigen. Folglich hat der Provider des T dessen Erklärung (E-Mail) nach § 120 als zur Übermittlung verwandte Einrichtung unrichtig übermittelt. Somit steht T ein Anfechtungsgrund nach § 120 zu.

Merke: Eine Anfechtung nach § 120 ist nur bei unbewusst unrichtiger Übermittlung des Boten möglich. Der vorsätzlich falsch übermittelnde Bote ist wie ein vollmachtloser Vertreter zu behandeln, d.h., der Auftraggeber kann genehmigen, ansonsten haftet der Bote gemäß § 179 und u.U. auch aus §§ 823 ff.

3. Einhaltung der Anfechtungsfrist, § 121

Ferner müsste T die Anfechtungsfrist des § 121 Abs. 1 S. 1 gewahrt haben. Nachdem er von der falschen Übermittlung Kenntnis erlangt hat, hat er sich sofort mit M in Verbindung gesetzt und die Anfechtung erklärt. Er handelte also ohne schuldhaftes Zögern und damit „unverzüglich" i.S.d. § 121.

Somit hat T die Anfechtungsfrist des § 121 Abs. 1 S. 1 gewahrt.

4. Kein Ausschluss der Anfechtung

Ferner dürfte die Anfechtung auch nicht ausgeschlossen sein. Mangels entgegenstehender Anhaltspunkte ist dies hier nicht der Fall.

5. Zwischenergebnis

Mithin hat T sein Angebot erfolgreich angefochten, sodass die Kaufverträge gemäß § 142 Abs. 1 von Anfang an nichtig sind.

B. Ergebnis

Folglich hat M gegenüber T keinen Anspruch auf Übergabe und Übereignung der Stühle und des Tisches Zug um Zug gegen Zahlung von 390 € aus § 433 Abs. 1 S. 1.

Schadensersatzpflicht des Anfechtenden, § 122

I. **Anspruchsvoraussetzungen**

1. **Anspruchsteller**

   a) Bei empfangsbedürftigen Willenserklärungen nur der Erklärungsempfänger (auch bei Verträgen zugunsten Dritter)

   b) Bei Vertretung der Vertretene

   c) Bei nicht empfangsbedürftigen Willenserklärungen jeder „Dritte", der im Vertrauen auf die Erklärung einen Schaden erlitten hat

   d) Bei Scherzerklärungen i.S.v. § 118 jeder, der auf Erklärung vertraut hat

2. **Anspruchsgegner** = Anfechtender

   a) Grundsätzlich Erklärender, in dessen Person die Rechtsfolgen der Willenserklärung eingetreten sind

   b) Bei Vertretung ist Anspruchsgegner der Vertretene (bzgl. Willensmängeln kommt es aber auf Vertreter an, vgl. § 166 Abs. 1)

3. **Wirksame Anfechtung bzw. Nichtigkeit der Erklärung gemäß § 118**

   Beachte: Kein Schadensersatz bei Anfechtung gemäß § 123 (Täuschung oder Drohung)

4. **Ausschluss der Schadensersatzpflicht**

   a) § 122 Abs. 2, 1. Var.: Positive Kenntnis der Nichtigkeit oder der Anfechtbarkeit

   b) § 122 Abs. 2, 2. Var.: Fahrlässige Unkenntnis der Nichtigkeit oder der Anfechtbarkeit

   c) Kein Schadensersatz, wenn Nichtigkeit auch aus anderen Gründen besteht (Kausalität erforderlich!)

II. **Verschulden nicht erforderlich!**

III. **Rechtsfolgen**

1. Ersatz des „Vertrauensschadens" (negatives Interesse), d.h. derjenige Schaden, der infolge Vertrauens auf die Gültigkeit der Willenserklärung erlitten wurde

   Beachte: Der Geschädigte ist so zu stellen, als wäre die unwirksame Willenserklärung nie abgegeben worden

2. Begrenzung durch das „Erfüllungsinteresse" (positives Interesse), d.h. auf dasjenige Interesse, was an der Gültigkeit der Erklärungen und an ordnungsgemäßer Erfüllung der Leistungen besteht

   Beachte: Der Geschädigte darf nicht besser stehen als bei Wirksamkeit der Willenserklärung.

Fall 39: Schadensersatzpflicht des Anfechtenden nach § 122

Hausfrau K entdeckt im Schaufenster des Modehauses des E zwei schöne Blusen im Sommerschlussverkauf. Die eine Bluse ist schwarz, hat kleine Reißverschlüsse an der Seite und soll 45 € kosten. Die andere Bluse ist weiß, hat einen tiefen Ausschnitt und soll 65 € kosten. Nach Anprobe beider Blusen entscheidet sich K letztlich wegen des Ausschnitts für die weiße Bluse. Sie ist mit den Gedanken schon beim nächsten Einkauf als sie gegenüber E erklärt: „Ich nehme die schwarze Bluse, möchte aber noch kurz etwas im Gemischtwarenladen gegenüber erledigen. Bitte packen Sie mir die Bluse doch schon ein. Ich hole sie später ab." E ist damit einverstanden.

Nachdem K das Modehaus verlassen hat, trifft sie auf dem Weg zum Gemischtwarenladen die modebewusste V. Als K etwas angeberisch von den Blusen des E erzählt, wird V neidisch. Unter einem Vorwand beendet V das Gespräch mit K und begibt sich zu E. Sie bietet ihm für die schwarze Bluse 75 € und das nur, um K zu ärgern. Nach kurzem Zögern lehnt E mit dem Hinweis, die Bluse sei leider bereits verkauft, das lukrative Angebot der V ab. Aus Frust kauft V die weiße Bluse und verlässt das Geschäft. Kurz darauf kehrt K zurück zu E, um ihre Bluse abzuholen. Erst jetzt bemerkt sie, dass sie sich zuvor versprochen hat und daher E die aus ihrer Sicht falsche Bluse eingepackt hat. Da sie aber auf keinen Fall 45 € für die schwarze Bluse zahlen will und die weiße Bluse nun ja nicht mehr zu haben ist, klärt sie den E über das Missverständnis auf.

Der enttäuschte E ist der Ansicht, dass er für das Missverständnis nicht verantwortlich ist und will nun seinerseits K auf Schadensersatz in Anspruch nehmen.

Kann E von K Schadensersatz verlangen?

E könnte gegenüber K einen Anspruch auf Schadensersatz gemäß § 122 haben.

A. Anspruch entstanden

I. Nach § 118 nichtige oder nach §§ 119, 120 angefochtene Willenserklärung

Dazu müsste zunächst eine Willenserklärung nach § 118 nichtig oder nach §§ 119, 120 angefochten worden sein. Hier könnte K ihre im Rahmen des Kaufvertrags mit E abgegebene Willenserklärung nach § 119 angefochten haben.

1. Einigung i.S.d. § 433

Dazu müssten E und K zunächst einen Kaufvertrag abgeschlossen, also sich i.S.d. § 433 geeinigt haben.

In Betracht kommt hier eine Einigung zwischen E und K i.S.d. § 433 durch zwei übereinstimmende Willenserklärungen in Form eines Angebots und einer inhaltlich damit übereinstimmenden Annahme.

Nach § 122 soll zum Schutze des auf die Gültigkeit der Willenserklärung vertrauenden Geschäftsgegners der Anfechtende einen Anspruch auf Ersatz des sog. **Vertrauensschadens** haben.

a) Angebot des E

Ein Angebot des E liegt nicht vor. Bei einer Schaufensterauslage fehlt E der Rechtsbindungswille, sodass lediglich eine invitatio ad offerendum vorliegt.

b) Angebot der K

Durch die Äußerung „Ich nehme die schwarze Bluse." hat K ein Angebot auf Abschluss eines Kaufvertrags über die schwarze Bluse zum Preis von 45 € abgegeben. Jedoch dachte sie, ein Angebot über die weiße Bluse zum Preis von 65 € abzugeben, was nach der Lehre vom objektiven Empfängerhorizont für den objektiven Erklärungsinhalt aber irrelevant ist.

c) Annahme des E

E hat die schwarze Bluse umgehend für K eingepackt und war mit dem Kauf einverstanden, sodass er das Angebot der A auch angenommen hat.

d) Zwischenergebnis

Es ist ein Kaufvertrag zwischen E und K über die schwarze Bluse zum Kaufpreis in Höhe von 45 € zustande gekommen.

2. Wirksamkeit der Einigung

Fraglich ist jedoch, ob die Einigung i.S.d. § 433 auch wirksam ist. Der Kaufvertrag könnte vorliegend durch eine Anfechtung des Angebots der K gemäß § 142 Abs. 1 von Anfang an (ex tunc) nichtig sein.

a) Anfechtungserklärung gegenüber Anfechtungsgegner, § 143

Dazu müsste K die Anfechtung der Angebotserklärung gemäß § 143 Abs. 1 i.V.m. Abs. 2 gegenüber E erklärt haben. K will auf keinen Fall 45 € für die schwarze Bluse zahlen und klärt E über das Missverständnis auf. Sie will umgehend den Laden verlassen und macht damit insgesamt deutlich, dass sie sich auf jeden Fall vom Vertrag lösen will. Dieses Verhalten ist gemäß §§ 133, 157 als Anfechtungserklärung auszulegen. Mithin hat K gegenüber dem Anfechtungsgegner E die Anfechtung nach § 143 Abs. 1 i.V.m. Abs. 2 erklärt.

b) Anfechtungsgrund, § 119 Abs. 1, 2. Var. (Erklärungsirrtum)

Ferner müsste K für die Anfechtung ein Anfechtungsgrund zustehen. In Betracht kommt hier ein Erklärungsirrtum nach § 119 Abs. 1, 2. Var.

Beim Irrtum über die Erklärungshandlung nach § 119 Abs. 1, 2. Var. entspricht das gesetzte Erklärungszeichen nicht dem Willen des Erklärenden, wie z.B. beim Versprechen, Verschreiben oder Vergreifen.[97] Ein Inhaltsirrtum gemäß § 119 Abs. 1, 1. Var. läge hingegen vor, wenn sich unbewusst Wille und Erklärung der K nicht gedeckt hätten. Das bedeutet, dass der Erklärende beim Inhaltsirrtum eine Erklärung abgibt, die er auch abgeben will, ihr aber einen falschen Inhalt beimisst.[98]

K wollte die weiße Bluse kaufen und dachte, dass sie dies auch erklärt hätte. Sie irrt insofern nicht über die rechtliche Bedeutung ihrer Erklärung und unterliegt mithin auch nicht einer bewussten Unkenntnis vom wahren

---

97 OLG Oldenburg NJW 2004, 168; Palandt/Ellenberger § 119 Rdnr. 10.
98 Palandt/Ellenberger § 119 Rdnr. 11; Cziupka JuS 2009, 887.

wirklichen Sachverhalt. Gleichwohl scheitert die „praktische Umsetzung" der Angebotserklärung der K. Sie verspricht sich und lässt sich daher statt der gewollten weißen Bluse nun die schwarze Bluse einpacken. Das gesetzte Erklärungszeichen entspricht also nicht ihrem Willen, sodass sie sich bei Abgabe der Angebotserklärung in einem Erklärungsirrtum gemäß § 119 Abs. 1, 2. Var. befand.

Folglich steht K für die Anfechtung ein Anfechtungsgrund gemäß § 119 Abs. 1, 2. Var. zu.

c) Einhaltung der Anfechtungsfrist, § 121

Die Anfechtungsfrist des § 121 ist gewahrt.

d) Kein Ausschluss der Anfechtung

Zudem ist die Anfechtung nicht gemäß § 144 ausgeschlossen.

e) Zwischenergebnis

Mithin hat K ihr Angebot erfolgreich nach § 119 angefochten, sodass der Kaufvertrag gemäß § 142 Abs. 1 von Anfang an nichtig ist.

II. Kein Ausschluss, § 122 Abs. 2

Darüber hinaus dürfte der Schadensersatzanspruch auch nicht nach § 122 Abs. 2 ausgeschlossen sein. Mangels Kenntnis bzw. grob fahrlässiger Unkenntnis des E von der Anfechtbarkeit ist dies der Fall.

III. Rechtsfolge

Somit hat K dem E gemäß § 122 den Schaden zu ersetzen, den er dadurch erleidet, dass er auf die Gültigkeit der Erklärung vertraut **(negatives Interesse)**, jedoch nicht über den Betrag des Interesses hinaus, welches er an der Gültigkeit der Erklärung hat **(positives Interesse)**. Der im Vertrauen auf die Wirksamkeit des Rechtsgeschäfts getäuschte Erklärungsempfänger kann letztlich also alle Nachteile, die ihm durch das Vertrauen auf die Gültigkeit der Erklärung entstanden sind, nach § 122 ersetzt verlangen. Dieser sog. **Vertrauensschaden** umfasst sowohl die aufgewandten Kosten, die im Vertrauen auf die Gültigkeit des Geschäfts erbrachten Leistungen als auch die Nachteile durch das Nichtzustandekommen eines möglichen anderen Geschäfts.[99]

Hätte E nicht auf den mit K geschlossenen Kaufvertrag über die schwarze Bluse vertraut, hätte er die Bluse für 75 € an V verkaufen können. Da das Geschäft mit K aufgrund der wirksamen Anfechtung gescheitert ist und auch das an sich mit V mögliche Geschäft nicht zustande gekommen ist, konnte er die Bluse nun gar nicht verkaufen. Er erleidet mithin einen Nachteil in Höhe der Differenz zwischen dem von V angebotenen Kaufpreis i.H.v. 75 € und dem mit K vereinbarten Kaufpreis in Höhe von 45 €, also einen Vertrauensschaden aus einem möglichen, aber unterlassenem Alternativgeschäft i.H.v. 30 €.

Jedoch hat E gemäß **§ 254 Abs. 2 S. 1** grundsätzlich eine **Schadensminderungspflicht** und ist verpflichtet, den Schaden so gering wie möglich zu halten. Falls E nach der Anfechtung durch K die schwarze Bluse für mehr als

---

99 BGH NJW 1984, 1950 f.; Palandt/Ellenberger § 122 Rdnr. 4.

45 € an eine(n) beliebige(n) Dritte(n) hätte verkaufen können, wäre sein Vertrauensschaden geringer ausgefallen. Unabhängig davon, dass keinerlei Anhaltspunkte dafür vorliegen, dass E seiner Schadensminderungspflicht nicht nachgekommen ist, stellt § 254 letztlich nur eine Billigkeitsregelung dar. D.h., es kommt im Ergebnis nur darauf an, ob E nach den mit K gemachten Erfahrungen zuzumuten war, weiterhin nach Kunden Ausschau zu halten, die mehr als 45 € für die schwarze Bluse zahlen. Bei Verbrauchs- und Alltagsgegenständen, wie Lebensmittel oder Bekleidung, ist es aber der absolute Ausnahmefall, dass Kunden mehr als den ausgezeichneten Preis zu zahlen bereit sind. Daher wäre es E schon von vornherein nicht zuzumuten, sich weiterhin um geschäftliche Kontakt zu bemühen, die mehr als 45 € für die schwarze Bluse zu zahlen bereit sind. Somit greift auch die Billigkeitsregelung des § 254 nicht zugunsten der K ein; es besteht für E keine Schadensminderungspflicht. Mithin bleibt es bei dem zuvor ermittelten Vertrauensschaden des E i.H.v. 30 €.

B. Mangels Eingreifen von rechtsvernichtenden Einwendungen ist der Anspruch nicht untergegangen.

C. Ferner ist der Anspruch auch durchsetzbar.

Somit hat E gegenüber K einen Anspruch auf Schadensersatz i.H.v. 30 € aus § 122.

Fall 40: Anfechtung wegen arglistiger Täuschung nach § 123 Abs. 1, 1. Var.

K kaufte von V am 01.01.2012 einen gebrauchten Pkw. Bei den Verhandlungen verschwieg V dem K, dass der Pkw infolge eines Verkehrsunfalls mit einem neuwertigen Austauschmotor versehen war und gab statt des tatsächlichen Kilometerstandes von 200.000 km einen Kilometerstand von 100.000 km an, um K „einen größeren Kaufanreiz" zu geben. Nachdem K im Januar 2012 von diesen Umständen erfuhr, entschließt er sich im März 2012 gegen V vorzugehen, ficht den Kaufvertrag an und verlangt den in bar gezahlten, aber mittlerweile von V auf sein Bankkonto eingezahlten, Kaufpreis zurück.

Zu Recht?

K könnte gegenüber V einen Anspruch auf Rückzahlung des Kaufpreises aus §§ 812 Abs. 1 S. 1, 1. Var., 818 Abs. 2 haben.

A. Anspruch entstanden

I. Etwas erlangt

Zunächst müsste V etwas erlangt haben.
Unter „etwas" ist jeder vermögenswerte (rechtliche) Vorteil zu verstehen.
V erlangt Eigentum und Besitz an den von K gezahlten Geldscheinen und -stücken und damit einen Vermögensvorteil in diesem Sinne.
Folglich hat V etwas erlangt.

II. Durch Leistung des Anspruchstellers

Ferner müsste V diesen Vermögensvorteil auch durch Leistung des Anspruchstellers K erlangt haben.
Unter einer „Leistung" ist bei § 812 Abs. 1 S. 1, 1. Var. jede bewusste und zweckgerichtete Mehrung fremden Vermögens zur Erfüllung einer, wenn auch nur vermeintlich bestehenden, Verbindlichkeit zu verstehen. Hier mehrt K bewusst und zweckgerichtet das Vermögen des V zur Erfüllung seiner Verbindlichkeit aus dem Kaufvertrag nach § 433 Abs. 2.
Somit erlangt V den Vermögensvorteil durch Leistung der K.

III. Ohne rechtlichen Grund

Ferner müsste die Leistung von K ohne rechtlichen Grund erfolgt sein.
Das ist der Fall, wenn der mit der Leistung bezweckte Erfolg verfehlt worden ist. Dies wiederum ist jedenfalls dann der Fall, wenn das der Leistung zugrunde liegende Vertragsverhältnis nicht besteht.

1. Einigung i.S.d. § 433

Das der Leistung von K zugrunde liegende Vertragsverhältnis ist vorliegend der mit V geschlossene Kaufvertrag gemäß § 433.

2. Wirksamkeit der Einigung

Fraglich ist jedoch, ob der Kaufvertrag auch wirksam ist.
Dem könnte eine wirksame Anfechtung der von K abgegebenen Willenserklärung gemäß § 142 Abs. 1 entgegenstehen.

a) Anfechtungserklärung gegenüber Anfechtungsgegner, § 143

Dazu müsste K die Anfechtung gemäß § 143 Abs. 1 i.V.m. Abs. 2 gegenüber V zunächst erklärt haben. Dies ist hier durch die ausdrückliche Anfechtungserklärung des K im März 2012 geschehen.

b) Anfechtungsgrund, § 119 Abs. 2 (Eigenschaftsirrtum)

Es könnte ein Eigenschaftsirrtum nach § 119 Abs. 2 vorliegen. Eigenschaften einer Person oder Sache sind neben den auf der natürlichen Beschaffenheit beruhenden Merkmalen auch tatsächliche oder rechtliche Verhältnisse und Beziehungen zur Umwelt, soweit sie nach der Verkehrsanschauung für die Wertschätzung oder Verwendbarkeit von Bedeutung sind. Die Verkehrswesentlichkeit der Eigenschaft liegt in der Regel vor, wenn die Eigenschaft nach der Verkehrsanschauung einen nennenswerten Einfluss auf die Wertschätzung der Person oder Sache auszuüben pflegt. Die tatsächlich gefahrenen Kilometer eines Fahrzeugs sind unabhängig von der Kilometerleistung des eingebauten Motors entscheidend für die Bestimmung seines Erhaltungsgrades und die noch zu erbringende Laufleistung. Insofern kennzeichnet der Kilometerstand die Sache unmittelbar und ist demnach ein wertbildender Faktor, der auch verkehrswesentlich ist. Indem V den K glauben lässt, das Fahrzeug sei anstelle von 200.000 km erst 100.000 km gefahren worden, irrt K über die tatsächlich gefahrenen Kilometer und unterliegt somit einem Eigenschaftsirrtum nach § 119 Abs. 2.

c) Einhaltung der Anfechtungsfrist, § 121

Ferner müsste K die Anfechtungsfrist des § 121 Abs. 1 S. 1 gewahrt haben. K müsste also „unverzüglich" und damit ohne schuldhaftes Zögern, d.h. innerhalb einer nach den Umständen des Einzelfalls zu bemessenden Prüfungs- und Überlegungsfrist,[100] angefochten haben. Als K von dem Irrtum im Januar 2012 erfuhr, besaß er alle notwendigen Informationen, um seine Rechte gegenüber V geltend zu machen. Ein sachlicher Grund für sein zweimonatiges Abwarten nach Entdeckung des Irrtums ist nicht erkennbar.

Mithin verzögerte er die Anfechtung schuldhaft, handelte also nicht „unverzüglich" i.S.d. § 121 und hat somit die Anfechtungsfrist des § 121 Abs. 1 S. 1 nicht gewahrt.

d) Zwischenergebnis

Mithin schlägt eine Anfechtung des K nach § 119 Abs. 2 fehl.

e) Arglistige Täuschung, § 123 Abs. 1, 1. Var.

Den K könnte zur Anfechtung jedoch eine arglistige Täuschung des V gemäß § 123 Abs. 1, 1. Var. berechtigen.

aa) Täuschungshandlung

Dann müsste zunächst eine Täuschungshandlung des V vorliegen. Eine Täuschungshandlung ist jedes Verhalten, durch das falsche Tatsachen vorgespiegelt, entstellt oder unterdrückt werden. Dies kann durch positives Tun oder Unterlassen der gebotenen Aufklärung geschehen.

---

100 BGH NJW 2005, 1869; Palandt/Ellenberger § 121 Rdnr. 3.

(1) Mit der **Angabe des falschen Kilometerstandes** täuscht V den K durch positives Tun.

(2) Im **Verschweigen des Unfalls** könnte zudem eine Täuschung durch Unterlassen liegen, sofern V eine Aufklärungspflicht traf. Eine allgemeine Aufklärungspflicht besteht nicht, denn jeder ist grundsätzlich selbst für die Beschaffung seiner Informationen verantwortlich.[101] Ausnahmsweise kann jedoch aus Gesetz, Vertrag oder vorvertraglichem Schuldverhältnis eine Aufklärungspflicht folgen. Dies ist unter Berücksichtigung von Treu und Glauben und nach der Verkehrsauffassung gemäß § 242 in der Regel dann gegeben, wenn die betreffenden Umstände für den Geschäftspartner erkennbar von großer Bedeutung sind. Über einen erheblichen Unfallschaden muss daher in der Regel ungefragt aufklärt werden.[102] Sicher hätte K hier über die Unfalleigenschaft des Fahrzeugs informiert werden wollen. Insofern traf V eine Aufklärungspflicht, sodass auch eine Täuschung durch Unterlassen vorliegt.

(3) Zudem könnte im **Verschweigen des Austauschmotors** eine Täuschung durch Unterlassen liegen, sofern V eine Aufklärungspflicht traf. Jedoch bedeutet der Einbau eines Austauschmotors eine Wertsteigerung und keine Wertminderung, sodass zur Aufklärung hierüber keine Pflicht besteht, die Täuschung hierüber unbeachtlich ist.

(4) Mithin liegt eine Täuschung über den Kilometerstand und über den Unfall vor.

bb) Widerrechtlichkeit der Täuschungshandlung

Ferner muss die Täuschungshandlung auch widerrechtlich sein. Die Täuschungshandlung ist nur dann widerrechtlich, wenn sie mit der Rechtsordnung nicht in Einklang steht. Es ist kein sachlicher Grund ersichtlich, der die Täuschung des V rechtfertigen könnte, sodass die Täuschungshandlung auch widerrechtlich ist.

Entgegen des Wortlauts von § 123 muss nach ganz h.M. nicht nur die Drohung, sondern auch die arglistige Täuschung widerrechtlich sein.

cc) Irrtum

Ferner müsste ein Irrtum beim Anfechtungsgegner K entstanden sein. Unter Irrtum versteht man das Hervorrufen oder Verstärken von Fehlvorstellungen beim Getäuschten. K macht sich falsche Vorstellungen über den Kilometerstand und die Unfalleigenschaft des Fahrzeugs, sodass ein Irrtum vorliegt.

dd) Kausalität zwischen Täuschungshandlung und Irrtum

Des Weiteren müsste zwischen Täuschungshandlung und Irrtum Kausalität bestehen. Das ist nach der auch im bürgerlichen Recht anwendbaren **Äquivalenztheorie** der Fall, wenn die Täuschung nicht hinweggedacht werden kann, ohne dass der Irrtum entfiele (conditio sine qua non). Wenn V den K nicht getäuscht hätte, hätte K sich nicht geirrt. Durch die erregten Fehlvorstellungen ist K zur Abgabe seiner Willenserklärung bestimmt worden, sodass vorliegend Täuschungshandlung und Irrtum auch äquivalent kausal sind.

---

101 Staudinger/Singer/v. Finkenstein § 123 Rdnr. 10; Büchler JuS 2009, 976.
102 BGHZ 74, 383, 391; Büchler JuS 2009, 976.

ee) Arglist

Bedingter Vorsatz genügt für die Arglist; er ist gegeben, wenn der Handelnde, obwohl er mit der möglichen Unrichtigkeit seiner Angaben rechnet **„ins Blaue hinein"** unrichtige Behauptungen aufstellt.

Darüber hinaus müsste V auch arglistig gehandelt haben. Arglist erfordert Vorsatz, aber keine Absicht. V hat arglistig gehandelt, indem er die Umstände bewusst vorgespiegelt bzw. die Aufklärung unterlassen hat.

f) Einhaltung der Anfechtungsfrist, § 124

Ferner müsste K die Anfechtungsfrist des § 124 gewahrt haben. Die Anfechtungsfrist beträgt ein Jahr; sie beginnt gemäß § 124 Abs. 2 mit der Entdeckung des Irrtums. Hier hat K zwei Monate nach der Entdeckung seines Irrtums angefochten und somit die Anfechtungsfrist des § 124 gewahrt.

g) Kein Ausschluss der Anfechtung

Ferner dürfte die Anfechtung nicht ausgeschlossen sein.
Das ist bei arglistiger Täuschung nach § 123 Abs. 2 S. 1 insbesondere dann der Fall, wenn ein Dritter die Täuschung verübt hat und der Adressat der Willenserklärung die Täuschung weder kannte noch kennen musste. Mangels Beteiligung einer dritten Person am Vertragsabschluss ist hier § 123 Abs. 2 nicht einschlägig. Weitere Ausschlussgründe sind nicht ersichtlich.

Dritter i.S.d. § 123 Abs. 2 ist nur ein am Geschäft völlig Unbeteiligter. Kein Dritter ist, wer im Lager des Erklärungsempfängers steht (sog. **Lagertheorie**), d.h. mit dessen Wissen und Wollen in die Vertragsverhandlungen eingeschaltet war.

h) Zwischenergebnis

Die Anfechtung des K gemäß § 123 Abs. 1 ist wirksam, sodass die Erklärung des K und damit auch der Kaufvertrag gemäß § 142 Abs. 1 von Anfang an als nichtig anzusehen ist.
Somit fehlt ein rechtlicher Grund i.S.d. § 812 Abs. 1 S. 1, 1. Var.

IV. Rechtsfolge

Somit muss V den Kaufpreis, den er bar von K verlangt und bereits auf sein Bankkonto eingezahlt hat, im Wege des Wertersatzes nach § 818 Abs. 2 an K Zug um Zug gegen Rückgabe des Pkw (Gegenanspruch des V gegen K aus § 812 Abs. 1 S. 1, 1. Var.) gemäß §§ 812 Abs. 1 S. 1, 1. Var., 818 Abs. 2 zurückzahlen.

B. Mangels Eingreifen von rechtsvernichtenden Einwendungen ist der Anspruch nicht untergegangen.

C. Ferner greifen zugunsten des V keine rechtshemmenden Einwendungen (= Einreden) ein, sodass der Anspruch auch durchsetzbar ist.

Somit hat K gegenüber V einen Anspruch auf Rückzahlung des Kaufpreises Zug um Zug gegen Rückgabe des Pkw aus §§ 812 Abs. 1 S. 1, 1. Var., 818 Abs. 2.

Fall 41: Anfechtung wegen arglistiger Täuschung nach § 123 Abs. 1, 1. Var. bei verschwiegener Schwangerschaft
(BAG, Urt. v. 15.10.1992 – 2 AZR 227/92; NZA 1993, 257 ff.)

A benötigte für seinen kaufmännischen Betrieb eine Ersatzkraft. Auf die offene Stelle bewarb sich neben anderen Frauen und Männern auch B, die im Rahmen des Vorstellungsgesprächs die ihr gestellte Frage nach einer bei ihr bestehenden Schwangerschaft verneinte, obwohl sie wusste, dass sie in Wahrheit doch schwanger war. A schloss daraufhin mit B einen Arbeitsvertrag auf unbestimmte Zeit, aufgrund dessen die B als kaufmännische Angestellte tätig werden sollte. Nach Aufnahme ihrer Arbeit, informiert sie A, dass sie im fünften Monat schwanger ist. A reagiert empört und ficht den Arbeitsvertrag „aus allen in Betracht kommenden Gesichtspunkten, u.a. wegen Täuschung, Irrtums" an, weil B beim Einstellungsgespräch die Schwangerschaft verschwiegen habe. B hingegen verlangt Zahlung des Arbeitslohns.

Zu Recht?

B könnte gegen A einen Anspruch auf Entrichtung des Arbeitslohns aus § 611 i.V.m. dem Arbeitsvertrag haben.

A. Anspruch entstanden

I. Arbeitsvertrag

Dazu müssten A und B zunächst einen Arbeitsvertrag geschlossen haben. Ausweislich des Sachverhalts haben A und B einen (privatrechtlichen) Vertrag in Form eines Dienstvertrags i.S.v. § 611 zur Erbringung unselbstständiger Dienste, also einen Arbeitsvertrag, geschlossen.

II. Wirksamkeit des Arbeitsvertrags

Ferner müsste der Arbeitsvertrag auch wirksam sein. Der Arbeitsvertrag könnte hier durch Anfechtung gemäß § 142 Abs. 1 von Anfang an (ex tunc) als nichtig anzusehen sein.

1. Anfechtungserklärung gegenüber Anfechtungsgegner, § 143

Dann müsste A gemäß § 143 Abs. 1 i.V.m. Abs. 2, 1. Halbs. die Anfechtung gegenüber B erklärt haben.
A erklärt ausdrücklich die Anfechtung „des Arbeitsvertrags" aus allen in Betracht kommenden Gesichtspunkten gegenüber dem Anfechtungsgegner B.

2. Anfechtungsgrund

a) Eigenschaftsirrtum, § 119 Abs. 2

Ein Eigenschaftsirrtum i.S.d. § 119 Abs. 2 kommt hier nicht in Betracht. Die Schwangerschaft der B ist als vorübergehender Zustand keine verkehrswesentliche Eigenschaft der Frau.[103]

b) Arglistige Täuschung, § 123 Abs. 1, 1. Var.

Als Anfechtungsgrund kommt jedoch eine arglistige Täuschung der B gemäß § 123 Abs. 1, 1. Var. in Betracht.

---

103 Vgl. BAG NJW 1962, 74; BAG NJW 1992, 2173.

aa) Täuschungshandlung

Dann müsste zunächst eine Täuschungshandlung der B vorliegen.

Eine Täuschungshandlung ist jedes Verhalten, durch das falsche Tatsachen vorgespiegelt, entstellt oder unterdrückt werden. Dies kann durch positives Tun oder Unterlassen der gebotenen Aufklärung geschehen. Ein Unterlassen ist jedoch nur dann einschlägig, wenn auch eine Rechtspflicht zur Aufklärung bestand. Dies ist der Fall, wenn nachgefragt wird oder erkennbar besonders wichtige Umstände dies bedingen.

B hat es hier unterlassen, A über ihre Schwangerschaft aufzuklären, obwohl aufgrund der diesbezüglichen Nachfrage des A für sie erkennbar war, dass eine Rechtspflicht zur Aufklärung bestand.

Somit hat B eine Täuschungshandlung begangen.

bb) Widerrechtlichkeit der Täuschungshandlung

Ferner müsste die Täuschungshandlung auch widerrechtlich sein.

Die Täuschungshandlung ist nur dann widerrechtlich, wenn sie mit der Rechtsordnung nicht in Einklang steht. Es liegt insofern keine Widerrechtlichkeit vor, wenn ein Arbeitnehmer solche Fragen falsch beantwortet, die der Arbeitgeber ihm unzulässigerweise stellt (**„Recht zur Lüge"**).

Zweifelhaft ist jedoch, ob die Frage nach einer bestehenden Schwangerschaft beim Einstellungsgespräch bzgl. eines unbefristeten Arbeitsverhältnisses zulässig ist.

(1) Frühere Rechtsprechung des BAG

Früher differenzierte das BAG[104] und erachtete die Frage nach einer bestehenden Schwangerschaft für zulässig, wenn Bewerber nur Frauen waren, da dann keine geschlechtsspezifische Benachteiligung vorliegen könne. Die Frage sei aber unzulässig, wenn Bewerber Männer und Frauen waren, da dann ein Verstoß gegen das geschlechtsbezogene Diskriminierungsverbot aus § 7 Abs. 1 i.V.m. § 1 AGG (früher § 611 a BGB) vorliege.

Dieser Ansicht nach war die Frage des A nach der Schwangerschaft der B aufgrund der Beteiligung von Männern und Frauen an der Bewerbung unzulässig und damit die Täuschung nicht widerrechtlich.

(2) Heutige Rechtsprechung des EuGH und des BAG

Nach einer Entscheidung des Europäischen Gerichtshofs,[105] der – zumindest im Hinblick auf unbefristete Arbeitsverhältnisse – die arbeitsgerichtliche Rechtsprechung[106] und auch die Literatur[107] gefolgt ist, sei hingegen die Frage nach einer Schwangerschaft generell unzulässig. Dies gelte unabhängig davon, ob sich Männer und Frauen um die Stelle bewerben. Denn es handele sich bei der Ablehnung im Hinblick auf eine bestehende Mutterschaft um eine unmittelbare Diskriminierung aufgrund des Geschlechts, da sie sich auf einen Vorgang beziehe, der ausschließlich weibliche Arbeitnehmer treffe.

---

104 BAG BB 1986, 1852 ff.; NJW 1987, 397 ff.
105 EuGH BB 1991, 692 ff.
106 BAG NZA 2003, 848 ff. = RÜ 2003, 433ff.
107 Palandt/Ellenberger § 123 Rdnr. 6.

Dieser Ansicht nach war die Frage des A nach der Schwangerschaft der B somit von vornherein unzulässig und damit die Täuschung nicht widerrechtlich.

3. Zwischenergebnis

Beide Ansichten kommen zum gleichen Ergebnis, sodass eine Streitentscheidung entbehrlich ist. A steht folglich kein Anfechtungsrecht nach § 123 Abs. 1, 1. Var. zu und mangels anderweitiger Anfechtungsgründe ist der Arbeitsvertrag damit auch insgesamt wirksam. Somit ist der Anspruch der B gegenüber A auf Entrichtung des vereinbarten Arbeitslohns aus § 611 i.V.m. dem Arbeitsverhältnis entstanden.

B. Mangels Eingreifen von rechtsvernichtenden Einwendungen ist der Anspruch nicht untergegangen.

C. Ferner ist der Anspruch auch durchsetzbar.

Somit hat B gegenüber A einen Anspruch auf Entrichtung des Arbeitslohns aus § 611 i.V.m. dem Arbeitsvertrag.

> **Fall 42: Anfechtung wegen widerrechtlicher Drohung nach § 123 Abs. 1, 2. Var.**
>
> Die renitenten Fahrradfahrer A und B waren in der Innenstadt von Münster mit ihren Fahrrädern zusammengestoßen. Da jeder dafür die Schuld beim anderen suchte, wollte A die ganze Sache am liebsten durch die Polizei klären lassen. In Befürchtung eines für ihn ungünstigen Ausgangs forderte er B auf niederzuschreiben, dass B die Alleinschuld am Unfall trage und für alle Kosten aufkomme. Wenn B dem nicht zustimme, würde er sofort die Polizei holen. Da B dazu neigte, gegenüber Amtsträgern schnell die Beherrschung zu verlieren, und er bei einem ähnlichen Fall die Polizei schon einmal als „Trachtengruppe" diffamiert hatte, gab er A nach, um nicht erneut mit der Polizei aneinander zu geraten. Als A wegen der ihm entstandenen Schäden gegen B aus dem Anerkenntnis vorgehen will, ficht B die Erklärung vom Unfalltage an.
>
> Kann A von B Schadensersatz auf Grundlage des Anerkenntnisses verlangen?

A könnte gegen B einen Anspruch auf Schadensersatz nach § 781 haben.

A. Anspruch entstanden

I. Einigung i.S.d. § 781

Dazu müssten A und B einen Vertrag gemäß § 781 geschlossen haben, durch den das Bestehen eines Schuldverhältnisses anerkannt wird.

Indem B gegenüber A schriftlich erklärt, dass er die Alleinschuld am Unfall trage und für alle Kosten aufkomme, und A diese Erklärung akzeptiert hat, haben beide zulasten des B ein Schuldanerkenntnis vereinbart.

II. Wirksamkeit der Einigung

Ferner müsste die Einigung wirksam sein.

1. Formnichtigkeit gemäß § 125 S. 1 i.V.m. § 781

Eine Formnichtigkeit nach § 125 S. 1 kommt vorliegend nicht in Betracht. Die gesetzliche Formvorschrift des § 781 S. 1 ist gewahrt.

2. Anfechtung gemäß § 142 Abs. 1

Jedoch könnte das Schuldanerkenntnis des B durch Anfechtung gemäß § 142 Abs. 1 von Anfang an (ex tunc) nichtig sein.

a) Anfechtungserklärung gegenüber Anfechtungsgegner, § 143 Abs. 1

B ficht ausdrücklich gegenüber A an, sodass eine Anfechtungserklärung des Anfechtenden gegenüber dem Anfechtungsgegner gemäß § 143 Abs. 1 i.V.m. Abs. 2, 1. Halbs. vorliegt.

b) Anfechtungsgrund, § 123 Abs. 1, 2. Var. (Widerrechtliche Drohung)

Als Anfechtungsgrund kommt eine widerrechtliche Drohung nach § 123 Abs. 1, 2. Var. in Betracht.

aa) Drohung

Dann müsste gemäß § 123 Abs. 1, 2. Var. eine Drohung des A vorliegen.

Unter **Drohung** ist das Inaussichtstellen eines künftigen Übels zu verstehen, auf dessen Eintritt der Drohende Einfluss zu haben vorgibt.[108] Als

---

[108] BGHZ 2, 287, 295; Palandt/Ellenberger § 123 Rdnr. 15.

Übel genügt jeder Nachteil. Es kann sich auf den Bedrohten beziehen, aber auch auf eine andere Person. Letztlich soll der Bedrohte in eine psychische Zwangslage versetzt werden, die ihm die Abgabe der Willenserklärung als das geringere Übel erscheinen lässt.[109]

Die Ankündigung des A, die Polizei zu holen, wenn B kein Anerkenntnis abgebe, stellt für B einen Nachteil in Aussicht. Auf diesen Nachteil gibt A vor, Einfluss zu haben und hat ihn letztlich auch.

Folglich liegt eine Drohung des A vor.

bb) Widerrechtlichkeit der Drohung

Ferner müsste die Drohung gemäß § 123 Abs. 1, 2. Var. widerrechtlich sein. Die Widerrechtlichkeit kann sich aus dem angedrohten Mittel, dem erstrebten Zweck oder der Zweck-Mittel-Relation ergeben.

Hier sind weder der Zweck der Drohung (Sicherung von Schadensersatzansprüchen gegenüber B) noch das Mittel der Drohung (Anruf bei der Polizei, ggf. Strafanzeige) widerrechtlich.

Fraglich ist aber, ob die Verbindung von Zweck und Mittel, die Zweck-Mittel-Relation, widerrechtlich war. Bei Drohung mit einem an sich erlaubten Mittel (Klage, Strafanzeige, Kündigung, etc.) ist die Widerrechtlichkeit grundsätzlich ausgeschlossen, wenn der Drohende einen Rechtsanspruch auf den erstrebten Erfolg hat. Anders macht nicht schon das Fehlen eines Rechtsanspruchs die Drohung rechtswidrig. Entscheidend ist, ob der Drohende an der Erreichung des verfolgten Zwecks ein berechtigtes Interesse hat und die Drohung nach Treu und Glauben noch als ein angemessenes Mittel zur Erreichung dieses Zwecks anzusehen ist.[110] Zwar hatte A keinen Rechtsanspruch auf die Abgabe eines Schuldanerkenntnisses des B, aber er glaubte, seine Rechte nur so sichern zu können. Dies genügt hier gleichwohl nicht, um aus seiner Sicht ein berechtigtes Interesse am Erhalt eines Schuldanerkenntnisses zu bejahen. Schließlich befürchtete auch A einen für sich ungünstigen Ausgang der Aufklärung des Unfallhergangs. Die Aufklärung war aber ohne die Polizei gar nicht möglich und daher die Drohung nach Treu und Glauben noch ein angemessenes Mittel zur Erreichung seines legitimen Zwecks.

Mithin war die Drohung nicht widerrechtlich.

cc) Zwischenergebnis

Somit besteht für B kein Anfechtungsgrund nach § 123 Abs. 1, 2. Var. und damit ist das Schuldanerkenntnis i.S.d. § 781 von ihm nicht wirksam angefochten worden.

Folglich ist der Schadensersatzanspruch des A gegenüber B aus dem Schuldanerkenntnis i.S.d. § 781 entstanden.

B. Mangels Eingreifen von rechtsvernichtenden Einwendungen ist der Anspruch nicht untergegangen.

C. Ferner ist der Anspruch auch durchsetzbar.

Somit hat A gegen B einen Anspruch auf Schadensersatz nach § 781.

---

109 BGHZ 25, 217, 221; BGH NJW 1988, 2599, 2601.
110 BGHZ 2, 287, 297; Büchler JuS 2009, 976, 978.

Fall 43: Anfechtung wegen widerrechtlicher Drohung nach § 123 Abs. 1, 2. Var. bei Verlangen einer Zahlung als Voraussetzung für den Abschluss eines Nachfolgemietvertrags
(BGH, Urt. v. 12.07.1995 – XII ZR 95/93; NJW 1995, 3052 ff.)

Der Zahnarzt H hatte von B Räume zum Betrieb einer Zahnarztpraxis gemietet. Im Mietvertrag heißt es u.a.: „Der Vermieter gestattet dem Mieter den Verkauf seiner Praxis unter der Voraussetzung, dass die Bonität des Nachmieters gewährleistet ist." Nach dem Tod des H veräußerte die K, die Witwe und Alleinerbin des H, die Zahnarztpraxis an den bisherigen Praxisvertreter, den Zahnarzt W. Mit W schloss sodann B einen (Nachfolge-)Mietvertrag über die Praxisräume. Zuvor hatte K dem B auf sein Verlangen aufgrund einer entsprechenden Vereinbarung zwischen den beiden „als verlorene Risikoabgeltung für die nach Auffassung des B nicht ausreichend nachgewiesene Bonität des Zahnarztes W" einen Betrag von 50.000 € überwiesen. Kurz darauf focht K die Vereinbarung wegen widerrechtlicher Drohung des B an und forderte B zur Rückzahlung der 50.000 € auf. Sie machte geltend, B habe sie vor Abschluss des Mietvertrags mit W unabhängig von dessen Bonität dazu gedrängt, dass sie ihm, dem B, zuvor entweder 25.000 € „schwarz" oder 50.000 € gegen Rechnung zahlte. B lehnte eine Rückzahlung mit der Begründung ab, K habe keinen ausreichenden Bonitätsnachweis für den Nachfolgemieter W erbracht.

Steht der K der Rückzahlungsanspruch zu?

K könnte gegenüber B einen Anspruch auf Rückzahlung von 50.000 € aus § 812 Abs. 1 S. 1, 1. Var. haben.

A. Anspruch entstanden

I. Etwas erlangt

Zunächst müsste B etwas erlangt haben.
Unter „etwas" ist jeder vermögenswerte (rechtliche) Vorteil zu verstehen.
Indem B von K den Geldbetrag i.H.v. 50.000 € überwiesen bekommt, erlangt er einen Auszahlungsanspruch gegenüber seiner Bank und somit einen Vermögensvorteil in rechtlichen Sinne.
Folglich hat B etwas erlangt.

II. Durch Leistung der Anspruchstellerin

Ferner müsste V diesen Vermögensvorteil auch durch Leistung der Anspruchstellerin K erlangt haben.
Unter einer „Leistung" ist bei § 812 Abs. 1 S. 1, 1. Var. jede bewusste und zweckgerichtete Mehrung fremden Vermögens zur Erfüllung einer, wenn auch nur vermeintlich bestehenden, Verbindlichkeit zu verstehen.
Hier mehrt K bewusst und zweckgerichtet das Vermögen des B zur Erfüllung ihrer Verbindlichkeit aus der getroffenen Vereinbarung i.S.d. § 311 Abs. 1.
Somit liegt eine Leistung der K an V vor.

III. Ohne rechtlichen Grund

Ferner müsste die Leistung der K ohne rechtlichen Grund erfolgt sein.

Das ist der Fall, wenn der mit der Leistung bezweckte Erfolg verfehlt worden ist. Dies wiederum ist jedenfalls dann der Fall, wenn das der Leistung zugrunde liegende Vertragsverhältnis nicht besteht.

1. Vertragliches Schuldverhältnis i.S.d. § 311

K und B zur Risikoabgeltung bei nicht ausreichend nachgewiesener Bonität des W eine vertragliche Vereinbarung i.S.d. § 311 getroffen.

2. Wirksamkeit der Einigung

Diese Einigung i.S.d. § 311 müsste auch wirksam sein.

Dem könnte jedoch eine wirksame Anfechtung der von K abgegebenen Willenserklärung gemäß § 142 Abs. 1 entgegenstehen.

a) Anfechtungserklärung gegenüber Anfechtungsgegner, § 143

Dafür müsste die Anfechtung zunächst gemäß § 143 erklärt worden sein.

K ficht ausdrücklich gegenüber B an, sodass eine Anfechtungserklärung des Anfechtenden gegenüber dem richtigen Anfechtungsgegner gemäß § 143 Abs. 1 i.V.m. Abs. 2, 1. Halbs. vorliegt.

b) Anfechtungsgrund, § 123 Abs. 1, 2. Var. (widerrechtliche Drohung)

Ferner müsste K ein Anfechtungsgrund zustehen. Dieser könnte sich vorliegend aus § 123 Abs. 1 unter dem Gesichtspunkt einer widerrechtlichen Drohung ergeben.

aa) Drohung

Zunächst müsste gemäß § 123 Abs. 1, 2. Var. eine Drohung des B vorliegen. Drohung ist die Ankündigung eines künftigen Übels, das aus der Sicht des Bedrohten vom Willen des Drohenden abhängig ist und den Bedrohten in eine Zwangslage versetzt. K lief Gefahr, dass der Mietvertrag über die Praxisräume zwischen B und W – ohne die von B verlangte Zahlung – nicht zustande kam und deshalb der beabsichtigte Praxisverkauf scheiterte. Das wiederum barg die weitere Gefahr, dass mit zunehmendem Zeitablauf und sinkender Patientenzahl der Wert der Praxis für einen Verkauf an einen anderen Nachfolger sank. Zudem konnte K nicht davon ausgehen, dass B einem Nachfolgemietvertrag mit einem anderen Interessenten zustimmen würde, ohne von ihr ebenfalls eine entsprechende Abstandszahlung zu verlangen.
Somit lag eine Drohung des B gemäß § 123 Abs. 1, 2. Var. vor.

bb) Widerrechtlichkeit der Drohung

Ferner müsste die Drohung widerrechtlich sein.
Widerrechtlich ist die Drohung dann, wenn die Abgabe der Willenserklärung unter Anwendung rechtswidriger Mittel erzwungen worden, der mit der Willenserklärung verfolgte Zweck verwerflich oder die Verknüpfung dieses Mittels zur Erreichung dieses Zwecks anstößig ist. Für die Rechtswidrigkeit des Mittels – unabhängig vom verfolgten Zweck – ist maßgebend, ob mit einem rechts- bzw. vertragswidrigen Verhalten gedroht wird.[111] Die Widerrechtlichkeit der Drohung wäre daher zu bejahen, wenn B die K unter Bruch des mit ihrem verstorbenen Ehemannes geschlossenen Mietvertrags

---

111   RGZ 108, 104; BGH WM 1983, 1017, 1019.

dazu bestimmt hat, ihm einen Betrag von 50.000 € vertraglich zuzusagen und zu zahlen. Nach dem Mietvertrag war Voraussetzung für den von B „zu gestattenden" Verkauf der Zahnarztpraxis, d.h. für den Abschluss eines Nachfolgemietvertrags mit dem Ersatzmieter, dass „die Bonität des Nachmieters gewährleistet" war. Die Bonität musste also objektiv gegeben sein und ein entsprechender Nachweis musste vorliegen. In welcher Form dieser zu erbringen war, ist der vertraglichen Regelung nicht zu entnehmen. Zur Absicherung des B gegen ein etwaiges Mietausfallrisiko, auf das dieser sein Zahlungsverlangen in der Vereinbarung gestützt hat, kamen verschiedene Möglichkeiten in Betracht, und zwar neben der Übernahme einer Mithaftung der K insbesondere eine (von ihr beizubringende) selbstschuldnerische Bankbürgschaft oder die Hinterlegung einer Kaution in Höhe einer oder mehrerer Jahresmieten. Da die ursprünglichen Mietvertragsparteien hierzu keine nähere Regelung getroffen haben, bedurfte es – bei sinngemäßer Auslegung des Mietvertrags – einer entsprechenden Einigung zwischen K und B. Auch wenn dies nicht erfolgt ist, hatte B nicht das Recht, nach seinem Belieben von dem vertraglich vorgesehenen Bonitätsnachweis Abstand zu nehmen und stattdessen „als verlorene Risikoabgeltung" eine Zahlung der K zu verlangen. Somit ist K durch widerrechtliche Drohung des B, anderenfalls den für sie wirtschaftlich bedeutsamen Nachfolgemietvertrag mit W nicht abzuschließen, dazu bestimmt worden, B einen Betrag von 50.000 € vertraglich zuzusagen und zu zahlen, auf den er unter den gegebenen Umständen keinen Anspruch hatte.

cc) Kausalität zwischen Drohung und Abgabe der Willenserklärung

K hätte die Willenserklärung, die zum Abschluss der Vereinbarung mit B gemäß § 311 führte, ohne die Drohung nicht oder jedenfalls mit einem anderen Inhalt abgegeben, sodass die Drohung auch kausal für die Abgabe der Willenserklärung geworden ist.

dd) Vorsatz des B

B hatte auch subjektiv den Willen, K zur Abgabe einer Willenserklärung zu bestimmen und somit Vorsatz.

ee) Zwischenergebnis

Ein Anfechtungsgrund gemäß § 123 Abs. 1, 2. Var. (widerrechtliche Drohung) liegt somit vor.

c) Einhaltung der Anfechtungsfrist, § 124

Des Weiteren ist auch die Anfechtungsfrist gemäß § 124 Abs. 1 i.V.m. Abs. 2 eingehalten.

d) Kein Ausschluss der Anfechtung

Ferner ist die Anfechtung nicht ausgeschlossen; insbesondere § 123 Abs. 2 S. 1 und § 144 greifen nicht ein.

e) Zwischenergebnis

Daher ist die Vereinbarung gemäß § 142 Abs. 1 als von Anfang an nichtig anzusehen, sodass die zum Zwecke ihrer Erfüllung geleistete Zahlung der K an B ohne rechtlichen Grund i.S.v. § 812 erfolgt ist.

IV. Kein Ausschluss, § 814

Der Anspruch könnte jedoch wegen Kenntnis von der Nichtschuld gemäß § 814 ausgeschlossen sein.

Jedoch setzt die Kenntnis von der Nichtschuld positives Wissen vom Fehlen der Leistungsverpflichtung im Zeitpunkt der Leistung voraus. Nicht ausreichend ist die Kenntnis der Tatsachen, aus denen sich die Unwirksamkeit der Verpflichtung ergibt; der Leistende muss vielmehr auch eine im Ergebnis zutreffende rechtliche Schlussfolgerung gezogen haben. Zahlt ein Schuldner hingegen, wie K im vorliegenden Fall, zwar in Kenntnis der Nichtschuld, jedoch nur unter Druck oder unter Zwang, so greift § 814 nicht ein (§ 814 gilt also nur für freiwillige Leistungen).

Somit ist der Anspruch nicht gemäß § 814 ausgeschlossen.

V. Kein Ausschluss, § 817 S. 2

Auch ist der Anspruch mangels entgegenstehender Anhaltspunkte nicht gemäß § 817 S. 2 (analog) ausgeschlossen.

VI. Rechtsfolge

Somit muss B der K für den seinem Konto gutgeschriebenen Geldbetrag gem. § 812 Abs. 1 S. 1, 1. Var. i.V.m. § 818 Abs. 2 i.H.v. 50.000 € Wertersatz leisten.

B. Mangels Eingreifen von rechtsvernichtenden Einwendungen ist der Anspruch nicht untergegangen.

C. Ferner ist der Anspruch auch durchsetzbar.

Folglich hat K gegenüber B einen Anspruch auf Rückzahlung von 50.000 € aus §§ 812 Abs. 1 S. 1, 1. Var., 818 Abs. 2.

6. Teil: Zustimmung, §§ 182 ff.

1. Abschnitt: Die vorherige Zustimmung (Einwilligung)

Fall 44: Einziehungsermächtigung als Einwilligung des Berechtigten gemäß § 185 Abs. 1 zu einer Verfügung

V hat K sein altes Auto für 1.200 € verkauft, um mit dem Geld den noch offenen Restbetrag von 1.000 € aus einem zuvor bei G getätigten Neuwagenkauf zu begleichen. Da K sich jedoch mit der Zahlung Zeit lässt und V nicht imstande ist, die 1.000 € anderweitig aufzutreiben, erklärt sich G bereit, anstelle der vereinbarten Barzahlung, die Abtretung der Kaufpreisforderung von V gegenüber K zur Begleichung der Kaufpreisschuld des V zu akzeptieren. Von der Abtretung soll jedoch niemand erfahren, da V befürchtet, an Ansehen zu verlieren, wenn sich im Freundes- und Bekanntenkreis herumspricht, dass er die 1.000 € nicht in bar zahlen kann. Daher will V – mit Einverständnis des G – seine ursprüngliche Forderung gegen K weiterhin in eigenem Namen geltend machen und nach Zahlung des K das Geld dann bei G abliefern.

Kann V von K Zahlung des Kaufpreises in Höhe von 1.200 € verlangen?

V könnte gegen K einen Anspruch auf Zahlung des Kaufpreises i.H.v. 1.200 € aus § 433 Abs. 2 haben.

A. Anspruch entstanden

I. Forderungsinhaberschaft des V

Mit Abschluss eines wirksamen Kaufvertrages i.S.d § 433 zwischen Käufer K und Verkäufer V ist hier V Inhaber einer Kaufpreisforderung aus § 433 Abs. 2 gegenüber K geworden.

II. Forderungsverlust des V durch Abtretung an G

Die **Abtretung i.S.d. § 398** ist ein Verfügungsgeschäft. Etwaige Mängel des Kausalgeschäfts lassen ihre Wirksamkeit unberührt (**Abstraktionsprinzip**). Beide Geschäfte können nach § 139 zusammengefasst werden.

V könnte die Forderung durch Abtretung nach § 398 an G verloren haben. Eine Abtretung ist ein Vertrag zwischen dem bisherigen Gläubiger (Zedent) und dem neuen Gläubiger (Zessionar), durch den der Zedent die Forderung auf den Zessionar überträgt. Mit Abtretung der Kaufpreisforderung gemäß § 398 S. 1 von V an G, ist G gemäß § 398 S. 2 als neuer Gläubiger an die Stelle des alten Gläubigers V getreten und damit Forderungsinhaber geworden.

Somit hat V die Kaufpreisforderung gegenüber K aus § 433 Abs. 2 durch die Abtretung an G verloren.

III. Einziehungsermächtigung des V

Jedoch könnte G den V zur Einziehung der Kaufpreisforderung ermächtigt haben.

Eine Einziehungsermächtigung verschafft dem Nichtberechtigten die Ermächtigung, über ein fremdes Recht in eigenem Namen wirksam zu verfügen. Indem G dem V gestattet, auch weiterhin als Forderungsinhaber gegenüber K aufzutreten und von ihm die Zahlung des Kaufpreises zu verlangen, hat G dem V eine Ermächtigung zur Einziehung erteilt.

Fraglich ist jedoch, ob eine solche Einziehungsermächtigung überhaupt rechtlich zulässig ist.

1. Einziehungsermächtigung als Einwilligung nach § 185 Abs. 1

Nach einer Ansicht[112] stellt eine Einziehungsermächtigung eine zulässige Einwilligung zu einer Verfügung i.S.v. § 185 Abs. 1 dar, sodass auch Inhaberschaft und Ausübung dieses Rechts voneinander getrennt werden können. Dies wird u.a. damit begründet, dass eine derartige Trennung durchaus üblich sei. Denn jede Forderung enthalte zwei Ansprüche des Gläubigers: Den Anspruch aus §§ 194, 241 Abs. 1 S. 1, 2 (das Recht, die Leistung von dem Schuldner zu verlangen) und den Anspruch gegenüber Dritten, Verfügungen des Gläubigers über das Recht nicht zu stören. Daher könne der Gläubiger über den Anspruch aus §§ 194, 241 Abs. 1 S. 1, 2 auch getrennt verfügen. Außerdem sei die Abtretung als Übertragung eines vollen Rechts nach § 398, (§ 413) gesetzlich zulässig, sodass die Einziehungsermächtigung als Übertragung nur eines Teils davon, nämlich dessen Ausübung, als Minus auch zulässig sein müsse.

Dieser Ansicht nach ist die Einziehungsermächtigung des G rechtlich zulässig.

2. Einziehungsermächtigung als aliud

Nach anderer Ansicht[113] ist die Einziehungsermächtigung gerade keine Einwilligung zu einer Verfügung i.S.v. § 185 Abs. 1, sodass Inhaberschaft und Ausübung des Rechts auch nicht voneinander getrennt werden können.

Dies wird damit begründet, dass die Einziehungsermächtigung gesetzlich nicht geregelt und daher gegenüber der Abtretung kein Minus, sondern ein aliud sei. Außerdem widerspreche diese Erweiterung der Schuldnerpflichten den abschließend geregelten Schuldnerschutzvorschriften nach §§ 406 ff. Zudem sei weder für den Schuldner noch für den Dritten erkennbar, wem nun das Recht zustehe, sodass die Einziehungsermächtigung letztlich die Rechtssicherheit gefährde.

Nach dieser Ansicht ist die Einziehungsermächtigung des G rechtlich unzulässig.

3. Stellungnahme

Gegen die erstgenannte Ansicht spricht zwar, dass es nach dem Gesetz möglich ist, im Wege der Stellvertretung oder Treuhand zu handeln, und daher kein echtes Bedürfnis für eine derartige Einziehungsermächtigung besteht. Aber gleichwohl besteht dann ein praktisches Bedürfnis, wenn z.B. – wie hier – eine Abtretung aus gesellschaftlichen Gründen geheim bleiben soll. Darüber hinaus erfolgt auch die Zwangsvollstreckung wegen Geldforderungen in Forderungen durch Pfändung dieser Forderung (§ 803 Abs. 1 S. 1 ZPO) und Überweisung an den Schuldner (§ 835 Abs. 1 ZPO). Und eben diese Überweisung ersetzt nach § 836 Abs. 1 ZPO die förmlichen Erklärun-

---

112 RGZ 53, 416 f.; BGHZ 82, 283, 288; 125, 196, 205; 131, 274, 283 f.; Larenz/Wolf, BGB AT, § 23 Rdnr. 45 f.; Rüssmann JuS 1972, 169, 172 f.

113 Medicus, BGB AT, Rdnr. 1009; Köhler, Findet die Lehre von der Einziehungsermächtigung im geltenden bürgerlichen Recht eine Grundlage? (1953), 54 ff.

gen des Schuldners, von denen nach den Vorschriften des bürgerlichen Rechts die Berechtigung zur Einziehung der Forderung abhängig ist. Also geht § 836 Abs. 1 ZPO letztlich davon aus, dass man nach dem BGB zur Einziehung einer Forderung berechtigt sein kann, ohne zugleich Inhaber der Forderung zu sein. Mithin ist der ersten Ansicht zu folgen, sodass die Einziehungsermächtigung rechtlich zulässig ist.

Folglich können Inhaberschaft und Ausübung eines Rechts auseinanderfallen, sodass hier – kraft der Einziehungsermächtigung des G – der V in eigenem Namen K auf Kaufpreiszahlung gemäß § 433 Abs. 2 in Anspruch nehmen kann.

Die Leistung mit befreiender Wirkung folgt auch aus § 407, der bei der Abtretung daher lex specialis zu §§ 362 Abs. 2, 185 Abs. 1 ist.

B. Anspruch nicht untergegangen

Ferner dürfte der Anspruch nicht untergegangen sein.

Rechtsvernichtende Einwendungen greifen jedoch nicht ein; insbesondere liegt bislang keine Leistung des K mit befreiender Wirkung zum Zwecke der Erfüllung an den Dritten G gemäß §§ 362 Abs. 2, 185 Abs. 1 vor.

Somit ist der Anspruch auch bislang nicht untergegangen.

C. Anspruch durchsetzbar

Des Weiteren müsste der Anspruch auch durchsetzbar sein.

Rechtshemmende Einwendungen (= Einreden) des K sind nicht ersichtlich, sodass der Anspruch auch durchsetzbar ist.

D. Ergebnis

Daher hat V gegen K einen Anspruch auf Zahlung des Kaufpreises i.H.v. 1.200 € aus § 433 Abs. 2.

2. Abschnitt: Die nachträgliche Zustimmung
(Genehmigung)

Fall 45: Unterscheidung von Einwilligung und Genehmigung

Der 13-jährige M sieht in einem Schaufenster ein Plakat: „Braun Tassimo/Kaffee- und Kakaoaufbereitung für nur 49 €. Die Kunst des perfekten Genusses." Er geht in den Laden und fragt den Verkäufer V nach den Vorzügen der Maschine, die er – allein schon wegen ihres Preises – zu kaufen beabsichtigt. V erwidert im Laufe des Gesprächs, dass er sich bei der Preisauszeichnung verschrieben habe und die Maschine tatsächlich 149 € koste. Daraufhin erwidert M, dass er soviel Geld gerade nicht dabei habe. Er will aber später wiederkommen, die Maschine bezahlen und mitnehmen. Zu Hause erzählt er seinem Vater davon. Sein Vater ist begeistert und gibt M sofort das Geld und einen Zettel, auf dem er sein Einverständnis erklärt. Als M in das Geschäft zurückkehrt, will V ihm das Gerät nicht mehr verkaufen. Denn kurz zuvor hatte V Besuch von einem Vertreter der Braun GmbH, mit dem er sich so gar nicht verstanden hat. Deshalb will V nun keine Braun Geräte mehr vertreiben.

Kann M dennoch die Übergabe und Übereignung der Maschine Zug um Zug gegen Zahlung des Kaufpreises verlangen?

M könnte gegen V einen Anspruch auf Übergabe und Übereignung der Maschine Zug um Zug gegen Zahlung des Kaufpreises aus § 433 Abs. 1 S. 1 haben.

A. Anspruch entstanden

I. Einigung i.S.d. § 433

Dazu müssten sich M und V zunächst i.S.d. § 433 geeinigt, also einen Kaufvertrag geschlossen haben.

Eine Einigung besteht aus zwei übereinstimmenden, empfangsbedürftigen Willenserklärungen in Form eines Angebots und einer inhaltlich damit übereinstimmenden Annahme, §§ 145 ff.

1. Angebot des V durch Plakat

Mit dem Plakat wollte V die Maschine nicht anbieten, sondern nur für sie werben.

Bei Plakaten kann nie ausgeschlossen werden, dass das beworbene Produkt nicht mehr verfügbar ist. Insofern fehlt V der Rechtsbindungswille, sodass lediglich eine invitatio ad offerendum vorliegt.

2. Angebot des M durch Nachfrage

Indem M sich nach den Vorzügen der Maschine erkundigt, die er auf dem Plakat gesehen hat und die er zu kaufen beabsichtigt, signalisiert M seine Kaufbereitschaft. Eine an §§ 133, 157 orientierte Auslegung ergibt daher, dass M ein Angebot dahingehend abgegeben hat, die Maschine für 49 € zu kaufen.

3. Ablehnung und zugleich neues Angebot des V durch Annahme unter Änderung, § 150 Abs. 2

Die Bereitschaft des V, dem M die Maschine zu verkaufen, wenn auch nur für 149 €, stellt gemäß § 150 Abs. 2 keine Annahme, sondern eine Ablehnung, verbunden mit einem neuen Antrag dar. V hat lediglich den Preis geändert.

4. Annahme des M

Indem M gegenüber V deutlich macht, dass er später wiederkommen, die Maschine bezahlen und mitnehmen will, nimmt M das neue Angebot gegenüber V auch ausdrücklich an.

5. Zwischenergebnis

Somit liegt ein Kaufvertrag von V und M über die Braun Tassimo Maschine zum Kaufpreis in Höhe von 149 € vor.

II. Wirksamkeit der Einigung

Ferner müsste die Einigung i.S.d. § 433 auch wirksam sein.

Das ist der Fall, wenn ihr keine Nichtigkeitsgründe entgegenstehen. Im Hinblick darauf, dass M als 13-Jähriger gemäß § 106 i.V.m. § 2 noch minderjährig und in seiner Geschäftsfähigkeit beschränkt ist, beurteilt sich die Wirksamkeit seiner Willenserklärung nach § 107.

1. Einwilligung

Hier könnte die Willenserklärung des M wegen § 107 wirksam sein, wenn er die Einwilligung seines gesetzlichen Vertreters für eine Erklärung, die ihm nicht lediglich einen rechtlichen Vorteil bringt, gehabt hätte. Die von M abgegebene Willenserklärung müsste also zunächst nicht lediglich rechtlich vorteilhaft sein. Das ist jedenfalls dann der Fall, wenn sie den Minderjährigen zu einer Geldzahlung verpflichtet (*vgl. zum Begriff des lediglich rechtlich vorteilhaften Geschäfts Fall 21*). M würde hier gemäß § 433 Abs. 2 zur Zahlung des Kaufpreises verpflichtet, sodass die Erklärung nicht lediglich rechtlich vorteilhaft ist. Jedoch könnte M die Einwilligung seines gesetzlichen Vertreters besessen haben. Gemäß §§ 1626, 1629 sind die Eltern gesetzliche Vertreter des Kindes. Vorliegend war der Vater begeistert und gab M sofort das Geld nebst eines Zettels mit seiner Einverständniserklärung. Dies müsste eine Einwilligung i.S.d. § 107 gewesen sein. Nach der **Legaldefinition in § 183** ist eine Einwilligung die vorherige Zustimmung. Hier hat der Vater aber erst nachher zugestimmt. Die Willenserklärung ist also nicht gemäß § 107 wirksam.

2. Genehmigung

Der Vertragsschluss könnte aber gemäß § 108 Abs. 1 wirksam geworden sein. Das setzt nach § 108 voraus, dass ein Minderjähriger einen Vertrag ohne die erforderliche Einwilligung des gesetzlichen Vertreters abgeschlossen hat und der gesetzliche Vertreter den Vertrag genehmigt hat. Der vorliegende Vertrag ist von V und M ohne (vorherige) Einwilligung des Vaters geschlossen worden. Nach der **Legaldefinition des § 184** ist die nachträgliche Zustimmung eine Genehmigung. Hier hat der Vater nachträglich zugestimmt, er hat den Vertrag also genehmigt. Dies wirkt gemäß § 184 auf den Zeitpunkt des Rechtsgeschäftsschlusses zurück. Der Vertrag ist also durch die Genehmigung des Vaters wirksam zwischen M und V zustande gekommen.

3. Anfechtung

Jedoch könnte der Kaufvertrag gemäß § 142 Abs. 1 durch wirksame Anfechtung von Anfang an (ex tunc) nichtig sein, wenn er wirksam angefochten worden ist.

a) Für eine wirksame Anfechtung bedarf es zunächst einer Anfechtungserklärung gemäß § 143 des Anfechtenden gegenüber dem Anfechtungsgegner. Als Anfechtender kommt hier nur V in Betracht. Ob V jedoch gegenüber M als Anfechtungsgegner gemäß § 143 Abs. 2 die Anfechtung überhaupt erklärt hat, kann dahinstehen, wenn schon kein Anfechtungsgrund vorliegt.

b) Anfechtungsgrund könnte hier ein Irrtum des Verkäufers über den Inhalt seiner Erklärung gemäß § 119 Abs. 1, 1. Var. sein. Über den Inhalt seiner Erklärung hat V sich allerdings nicht geirrt. Er hat vielmehr genau das erklärt, was er erklären wollte, nämlich die bestimmte Maschine zu dem bestimmten Preis verkaufen zu wollen. Dass er die Maschine nur deswegen nicht verkaufen will, weil er sich mit dem Vertreter der Braun GmbH nicht versteht, ist kein Irrtum über den Inhalt, sondern über das Motiv des Verkaufes. Ein solcher Motivirrtum ist aber unbeachtlich. Folglich besteht für V kein Anfechtungsgrund.

c) Somit ist der Kaufvertrag auch nicht gemäß § 142 Abs. 1 durch wirksame Anfechtung von Anfang an (ex tunc) nichtig.

III. Zwischenergebnis

Mithin sind keine Nichtigkeitsgründe für die Einigung ersichtlich. Die Einigung ist also wirksam zustande gekommen.

B. Mangels Eingreifen von rechtsvernichtenden Einwendungen ist der Anspruch nicht untergegangen.

C. Ferner ist der Anspruch auch durchsetzbar.

Somit hat M gegen V einen Anspruch auf Übergabe und Übereignung der Maschine Zug um Zug gegen Zahlung des Kaufpreises aus § 433 Abs. 1 S. 1.

7. Teil: Verjährung, §§ 214 ff.

Fall 46: Gegenstand und Dauer der regelmäßigen Verjährung, §§ 195 ff.

Am 22.01.2009 kauft A bei B einen neuen „iPod touch 4g" zum Archivieren und Abspielen seiner Lieblingsmusik. Er bezahlt den iPod sofort, möchte ihn aber erst in drei Wochen geliefert bekommen, da er zuvor seine Prüfung ohne jegliche Ablenkung zu Ende bringen will. Auf dem Weg zur Prüfung wird A bei einer Verkehrskontrolle mit einem gesuchten Einbrecher verwechselt, kurz darauf verurteilt und inhaftiert. Erst am 01.12.2011 wird der Irrtum im Rahmen der „Weihnachtsamnestie" für Häftlinge bemerkt und A sofort freigelassen. A meldet sich bei B und bittet ihn um Lieferung des iPod. B beruft sich auf Verjährung. Zu Recht?

A könnte gegen B einen Anspruch auf Übergabe und Übereignung des iPod touch 4g aus § 433 Abs. 1 S. 1 haben.

A. Anspruch entstanden

Der Anspruch aus § 433 Abs. 1 S. 1 ist mit Abschluss eines wirksamen Kaufvertrags zwischen A und B entstanden.

B. Mangels Eingreifen von rechtsvernichtenden Einwendungen ist der Anspruch nicht untergegangen.

C. Anspruch durchsetzbar

> Verjährung ist eine sog. **rechtshemmende Einwendung**, die den Schuldner nach § 214 zur Verweigerung der Leistung berechtigt, aber im Prozess nicht von Amts wegen berücksichtigt wird. Daher ist die Verjährung eine sog. Einrede („Über Einreden muss man reden!").

Ferner müsste der Anspruch des A auch durchsetzbar sein. Vorliegend könnte B gemäß § 214 Abs. 1 jedoch wegen Eintritts der Verjährung zur Verweigerung der Leistung berechtigt sein.

I. Erhebung der Verjährungseinrede

Dazu müsste B die Verjährungseinrede des § 214 Abs. 1 zunächst erhoben haben. Dies ist hier der Fall.

II. Eintritt der Verjährung

Ferner müsste die Verjährung eingetreten sein.

1. Länge der Verjährungsfrist

Ansprüche aus § 433 Abs. 1 S. 1 auf Übergabe und Übereignung verjähren mangels anderweitiger spezieller Regelungen nach der regelmäßigen Verjährungsfrist des § 195 in drei Jahren.

2. Beginn der Verjährungsfrist

Die regelmäßige Verjährungsfrist beginnt gemäß § 199 Abs. 1 mit dem Schluss des Jahres, in dem der Anspruch entstanden **und** der Gläubiger von den den Anspruch begründenden Umständen und der Person des Schuldners Kenntnis erlangt hat oder ohne grobe Fahrlässigkeit erlangen musste. Die regelmäßige Verjährung beginnt also am 31.12. (um 24.00 Uhr) des Jahres, in dem die letzte der beiden Voraussetzungen nach § 199 Abs. 1 Nr. 1 und 2 eingetreten ist.

Ein Anspruch ist dann nach § 199 Abs. 1 Nr. 1 entstanden, wenn er erstmalig geltend gemacht und notfalls im Wege der Klage durchgesetzt werden kann.[114] Dafür genügt regelmäßig die Möglichkeit, Feststellungsklage zu erheben.[115] Die nach § 199 Abs. 1 Nr. 2 erforderliche Kenntnis von den den Anspruch begründenden Umständen und der Person des Schuldners liegt dann vor, wenn dem Gläubiger die Erhebung einer Klage, sei es auch nur in Form der Feststellungsklage, erfolgversprechend, wenn auch nicht risikolos, möglich ist.[116]

Der Anspruch auf Lieferung des iPod ist grundsätzlich mit Abschluss des Kaufvertrags am 22.01.2009 sofort fällig und daher i.S.d. § 199 Abs. 1 Nr. 1 entstanden (vgl. § 271). Hier wird der Anspruch aufgrund der Fälligkeitsvereinbarung jedoch erst drei Wochen später fällig, also am 12.02.2009. Zu diesem Zeitpunkt hatte A als Gläubiger auch von den den Anspruch aus § 433 Abs. 1 S. 1 begründenden Umständen und der Person des Schuldners B Kenntnis.

Mithin beginnt am Schluss des Jahres 2009, also am 31.12.2009 (24.00 Uhr) die Verjährungsfrist. (*Anmerkung: Der Fristlauf der Verjährungsfrist beginnt gemäß § 187 Abs. 1 am 01.01.2010 [0.00 Uhr].*)

Vom Beginn der Verjährungsfrist ist der Beginn des Fristlaufs nach § 187 zu unterscheiden, der für die Fallprüfung i.d.R. aber unerheblich ist.

3. Ende der Verjährungsfrist

Die dreijährige Verjährungsfrist endet gemäß § 188 Abs. 2 mit Ablauf desjenigen Tages, welcher durch seine Zahl dem Tage entspricht, auf den das Ereignis (hier: Beginn der Verjährungsfrist) fällt.

Somit endigt die Verjährungsfrist hier am 31.12.2012 (24.00 Uhr).

4. Hemmung (§ 209) oder Neubeginn (§ 212)

Mangels entsprechender Anhaltspunkte ist die Verjährung auch nicht gemäß § 209 gehemmt oder hat gemäß § 212 erneut zu laufen begonnen.

III. Ergebnis

Folglich ist zum Zeitpunkt der Haftentlassung am 01.12.2011 das Ende der Verjährungsfrist (31.12.2012) noch nicht erreicht und die Verjährung nicht eingetreten. Mithin steht B kein Leistungsverweigerungsrecht aus § 214 Abs. 1 zu, sodass der Anspruch auch durchsetzbar ist.

Damit hat A gegen B einen Anspruch auf Übergabe und Übereignung des iPod touch 4g aus § 433 Abs. 1 S. 1.

---

114 BGHZ 53, 53, 340, 341; Blasche Jura 2009, 481, 482.
115 BGHZ 73, 363, 365; Blasche Jura 2009, 481, 482.
116 BGH ZIP 2008, 1268, 1272; Blasche Jura 2009, 481, 482.

Fall 47: Unwirksamkeit des Rücktritts, § 218

Briefmarkensammler D bestellt für seine Sammlung bei der deutschen Post AG (P-AG) das Marken-Set „75 Jahre Gewinn des Blauen Bandes durch den Dampfer Bremen" zum Preis von 11 €, das ihm am 14.08.2009 geliefert wird. Zunächst kann D sich an der Darstellung des Dampfers vor der stilisierten Skyline von New York erfreuen, doch dann verblassen langsam die Farben der Briefmarken. Dies ist auf eine falsche Farbauswahl bei der Herstellung der Marken-Sets durch die P-AG zurückzuführen. Anfang Januar 2011 ist auf den Marken kaum noch etwas zu erkennen. Da D mittlerweile pensioniert ist und sich mehr um seine Sammlung kümmert, ruft er am Montag, dem 15.08.2011 beim Service der P-AG an und verlangt die Lieferung eines neuen Marken-Sets. Dies lehnt man bei der P-AG jedoch rigoros ab. Als D daraufhin den Rücktritt vom Kaufvertrag erklärt und sein Geld wieder haben will, beruft man sich bei der P-AG auf Verjährung. Gänzlich unbeeindruckt schickt D das Marken-Set an die P-AG zurück und verlangt die Rückzahlung des Kaufpreises.

Zu Recht?

Vertragliche Rückabwicklungsansprüche aus §§ 346 ff. sind lex specialis zu Bereicherungsansprüchen aus §§ 812 ff.

D könnte gegen die P-AG einen Anspruch auf Rückzahlung des Kaufpreises aus §§ 346 Abs. 1 i.V.m. 437 Nr. 2, 323 Abs. 1, 2. Var. haben.

A. Anspruch entstanden

I. Rücktrittserklärung, § 349

Dazu müsste der Rücktritt gemäß § 349 zunächst erklärt worden sein. Hier hat D gegenüber der P-AG den Rücktritt von Kaufvertrag erklärt.

II. Rücktrittsgrund

Dann müsste für D ein Rücktrittsgrund bestehen.

1. Ein **vertraglicher Rücktrittsgrund** scheidet mangels entsprechender vertraglicher Vereinbarung aus.

2. Jedoch kommt der **gesetzliche Rücktrittsgrund** der §§ 437 Nr. 2, 323 Abs. 1, 2. Var. aus kaufrechtlicher Gewährleistung in Betracht.

a) Voraussetzungen des § 437

Dann müssten die Voraussetzungen des § 437 vorliegen.

aa) Wirksamer Kaufvertrag, § 433

Dazu müssten D und die P-AG einen wirksamen Kaufvertrag gemäß § 433 geschlossen haben. D kauft bei der P-AG ein Marken-Set für seine Sammlung, sodass beide einen Kaufvertrag gemäß § 433 geschlossen haben.

bb) Sachmangel bei Gefahrübergang, § 434

Ferner müsste die Kaufsache mangelhaft sein.
Hier könnte ein Sachmangel gemäß § 434 bei Gefahrübergang i.S.d. § 446 vorliegen.
Briefmarken, deren Farben soweit verblassen, dass Motive, Zahlen und Währung nicht mehr erkennbar sind, eignen sich nicht für die gewöhnliche Verwendung (Frankieren und Sammeln) und weisen keine Beschaffenheit auf, die bei Sachen der gleichen Art üblich ist und die der Käufer nach der

Art der Sache erwarten kann, sodass sie einen Sachmangel gemäß § 434 Abs. 1 S. 2 Nr. 2 aufweisen. Der Sachmangel ist auf eine fehlerhafte Herstellung zurückzuführen und lag daher gemäß § 446 auch schon bei Übergabe, also bei Gefahrübergang, vor.

Somit ist die Kaufsache bei Gefahrübergang gemäß § 434 Abs. 1 S. 2 Nr. 2 sachmängelbehaftet.

b) Voraussetzungen des § 323 Abs. 1, 2. Var.

Des Weiteren müssten die Voraussetzungen des § 323 Abs. 1, 2. Var. vorliegen.

aa) Wirksamer gegenseitiger Vertrag

Ein wirksamer gegenseitiger Vertrag i.S.d. § 323 Abs. 1 ist mit dem Kaufvertrag gegeben.

bb) Nicht vertragsgemäße Erbringung einer (möglichen) fälligen und durchsetzbaren Schuldnerpflicht

Ferner müsste die P-AG eine ihr (mögliche) fällige und durchsetzbare Schuldnerpflicht gemäß § 323 Abs. 1, 2. Var. nicht vertragsgemäß erbracht haben.

D P-AG liefert D vorliegend sachmängelbehaftete Briefmarken (§ 434 Abs. 1 S. 2 Nr. 2) und verstößt damit gegen die ihr mögliche und zum Zeitpunkt der Lieferung auch fällige und durchsetzbare Schuldnerpflicht aus § 433 Abs. 1 S. 2 (synallagmatische Hauptleistungspflicht aus dem Kaufvertrag) zur Lieferung einer mangelfreien Sache.

Somit hat die P-AG eine (mögliche) fällige und durchsetzbare Schuldnerpflicht nicht vertragsgemäß erbracht.

cc) Erfolglose Bestimmung einer angemessenen Frist zur Nacherfüllung

Ferner müsste D der P-AG gemäß § 323 Abs. 1, 2. Var. eine angemessene Frist zur Nacherfüllung gesetzt haben.

Zwar hat D der P-AG keine diesbezügliche Frist gesetzt, aber hier war eine Fristsetzung gemäß § 323 Abs. 2 Nr. 1 seitens des D entbehrlich, da die P-AG die Nacherfüllung rigoros abgelehnt und damit ernsthaft und endgültig verweigert hat.

Somit liegt ein gesetzlicher Rücktrittsgrund aus §§ 437 Nr. 2, 323 Abs. 1, 2. Var. i.V.m. Abs. 2 Nr. 1 vor.

III. Kein Ausschluss des Rücktrittsrechts

Ferner ist das Rücktrittsrecht nicht gesetzlich, nicht vertraglich und auch nicht durch allgemeine Geschäftsbedingungen ausgeschlossen.

IV. Unwirksamkeit des Rücktritts

Der Rücktritt könnte gemäß § 438 Abs. 4 S. 1 i.V.m. § 218 unwirksam sein.

Danach ist der Rücktritt im vorliegenden Fall unwirksam, wenn der Anspruch auf Nacherfüllung verjährt ist und der Schuldner sich auf die Verjährung beruft.

1. Berufung der Schuldnerin auf die Verjährung

Zunächst müsste sich die P-AG als Schuldnerin des Nacherfüllungsanspruchs aus §§ 437 Nr. 1, 439 gegenüber D auf die Verjährung berufen haben. Das ist hier ausdrücklich geschehen.

Rücktritt ist ein Gestaltungsrecht und kann nicht verjähren. Nur Ansprüche i.S.d. § 194 können verjähren. Deshalb gibt es für den Rücktritt die Regelung des § 218.

2. Verjährung des Nacherfüllungsanspruchs

Ferner müsste der von D am 14.08.2011 geltend gemachte Nacherfüllungsanspruch aus §§ 437 Nr. 1, 439 verjährt sein.

a) Länge der Verjährungsfrist

Der Nacherfüllungsanspruch des D aus §§ 437 Nr. 1, 439 verjährt gemäß § 438 Abs. 1 Nr. 3 in zwei Jahren.

b) Beginn der Verjährungsfrist

Die Verjährungsfrist beginnt gemäß § 438 Abs. 2 mit der Ablieferung der Sache, hier also mit Ablieferung des Marken-Sets bei D am 14.08.2009 (24.00 Uhr).

c) Ende der Verjährungsfrist

Die zweijährige Verjährungsfrist endet gemäß § 188 Abs. 2 mit Ablauf desjenigen Tages, welcher durch seine Zahl dem Tage entspricht, auf den das Ereignis (hier: Beginn der Verjährungsfrist) fällt. Demnach endet die Verjährungsfrist hier grundsätzlich am 14.08.2011 (24.00 Uhr). Der 14.08.2011 war jedoch ein Sonntag. Nach § 193 tritt ausnahmsweise an die Stelle eines Sonntags der nächste Werktag, wenn innerhalb einer Frist eine Willenserklärung abzugeben ist und eben der letzte Tag der Frist auf den Sonntag fällt. D musste hier innerhalb der Verjährungsfrist von zwei Jahren die Nacherfüllung erklären, sodass innerhalb einer Frist eine Willenserklärung abzugeben war. Mithin endete die Verjährungsfrist hier ausnahmsweise nicht am Sonntag, dem 14.08.2011, sondern am nächsten Werktag, also am Montag, dem 15.08.2011 (24.00 Uhr).

d) Hemmung (§ 209) oder Neubeginn (§ 212)

Die Verjährung könnte gemäß § 209 gehemmt sein oder gemäß § 212 erneut begonnen haben. Mangels Vorliegen eines Hemmungs- oder Neubeginntatbestandes ist das hier jedoch nicht der Fall.

3. Zwischenergebnis

Folglich ist der von D am 15.08.2011 geltend gemachte Nacherfüllungsanspruch aus §§ 437 Nr. 1, 439 noch nicht verjährt, sodass der Rücktritt des D nicht gemäß § 438 Abs. 4 S. 1 i.V.m. § 218 unwirksam ist.

V. Rechtsfolge, §§ 346 ff.

Somit sind gem. § 346 Abs. 1 die empfangenen Leistungen zurückzugewähren, d.h. der Kaufvertrag gestaltet sich in ein Rückabwicklungsschuldverhältnis um. Mithin muss die P-AG aufgrund der bereits erfolgten Rücksendung der Briefmarken durch D nun Wertersatz i.H.v. 11 € für den empfangenen Kaufpreis nach § 346 Abs. 1 i.V.m. Abs. 2 Nr. 1 zahlen.

Folglich ist der Anspruch auf Rückzahlung des Kaufpreises i.H.v. 11 € aus §§ 346 Abs. 1 i.V.m. 437 Nr. 2, 323 Abs. 1, 2. Var. entstanden.

B. Mangels Eingreifen von rechtsvernichtenden Einwendungen ist der Anspruch nicht untergegangen.

C. Ferner ist der Anspruch auch durchsetzbar.

Daher hat D gegen die P-AG einen Anspruch auf Rückzahlung des Kaufpreises aus § 346 Abs. 1 i.V.m. § 437 Nr. 2, 323 Abs. 1, 2. Var.

Fall 48: Hemmung der Verjährung bei Verhandlungen, § 209 i.V.m. § 203

(Vgl. BGH, Urt. v. 28.11.1984 – VIII ZR 240/83, BGHZ 93, 64 ff.)

Am 10.03.2008 mietete B bei der K, zu deren Geschäftsbetrieb auch die Vermietung von Kränen gehört, einen Kran. Kurz nach dem Eintreffen auf der Baustelle am 11.03.2008 stürzte der Kran auf der Baustelle des B um. Über die Ursache hierfür herrschte Uneinigkeit.

Mit Schreiben vom 15.04.2008 forderte K den B auf, den Schaden zu begleichen, und fügte einen Schadensbericht des von ihr eingesetzten Kranführers bei. In dem Schreiben wies sie darauf hin, dass sie ein Gutachten über die Höhe des entstandenen Schadens in Auftrag gegeben habe.

B übersandte der K daraufhin am 15.05.2008 einen Fragenkatalog bzgl. Wartung und Pflege des Krans, den K auch schriftlich beantwortete.

Erst am 15.12.2008 erhielt K das in Auftrag gegebene Gutachten. Da nach dem Gutachten eindeutig ein schuldhaftes Verhalten des B zum Umsturz des Krans geführt hatte, forderte K den B in der Folgezeit mehrfach auf, den Schaden zu begleichen. Da B hierzu nicht bereit war, erhob K am 05.01.2012 Zahlungsklage. Im Prozess berief sich B auf Verjährung.

Hat K gegenüber B einen deliktischen Schadensersatzanspruch?

K könnte gegen B einen Anspruch auf Schadensersatz aus § 823 Abs. 1 haben.

A. Anspruch entstanden

I. Rechts(gut)verletzung

Dann müsste zunächst eine Rechts(gut)verletzung i.S.d. § 823 Abs. 1 vorliegen.

Hier ist der Kran infolge des Umsturzes beschädigt worden, sodass eine Eigentumsverletzung in Form der Substanzverletzung gegeben ist.

II. Durch ein Verhalten, das dem Anspruchsgegner zuzurechnen ist

Ausweislich des Gutachtens liegt ein dem B zurechenbares Verhalten vor, das zur Eigentumsverletzung geführt hat.

III. Rechtswidrigkeit

Die Rechtswidrigkeit des Verhaltens des B ist durch die Tatbestandsmäßigkeit indiziert.

IV. Schuld

Ferner hat B laut Gutachten auch schuldhaft gehandelt.

V. Rechtsfolge

B muss K den aus der Eigentumsverletzung äquivalent und adäquat kausal entstandenen Schaden gemäß §§ 249 ff. ersetzen.

B. Mangels Eingreifens von rechtsvernichtenden Einwendungen ist der Anspruch nicht untergegangen.

C. Anspruch durchsetzbar

Des Weiteren müsste der Anspruch der K auch durchsetzbar sein. Vorliegend könnte B gemäß § 214 Abs. 1 jedoch wegen Eintritts der Verjährung zur Verweigerung der Leistung berechtigt sein.

I. Erhebung der Verjährungseinrede

Dazu müsste B die Verjährungseinrede des § 214 Abs. 1 zunächst erhoben haben. B hat sich im Prozess auf Verjährung berufen, sodass dies hier der Fall ist.

II. Eintritt der Verjährung

Ferner müsste die Verjährung eingetreten sein.

1. Länge der Verjährungsfrist

Fraglich ist zunächst, wann Ansprüche aus § 823 Abs. 1 auf Ersatz des entstandenen Schadens verjähren.

Schadensersatzansprüche unterliegen grundsätzlich der regelmäßigen Verjährungsfrist des § 195 und verjähren daher in drei Jahren. Unabhängig von der in § 199 Abs. 1 für den Beginn der Verjährungsfrist geforderten Kenntnis bzw. grob fahrlässigen Unkenntnis, teilweise auch unabhängig vom Entstehen, verjähren Schadensersatzansprüche nach § 199 Abs. 2–4 ausnahmsweise in zehn oder 30 Jahren. Erforderlich ist insoweit die Kenntnis (grob fahrlässige Unkenntnis) der anspruchsbegründenden Tatsachen (**Tatsachenkenntnis**). Dazu gehört bei Schadensersatzansprüchen auch die Pflichtverletzung oder gleichstehende Handlung, der Eintritt eines Schadens und Kenntnis von der eigenen Schadensbetroffenheit.[117]

> Die Höchstfristen nach § 199 Abs. 2–4 gelten nur, falls keine Kenntnis oder grob fahrlässige Unkenntnis von den den Anspruch begründenden Umständen und der Person des Schuldners, teilweise auch falls keine Entstehung des Anspruchs, vorliegen.

Vorliegend hat K zwar bereits am 10.03.2008, mit Abschluss des Mietvertrags über den Kran gemäß § 535, von der Person des B Kenntnis erlangt, aber erst mit Vorlage des Gutachtens am 15.12.2008 kennt sie die anspruchsbegründenden Tatsachen und weiß, dass B auch der richtige Schuldner des Anspruchs ist.

Somit kommen die Regelungen des § 199 Abs. 2–4 hier nicht zum Tragen und der Schadensersatzanspruch verjährt nach dem Grundsatz des § 195 in drei Jahren.

2. Beginn der Verjährungsfrist

Die regelmäßige Verjährungsfrist beginnt gemäß § 199 Abs. 1 mit dem Schluss des Jahres, in dem der Anspruch entstanden ist **und** der Gläubiger von den den Anspruch begründenden Umständen und der Person des Schuldners Kenntnis erlangt hat oder ohne grobe Fahrlässigkeit erlangen musste.

Mit Blick auf obige Ausführungen zur Kenntnis von den den Anspruch begründenden Umständen und der Person des Schuldners beginnt die Verjährung hier am Schluss des Jahres 2008, also am 31.12.2008 (24.00 Uhr).

3. Ende der Verjährungsfrist

Die dreijährige Verjährungsfrist des § 195 endet gemäß § 188 Abs. 2 mit Ablauf desjenigen Tages, welcher durch seine Zahl dem Tage entspricht,

---

117   BGH NJW 1996, 117 f.

auf den das Ereignis (hier: Beginn der Verjährungsfrist) fällt. Somit endet die Verjährungsfrist hier am 31.12.2011 (24.00 Uhr).

4. Hemmung, § 209

Die Verjährung könnte jedoch gemäß § 209 gehemmt sein.

Als Hemmungstatbestand kommt hier § 203 in Betracht. Danach ist die Verjährung gehemmt, solange zwischen den Parteien Verhandlungen über den Anspruch oder die den Anspruch begründenden Umstände schweben. Der Begriff der Verhandlung ist weit auszulegen. Der Gläubiger muss zunächst klarstellen, dass er einen Anspruch geltend macht und worauf er ihn im Kern stützen will. Anschließend genügt jeder Meinungsaustausch über den Anspruch oder seine tatsächliche Grundlage, wenn nicht sofort erkennbar die Verhandlung abgelehnt wird.[118]

K hat mit Schreiben vom 15.04.2008 B aufgefordert, den entstandenen Schaden zu begleichen und zugleich einen Schadensbericht des von ihr eingesetzten Kranführers beigefügt. Damit hat K klargestellt, dass sie einen Anspruch geltend macht und worauf sie ihn im Kern stützt. Spätestens mit Übersendung des Fragenkatalogs am 15.05.2008, den K auch schriftlich beantwortete, fand dann ein Meinungsaustausch über den Anspruch statt. Insoweit durfte K jedenfalls bis zur Vorlage des Gutachtens am 15.12.2008 darauf vertrauen, dass ihre Ansprüche befriedigt bzw. mit sachlichen Einwänden bekämpft werden. In der Zeit danach war aufgrund der Verweigerungshaltung des B Klage geboten.

Mithin schwebten im Zeitraum vom 15.05. bis 15.12.2008, also sieben Monate, Verhandlungen über den Anspruch bzw. die den Anspruch begründenden Umstände. Folglich war die Verjährung für sieben Monate gehemmt, sodass die Verjährungsfrist gemäß § 209 nicht am 31.12.2011, sondern eigentlich erst am 31.07.2012 endet. Jedoch tritt das Verjährungsende nach § 203 S. 2 ohnehin frühestens drei Monate nach Ende der Hemmung ein (sog. **Ablaufhemmung**), mithin am 31.10.2012.

Demzufolge ist der Anspruch aus § 823 Abs. 1 zum Zeitpunkt der Erhebung der Zahlungsklage am 05.01.2012 noch nicht verjährt.

D. Ergebnis

Folglich steht B kein Leistungsverweigerungsrecht aus § 214 Abs. 1 zu, sodass der Schadensersatzanspruch auch noch durchsetzbar ist.

Somit hat K gegenüber B einen Anspruch auf Schadensersatz aus § 823 Abs. 1.

---

118 BGHZ 93, 64, 66 f.; Blasche Jura 2009, 481, 483.

> ### Fall 49: Neubeginn der Verjährung, § 212
>
> Detektiv D ist gut im Geschäft und hat stets viel zu tun. Daher kommt er nur in unregelmäßigen Abständen dazu, seine säumigen Schuldner zur Zahlung aufzufordern. Im Dezember 2011 stellte er bei Durchsicht seiner Unterlagen fest, dass Ehemann E die aus der Observation seiner Ehefrau resultierende Rechnung vom 07.11.2008 noch nicht beglichen hatte.
>
> Daraufhin forderte D den E mit Schreiben vom 15.12.2011 zur Zahlung auf. Im Antwortschreiben vom 19.12.2011 bat E den D, ihm den Betrag bis kurz nach Weihnachten zu stunden, da er seiner treuen Ehefrau zu Weihnachten wieder ein schönes Geschenk machen wolle und daher im Moment zahlungsunfähig sei.
>
> Als die Zahlung ausblieb, reichte D am 03.01.2012 Zahlungsklage ein. Im Prozess berief sich E auf Verjährung.
>
> Kann D von E die Zahlung des Honorars noch verlangen?

D könnte gegenüber E einen Anspruch auf Zahlung des Honorars aus § 611 Abs. 1 haben.

A. Anspruch entstanden

I. Einigung i.S.d. § 611

Dazu müssten D und E sich zunächst i.S.d. § 611 geeinigt, also einen Dienstvertrag abgeschlossen haben.

Die Tätigkeit eines Detektivs, insbesondere bei Observation von Personen, stellt einen Dienst dar, der in persönlicher, wirtschaftlicher und sozialer Unabhängigkeit geleistet wird.

Folglich haben E und D einen Dienstvertrag i.S.d. § 611 geschlossen.

II. Wirksamkeit der Einigung

Ferner war die Einigung wirksam.

B. Mangels Eingreifen von rechtsvernichtenden Einwendungen ist der Anspruch nicht untergegangen.

C. Anspruch durchsetzbar

Des Weiteren müsste der Anspruch des D auch durchsetzbar sein. Vorliegend könnte E gemäß § 214 Abs. 1 jedoch wegen Eintritts der Verjährung zur Verweigerung der Leistung berechtigt sein.

I. Erhebung der Verjährungseinrede

Dazu müsste E die Verjährungseinrede des § 214 Abs. 1 erhoben haben. E hat sich im Prozess auf Verjährung berufen, sodass dies hier der Fall ist.

II. Eintritt der Verjährung

Ferner müsste die Verjährung eingetreten sein.

1. Länge der Verjährungsfrist

Ansprüche aus § 611 Abs. 1 auf Gewährung der vereinbarten Vergütung verjähren mangels anderweitiger spezieller Regelungen nach der regelmäßigen Verjährungsfrist des § 195 in drei Jahren.

2. Beginn der Verjährungsfrist

Die regelmäßige Verjährungsfrist beginnt gemäß § 199 Abs. 1 mit dem Schluss des Jahres, in dem der Anspruch entstanden ist **und** der Gläubiger von den den Anspruch begründenden Umständen und der Person des Schuldners Kenntnis erlangt hat oder ohne grobe Fahrlässigkeit erlangen musste.

Der Anspruch auf Entrichtung der vereinbarten Vergütung aus § 611 Abs. 1 ist mit Abschluss des Dienstvertrags entstanden (vgl. § 271). Dem Sachverhalt ist zwar nicht zu entnehmen, wann genau E und D den Dienstvertrag geschlossen haben. Jedoch reicht es für die Anspruchsentstehung aus, auf den späteren Zeitpunkt der Rechnungsstellung abzustellen. Die Rechnungserteilung ist gleichwohl keine Fälligkeitsvoraussetzung, auch dann nicht, wenn der Schuldner nach der Verkehrssitte (§§ 157, 242) einen Anspruch auf eine spezifizierte Rechnung hat.[119] Also hatte D als Gläubiger des Vergütungsanspruchs jedenfalls ab dem 07.11.2008 von den den Anspruch aus § 611 Abs. 1 begründenden Umständen und der Person des Schuldners E Kenntnis.

Mithin beginnt am Schluss des Jahres 2008, also am 31.12.2008 (24.00 Uhr), die Verjährungsfrist.

3. Ende der Verjährungsfrist

Die dreijährige Verjährungsfrist endet gemäß § 188 Abs. 2 mit Ablauf desjenigen Tages, welcher durch seine Zahl dem Tage entspricht, auf den das Ereignis (hier: Beginn der Verjährungsfrist) fällt. Somit endet die Verjährungsfrist hier am 31.12.2011 (24.00 Uhr).

4. Hemmung (§ 209) oder Neubeginn (§ 212)

a) Die Verjährung könnte jedoch gemäß § 209 gehemmt sein. Als Hemmungstatbestand kommt hier § 204 Abs. 1 Nr. 1 in Betracht. Nach § 204 Abs. 1 Nr. 1 müsste D Klage auf Leistung, Feststellung des Anspruchs, auf Erteilung der Vollstreckungsklausel oder auf Erlass des Vollstreckungsurteils erhoben haben. Am 03.01.2012 hat D Zahlungsklage erhoben. Dies geschah jedoch erst nach Ende der Verjährungsfrist (31.12.2011) und konnte daher die Verjährung nicht mehr hemmen. Die bloße Mahnung des E mit Schreiben vom 15.12.2011 ist nach § 204 Abs. 1 Nr. 1 nicht ausreichend. Auch andere Hemmungstatbestände sind nicht einschlägig.

Somit ist die Verjährung nicht gehemmt.

b) Die Verjährung könnte aber gemäß § 212 erneut begonnen haben. In Betracht kommt hier ein Neubeginn nach § 212 Abs. 1 Nr. 1. Dann müsste der Schuldner dem Gläubiger gegenüber den Anspruch durch Abschlagszahlung, Zinszahlung, Sicherheitsleistung oder in anderer Weise anerkannt haben. Für ein solches Anerkenntnis ist keine rechtsgeschäftliche Erklärung, erst recht kein Schuldanerkenntnis i.S.d. § 781 erforderlich. Vielmehr genügt ein tatsächliches Verhalten des Schuldners, aus dem sich eindeutig sein Bewusstsein vom Bestehen des Anspruchs ergibt.[120] Die Bitte um Stundung stellt ein Anerkenntnis „in anderer Weise" dar.[121]

---

119 BGHZ 79, 176, 178; Palandt/Grüneberg § 271 Rdnr. 7.
120 BGHZ 58, 103 f.; Palandt/Ellenberger § 212 Rdnr. 2.
121 BGH NJW 1978, 1914 ff.; Palandt/Ellenberger § 212 Rdnr. 4.

Indem E den D mit Schreiben vom 19.12.2011 um Stundung der Honorarzahlung gebeten hat, hat E den Anspruch des D gemäß § 212 Abs. 1 Nr. 1 in anderer Weise anerkannt. Mithin begann die Verjährung gemäß § 212 Abs. 1 Nr. 1 erneut.

Das bedeutet, dass die dreijährige Verjährungsfrist am 19.12.2011 im Ganzen neu zu laufen beginnt und zwar gemäß § 187 Abs. 1 mit dem auf das Anerkenntnis folgenden Tag.

Somit ist der Anspruch aus § 611 Abs. 1 zum Zeitpunkt der Zahlungsklage am 03.01.2012 jedenfalls noch nicht verjährt.

D. Ergebnis

Folglich steht E kein Leistungsverweigerungsrecht aus § 214 Abs. 1 zu und demnach ist der Zahlungsanspruch auch noch durchsetzbar.

Somit hat D gegenüber E einen Anspruch auf Zahlung des Honorars aus § 611 Abs. 1.

STICHWORTVERZEICHNIS

Die Zahlen verweisen auf die Seiten.